抗日战争时期中国人口伤亡和财产损失调研丛书

主　编　李忠杰

副主编　李　蓉　姚金果
　　　　霍海丹　蒋建农

宁夏抗日战争时期人口伤亡和财产损失

宁夏回族自治区委党史研究室　编

中共党史出版社

图书在版编目(CIP)数据

宁夏抗日战争时期人口伤亡和财产损失/宁夏回族自治区委党史研究室编.—北京:中共党史出版社,2015.9
(抗日战争时期中国人口伤亡和财产损失调研丛书/李忠杰主编)
ISBN 978-7-5098-3230-1

Ⅰ.①宁… Ⅱ.①宁… Ⅲ.①抗日战争－损失－史料－宁夏
Ⅳ.①K265.06

中国版本图书馆 CIP 数据核字(2015)第 197501 号

出版发行 **中共党史出版社**
责任编辑:吕佳音
复　　审:陈海平
终　　审:汪晓军
责任校对:龚秀华
责任印制:谷智宇
责任监制:贺冬英
社　　址:北京市海淀区芙蓉里南街6号院1号楼
邮　　编:100080
网　　址:www.dscbs.com
经　　销:新华书店
印　　刷:北京君升印刷有限公司
开　　本:170mm×240mm　1/16
字　　数:251千字
印　　张:14.75
印　　数:1—3000册
版　　次:2015年9月第1版
印　　次:2015年9月第1次印刷
ISBN 978-7-5098-3230-1
定　　价:32.00元

此书如有印制质量问题,请与中共党史出版社出版业务部联系
电话:010—82517197

《抗日战争时期中国人口伤亡和
财产损失调研丛书》

本课题在中共中央党史研究室室委会领导下进行。先后三位时任主任孙英、李景田、欧阳淞对本课题给予了重要指导。

主　编　李忠杰
副主编　李　蓉　姚金果　霍海丹　蒋建农

参加审稿的领导和专家：

一、中共中央党史研究室领导和专家

曲青山　孙　英　龙新民　陈　威　石仲泉
谷安林　张树军　黄小同　黄如军　李向前
陈　夕　任贵祥　郑　谦　王　淇　黄修荣
刘益涛　韩泰华

二、有关部门和单位的专家

李景田（第十二届全国人大常委、民族委员会主任委员；中共中央党史研究室原主任；中共中央党校原常务副校长）

何　理（中国人民解放军国防大学少将、教授、中国抗日战争史学会会长）

支绍曾（中国人民解放军军事科学院少将、原军事历史研究部副部长、研究员）

罗焕章 （中国人民解放军军事科学院研究员）

刘庭华 （中国人民解放军军事科学院原军事历史研究部研究室主任、研究员、博士生导师、首席军史专家）

阮家新 （中国人民革命军事博物馆原副馆长、研究员）

步 平 （中国社会科学院近代史研究所原所长、研究员）

汤重南 （中国社会科学院世界历史研究所研究员、中国日本史学会名誉会长）

姜 涛 （中国社会科学院近代史研究所研究员）

荣维木 （《抗日战争研究》原主编）

郭德宏 （中共中央党校党史教研部原主任、教授、博士生导师）

肖一平 （中共中央党校党史教研部教授）

杨圣清 （中共中央党校党史教研部教授）

李东朗 （中共中央党校党史教研部教授、博士生导师）

徐 勇 （北京大学历史系教授、博士生导师）

李良志 （中国人民大学中共党史系教授）

王桧林 （北京师范大学教授、博士生导师）

谢忠厚 （河北省社会科学院原现代史研究所所长、历史研究所顾问、研究员）

中共中央党史研究室课题组成员

李忠杰　霍海丹　李　蓉　姚金果　李　颖
王志刚　王树林　杨　凯

《抗日战争时期中国人口伤亡和财产损失调研丛书》

总　序

中共中央党史研究室副主任　李忠杰

发生在 20 世纪三四十年代的中国人民抗日战争，是中华民族抵抗日本帝国主义侵略的一场规模巨大的战争，是世界反法西斯战争的重要组成部分和东方主战场，是近代以来中国反对外敌入侵第一次取得完全胜利的民族解放战争。中国人民抗日战争的胜利，成为中华民族由衰败走向振兴的重大转折点，也对世界各国人民取得反法西斯战争的胜利、争取世界和平的伟大事业产生了巨大影响。

这场战争，作为世界反法西斯战争的一部分，从根本上来说，是反法西斯正义力量与法西斯侵略势力之间的一场大决战，是文明与野蛮的一场大搏斗。日本侵略者，站在法西斯阵营一边，不仅与中国人民为敌，而且与世界人民为敌，肆意践踏人类的公理和正义，企图以残暴杀戮的手段，将中华民族置于自己的铁蹄之下。日本侵略者先后占领了中国、东南亚、南亚、大洋洲许多国家的领土，杀害居民，掠夺物资，强征劳工，施放毒气，蹂躏妇女和儿童，毁坏和窃取文物，造成了大量人员和财产的损失，给中国人民和亚洲其他许多国家人民留下了巨大的创伤，给世界文明造成了空前的破坏。

中国是受战争摧残最为严重的国家。从 1931 年到 1945 年的 14 年间，日本侵略者先后占领了东北、华北、华中、华南等大片中国最重要的经济政治文化战略地区。在整个战争进程中，日军到处屠杀、焚烧、抢掠、奸淫，使中国人民的生命财产惨遭蹂躏；大量使用生化武器，进行残酷的细菌战和化学战；把大批中国平民和俘虏当作细菌和毒气的试验品；对无辜的中国平民施放毒气，或在河流、湖泊、水井中投毒；掠走大批中国劳工，强迫他们筑路、开矿、拓荒，从事大型军事工程，使其大批冻、饿、病、累而死；强征中国妇女作为"慰安妇"，严重残害妇女的身心健康；对抗日根据地实行"烧光、杀光、抢光"政策，企图摧毁抗战军民起码的生存条件；在许多地方还制造了一系列触目惊心的大惨案。直至今天，日本侵略所造成的后果还难以完全消除，日军遗留的毒气弹还不时地威胁着中国人民的生命安全。

日本侵略者的罪行，违背了起码的人类良知和国际公法，不仅是对人权和人道主义的践踏，而且是对人类文明的挑战。它决不是如某些日本右翼分子所说是解放亚洲和太平洋地区人民的行动，而是亚洲和太平洋地区历史上最黑暗的一幕，是人类文明史上的一场浩劫。第二次世界大战结束后，根据《波茨坦公告》的规定，远东国际军事法庭在东京对日本首要战犯进行了国际审判，确认侵略战争为国际法上的犯罪，策划、准备、发动或进行侵略战争者为甲级战犯。此外，盟军还在马尼拉、新加坡、仰光、西贡、伯力等地，对日本的乙、丙级战犯进行了审判。中国也先后对日本的有关战犯进行了审判。这些审判，与欧洲的纽伦堡审判一起，使发动侵略战争的罪犯受到了应有的惩处，代表了全世界一切爱好和平人民的共同愿望。这是正义的审判，历史的审判！这一审判的结果是不容挑战的！

策划和制造当年这场战争的，是一小撮日本军国主义和法西斯分子。而日本人民，从根本上来说，也是受害者。所以，日本人民也用不同方式对这场战争进行了抵制和反抗。不少参加侵华战争的士兵认识到战争的性质，幡然悔悟，积极参加了国际和日本国内的反战活动。战后，很多人勇敢面对历史事实，以见证人的身份揭露了日本军国主义的罪行。还有很多当年的士兵，真诚忏悔战争的罪行，以实际行动推动世界和平和中日友好，做了很多有益的工作。他们的良知和勇气，应该得到充分的肯定和赞赏。

相反，日本国内一些右翼势力，直到今天仍然否认侵略战争的性质和罪行，竭力推卸侵略战争的责任。对早已由当年远东国际军事法庭作出严正判决的南京大屠杀一案，始终企图翻案。历史不容改变，事实岂能抹杀！企图歪曲历史，掩盖罪行，这是中国人民绝对不能同意的！

中国人民在当年那场战争中的胜利，是正义战胜邪恶、光明战胜黑暗、进步战胜反动的伟大胜利！是正义的胜利、人民的胜利、和平的胜利！既是中华民族永远值得纪念的胜利，也是世界人民永远值得纪念的胜利！但是，在纪念胜利的同时，我们不要忘记，这一胜利是用极为惨重的代价换来的。在这一伟大胜利的背后，是中华民族遭受的巨大人员伤亡和财产损失！中华民族，既为这场战争的胜利作出了巨大的贡献，也在这场战争中付出了巨大的民族牺牲。

1995年，江泽民同志在首都各界纪念抗日战争暨世界反法西斯战争胜利50周年大会上，对当年日本侵略中国造成巨大人口伤亡和财产损失的基本数据作出了重要表述。2005年，胡锦涛同志在纪念中国人民抗日战争暨世界反法西斯战争胜利60周年大会的讲话中，再次郑重宣布，据不完全统计，在抗日战争期间，中国军民死伤3500多万人；按1937年的比值折算，中国直接经济损失1000多亿美元，间接经济损失5000多亿美元。中国领导人公开宣布的基本数据，从整体上揭示了中国人口伤亡和财产损失的规模，有力地揭露了日本军国主义侵略的罪行。

数据，是历史的抽象。数据的背后，是大量的事实、确凿的证据，是无数人们的惨痛记忆和血泪控诉。为了更直接、更具体、更全面、更系统、更立体地还原当年的历史，展示中国人民遭受的灾难和损失，揭露日本军国主义的罪行，驳斥日本右翼势力否认侵略罪行的种种言论，我们必须通过更多档案资料的展示、历史文书的挖掘、具体事实的考查、当事人的证词证言、各种各样的物证书证，等等，将侵略者的罪行昭告天下。因此，作为炎黄子孙，作为郑重的历史工作者，有必要、有责任、有义务、也有权利对战争期间中国的人口伤亡和财产损失进行更加系统、详尽、具体的调查研究，将当年中国人民的巨大牺牲和惨重损失永远地记载下来。

这项调查研究工作，本来在抗日战争结束之后，或者在新中国成立时，就应该进行。但由于种种历史原因，未能系统、全面地进行。由于年代久远，资料散失，在世的证人越来越少，现在进行这方面的调查和研究已经有很大困难。但是，无论早晚，这项工作总得有人来做。现在才做，已经晚了几十年。但如果现在再不做，将来就更晚，也更困难了。所以，无论再困难，做，都是必要的。做好这项调研，是对历史负责、对人民负责、对当年的牺牲殉难者负责、对我们的子孙后代负责。根本上，是对整个中华民族负责，也是对国际社会和人类文明负责。

因此，2004 年，中央党史研究室决定开展《抗日战争时期中国人口伤亡和财产损失》的课题调研。从 2005 年开始，组织全国党史部门围绕这一重大课题，开展了系统深入的调研工作。其基本任务，是按照实事求是的原则，调查更加详实、有力、具体、准确的档案、材料、事实，更加清楚准确地掌握日本军国主义的侵略罪行，更加清楚准确地掌握日本侵略在各个不同领域、地区和方面对中国造成的破坏和损失。其中包括：各个省、自治区、直辖市在抗战中的人口伤亡和财产损失情况；历次重大战役战斗中中国军队伤亡的情况；日本从中国掠走各种资源的情况；日本从中国掠走和破坏文物的情况；日军在中国制造的一系列重大惨案；中国劳工的损失情况；中国妇女遭受日军性侵犯的情况，包括"慰安妇"的情况；日军在中国使用细菌武器、化学武器及其造成伤害的情况；日本侵略在其他方面给中国造成破坏的情况；等等。

课题调研的整体布局，实行块块和条条的结合。每个省、自治区、直辖市党史研究室，主要负责把本区域内的情况调查清楚。也可根据实际情况，选择一些重点，进行专题性的调研，形成专题性的研究成果。一些重要专题，单靠某个省（自治区、直辖市）做不了，就采取条条的办法，组织专题性的调研。还有一些，则是条条与块块相结合。如毒气，日军在不同区域使用过，有关的省（自治区、直辖市）都调查。但作为一个专题，由相关的区域进行协调，配合开展调研工作，并形成专项的调研成果。如劳工、性侵犯等，就大致属于这种类型。

课题调研的方式方法，主要是查阅和搜集档案文献资料，包括不同历史时期的统计报表。同时查阅当时有关的报刊资料，查阅多年来涉及有关地方、有关课题的研究成果。对一些特殊的重大事件，特别是重大惨案等，也同时进行社会调查，对当事人、知情人、有关研究人员等进行走访，记录证词证言。对于特别重要的事件，有条件的，还进行必要的司法公证，如南京大屠杀、潘家峪惨案等，使这些调查都成为在法律上可以采信的证据。根据需要与可能，也到国外境外包括台湾地区查阅搜集档案资料。

中央党史研究室进行了大量组织和指导工作。在课题确定前，首先进行了必要的论证，得到了许多专家的支持。随后，制定了详细的工作方案，向各省、自治区、直辖市党史研究室发出正式通知和实施意见，明确了工作的指导思想、组织领导、调研项目、工作步骤、基本要求、注意事项等等。为了提高认识、振奋精神、交流经验、落实措施，专门召开了工作培训会议，就课题的总体规划、调研方法、需要把握的问题等，作了全面部署，特别是提出了把调研工作做成"基础工程、精品工程、警世工程、传世工程"的要求。多年来，一直分阶段、有步骤地把这项课题调研推向前进。有关领导和专家分别到各地参加会议，指导培训，提出要求，统一规格，解答疑难问题。在调研过程中，随时就有关问题进行具体指导。工作班子及时编发简报和简讯，交流情况和经验。

各级党委和政府高度重视。多数地方成立了由党史研究室领导负责的课题组。各地先后召开工作会议、电话会议等，培训人员，落实任务。许多地方形成了由党史研究室牵头，档案、民政、财政、司法、地方志、社科院以及高校等部门单位联合攻关的局面，保证了调研工作扎扎实实、有计划有步骤地向前推进。

《抗日战争时期中国人口伤亡和财产损失》课题调研先后经历了六个阶段。第一，酝酿启动。第二，全面调研。这是最重要的阶段。各地组织专门人员，查询档案，实地走访，搜集了大量资料。第三，起草报告。凡参加调研的县以上单位，都要在搜集整理、考证研究档案文献资料和进行实地调查的基础上，写出调研报告，全面、准确地反映调研成果。同时，将调研中搜集的档案文献资料进行分类整理，制作统计表、大事记和人员伤亡名录等。第四，分级验收。为保证调研成果的科学性、准确性、严肃性，各省、自治区、直辖市调研报告都要经过四级验收。首先由课题领导小组审查通过，然后聘请所在省份资深专家审读验收，合格后报送中央党史研究室课题组。中央党史研究室课题组审读各省、自治区、直辖市的调研报告及相关调研成果，认为合格后，再聘请有全国影响的专家审读，写出书面意见并亲笔署名。根据审读意见，各地都要反复认真进行修改，只有达到规定要求才能通过验收。第五，上报成果。完成调研工作的省、自治区、直辖市，都按统一要求，将调研中收集的档案文献资料等所有文件，精心整理，分类成册，向中央党史研究室提交调研成果。各市县也要逐级向省级报送。第六，反复审核。中央党史研究室召开审稿会，组织各省、自治区、直辖市按照标准自审，相互间互审，将各种材料进行比对，将有关数据核实，解决带有共性的问题，进一步统一标准、统一规范、统一格式。

这项课题调研，作为一项浩大的工程，到目前为止，进行了将近10年之久。前后共有60多万党史工作者、史学工作者和其他各类有关人员参加。将近10年来，各个地方都周密组织，采取有力措施推动工作开展，保证调研质量。如山东省，先在30个县（市、区）进行试点，然后在全省普遍推开，形成了纵向省市县乡村五级联动、步调一致，横向十几个部门优势互补、携手攻关的工作格局。课题调研期间，山东省参加工作的同志共查阅档案238742卷，复印档案资料406912页，查阅抗战期间及战后出版的书刊61301册（期），复制文献资料220177页。走访调查8万余个行政村、609万名70岁以上（即1937年全国性抗战爆发以前出生）老人中的507万余人，收集证言证词79万余份。拍摄照片资料7376幅、录像资料49678分钟，制作光盘2037张。全省1931个乡镇，每个乡镇都建立了包括证人证言证词、伤亡人员名录、财产损失清单、人员伤亡和财产损失数字统计、人员伤亡和财产损失大事记、重大惨案证据材料以及证人和知情人口述录音、录像、照片等内容的抗战时期人口伤亡和财产损失材料卷宗，共12892个。

这项课题调研，也得到了社会各界特别是档案图书部门、专家学者的普遍支持。许多档案馆、图书馆为这次调研提供各种方便。不少专家学者在教学科研任务繁重、经费困难的情况下，承担专题研究任务。有的外请专家利用学校假期全力以赴做课题，缺少交通工具，就以自行车代步或徒步，到档案馆和图书馆查阅文献资料。

为了扩大搜寻面，中央党史研究室还组织查档小组，分赴美国、俄罗斯、日本，搜集了许多抗战史料。很多地方的课题组都到台湾查档。在台北"国史馆"、中国国民党党史馆、"中央研究院"近代史研究所档案馆等，找到了数量巨大、整理比较细致的抗战档案。台北"国史馆"馆藏的国民党在大陆统治时期行政院赔偿委员会档案，涉及抗战时期中国人口伤亡和财产损失的有8924卷，内容十分翔实具体。既有中央机关、军队系统人口伤亡和财产损失情况，也有地方省、市，县、区和个人填报的资料，包括台湾地区和华侨的档案资料。新疆防空委员会也报送有财产损失材料，如修筑防空工事、疏散费等财产损失。重庆市报送有日机空袭慰恤重伤难胞姓名卡，上面有卡号、伤员姓名、性别、年龄、籍贯、受伤时间、受伤地点、恤金额、发恤金时期、所住医院名称、医院地址、入院时间等，受伤部位还配有图片加以说明。所有这些，为查明当时各方面的人口伤亡和财产损失，提供了重要证据。

这项重大课题调研的成果，均编成《抗日战争时期中国人口伤亡和财产损失调研丛书》公开出版，为国内外学者提供并为子孙后代留下一份关于抗战时期中国人口伤亡和财产损失的系统资料。经过验收、审核合格的调研报告和主要档案文献资料，都按统一体例，编辑成为丛书的A、B两个系列。A系列为各省、自治区、直辖市各一本调研成果，以及若干重要专题的调研成果，由中央党史研究室负责审核。B系列为各省、自治区、直辖市的其他大量调研成果，由各省、自治区、直辖市党史研究室负责审核。全部成果统一设计、统一规格、统一版式、统一编号，由中共党史出版社统一出版。全部出齐之后，将有300本左右。

为了集中反映日本侵略者在中国制造的各种重大惨案，我们专门编纂了一套《抗日战争时期全国重大惨案》，收录抗战时期死伤平民（或以平民为主）800人以上的重大惨案100多个，配以档案、文献、口述及照片等作为历史证据。日本一些右翼分子，常常攻击中国为什么不拿出伤亡人员名单。我们专门安排了一个省，即山东省，公布该省具体的伤亡人员名录（第一批先公布该省100个县＜市、区＞的死难人员名录），包括姓名、籍贯、年龄、性别、伤亡时间等多项要素。以此说明，中国的伤亡人员都是有根有据、铁证如山的。

历史的生命在于真实、客观、准确。《抗日战争时期中国人口伤亡和财产损失》这一课题调研的生命也在于真实、客观、准确。所以，在开展这一课题调研的过程中，我们始终把保证调研质量，保证所有材料、事实、成果的真实性、客观性和准确性放在第一位，并在五个重要环节上严格要求、严格把关。第一，严格要求。一开始就明确规定，课题调研工作坚持实事求是的原则和科学严谨的态度。整个调研工作必须尊重历史事实。档案怎么记录的，就怎么记载，不能随意改变。当事人、知情人怎么说的，就怎么记录，不能随意加工。所有的材料、事实都要经得起法律上和学术上的质证。在需要与可能的情况下，对当事人、知情人的证词证言要进行司法公证。各种数据，都要确有根据，不能随便编排、采信。不许追求任何高数字、高指标。第二，统一规范。对课题调研的项目、内容，都做了认真细致的研究，提出了统一要求和严格规范。对全部调研项目设计了统一的表格，对调研报告的内容和格式做了统一规定。每个数字的内涵外延，包括如何计算、如何换算等等，都有明确的规定。事前对调研人员进行了培训。调研过程中，对没有理解的问题、疑难的问题等，都由专家给予统一的解释、说明。第三，责任到人。对所有参与课题调研的人员，都实行责任制。查档的、笔录的、整理的、起草调研报告的、审读的……，每个环节的人员都要签名，以对这一环节自己的工作负责，对子孙后代负责。明确规定，今后凡遇到质疑，有关环节的调研人员都要能够站出来进行证明、解释和辩论。第四，客观撰写。在汇总情况、起草调研报告阶段，要求所有的数据统计都必须客观、真实、准确。一律用事实说话，材料要具体、实在。不允许像写文艺作品那样来写调研报告；不允许作任何想象、编造和煽情性的描写；不允许刻意追求语言的生动华美；不允许使用任何带有夸张性、主观推断性的文字；不允许用"不计其数"、"无恶不作"这类抽象的形容词来概括相关内容；经过调研，凡是能够说清的事实、数字都予采用，但仍然说不清的情况、数据，就客观地说明未查核清楚，在汇总和整理数据时充分考虑这些因素，绝对不得编造数字。第五，逐级验收。除了在调研过程中由特聘的专家随时给予指导外，对各地提交的调研报告和相关材料，都实行逐级验收制度。其中，对省级调研成果实行由地方到中央的四级验收，其他调研成果由有关省、自治区、直辖市党史研究室组织验收。每一验收环节都要有专家审读、签字。凡存在问题和不符合要求之处，都要退回重新核查和修改。

经过艰苦努力，到 2010 年底，我们在深入调研的基础上，初步编出了几十本成果，先行印制了少量样本作为内部工作用书，组织力量作进一步的研究、审读、复查、校核。从 2014 年初开始，我们又组织展开了新一轮较大规模的审核工作。第一，召开有关省、自治区、直辖市党史部门参加的审稿会，进一步提高认识，明确规范，听取相互评审以及从社会各方面听到的意见，对审核工作提出要求，进行部署。第二，开展自审、复核、修改，确保准确无误。同时在各省、自治区、直辖市党史部门之间交叉审读，相互间进行比较、核对、衔接。自审互审完成后，都要确认是否具备正式出版的质量水准，签署是否同意交付出版的意见。第三，由中央党史研究室组织专家，对所有拟第一批出版的成果（书稿）进行六个环节的审读、检查、修改、校对，不仅检查是否还有表述不够准确或不够清楚的地方，而且对各本书稿之间、每本书稿各个部分之间的内容、叙述、时间、数字等进行统筹检查，排除表述不一致的内容。第四，如实客观地说明我们工作尽最大努力后达到的程度。始终强调，凡是已经清楚的，就清楚表述。还没有搞清楚的，就如实说明还没有搞清楚。某些数据、结论与其他书籍资料不完全一致的，则说明我们是依据什么材料、从什么角度得出和叙述的，不强求一致。第五，组织各地党史部门继续参与审核。凡有疑问的，都与有关地方党史部门联系、查核。多数省、自治区、直辖市都派专人来京参与审核、修改、校对。审核完毕后，又组织各地党史部门对自己书稿的清样再次进行审核。然后再按出版流程交付印制。今年以来对这些成果再次进行如此繁密、细致的复核工作，都是为了进一步保证成果的质量，保证历史事实的真实性和准确性。

特别需要强调的是，开展这项调研，不是为了简单汇总、计算这样那样的数据，而是为了寻找、展示更多的档案、更多的材料、更多的人证物证、更多的历史事实，用具体的事实来反映当年中华民族遭受的巨大灾难，揭露日本侵略者反人类的罪行。时隔几十年，很多数据难以查清，很多数据可能不很吻合，而且数据的分类、统计、核算都极为复杂，远远不是简单做一做加法就能算出来的。所以，我们在数据上采取了十分谨慎的态度。能统计出来的就统计出来，难以统计的也不强求。统计的口径、结果相互有差别的，也注意说明。今后，我们将会对数据问题作进一步研究。因此，目前的研究还只是阶段性的，不能说已经包罗万象，更不是最终的结论。总体上，还是在为今后更加综合性的研究提供一个详尽、扎实的基础。

由于自始至终都高度重视和强调调研的质量，所以，对于这一项目的真实性、客观性、准确性，我们有充分的信心。当然，无论如何，历史已经过去了六七十年，很多当事人已经去世，很多档案资料已经散失。现在再对发生在六七十年前的灾难进行大规模的调查，其困难是可想而知的。所以，即使做了最大的努力，我们仍然充分预计在调研成果及有关材料中，还是会有不足和差错之处，出版之后，肯定会有不同意见。所以，我们真诚地欢迎所有看到这些调研成果的人们，对其中的内容、材料、数据等进行审查、讨论。如此，必将有更多的人们关心和参与对当年那场灾难的调查，必将会提供和发现更多的档案、更多的资料、更多的见证，必将对我们调研成果中的很多内容进行不断的推敲琢磨，从而使我们能够更加准确、系统地展示当年中国的人口伤亡和财产损失，使我们为子孙后代留下的资料更为完整、更为丰富。我们也欢迎日本和其他国家的人们对这些调研成果进行阅读、审查、讨论、质疑。如此，将会有更多的国家和人们关注中国当年所遭受的灾难，也将会有更多的存留于国外境外的档案资料出现在公众面前，也将会使对当年这段历史和灾难的记录、研究更加准确和科学。

《抗日战争时期中国人口伤亡和财产损失》课题调研，是一项学术性的工作。开展这项课题调研，是为了更加准确和详尽地记录这场战争和灾难的历史，更加充分和有力地揭露日本军国主义的侵略罪行、反击日本右翼势力否认侵略战争的言行，更加充分和有效地进行爱国主义教育，毋忘国耻、振兴中华，更加积极地促进两岸交流、推进祖国和平统一进程，同时，也是为了给全世界所有关注当年这场战争和灾难的国家、政府和人们一个更加负责任的交代，为子孙后代继续研究当年中国人民抗日战争和日本军国主义的侵略罪行留下一笔丰富翔实的历史遗产。因此，虽然是学术性调研，但具有重大的历史意义、现实意义、国际意义、政治意义。作为历史工作者，我们有责任、有义务，实事求是地把中华民族在那场战争中蒙受的巨大灾难和损失尽可能完整地记载下来。推动和开展这项课题调研，是良心所在，是责任所在！每每读到那些令人震颤的历史事实，每每想到那数千万死难者的冤魂亡灵，每每掂量我们今人特别是历史工作者的责任，我们都禁不住潸然泪下。将近10年来，所有调研人员本着对历史和民族负责的精神，殚精竭虑，无私奉献，千方百计寻找各种线索，逐字逐页翻阅档案资料。为了做好对当事人、知情人的调查取证工作，顶酷暑，冒严寒，深入村镇，一家一户进行走访。也许，随着时间的流逝，这样的调研工作，以后再也不可能如此全面深入大规模地进行了。所以，对于能够基本完成这一课题的调研，我们极为欣慰，对能够取得今天这样的成果，我们极为珍惜。将近10年来，调研工作遇到过重重困难，调研人员付出了巨大心血，但只要能够对国家、对民族、对人民有一个负责任的交代，我们所有的努力、辛劳甚至痛苦都是值得的！

现在，《抗日战争时期中国人口伤亡和财产损失调研丛书》A系列第一批成果就要正式出版了，随后我们还将根据工作进程陆续出版第二批、第三批……B系列丛书的编纂和出版工作也将同时推进。而且，这项课题调研工作远没有结束。截至目前课题调研取得的成果，都还是阶段性的、部分的、不完全的成果。很多专题性调研还要继续进行，对大量档案资料还要进行分析研究。所有这些，都还需要我们继续不懈地努力。我们将以对历史负责的精神，一如既往地将这项课题调研工作做好。

历史，是现实的基础，更是未来的起点。打开尘封的记忆，重温昔日的往事，我们可以得到很多的启示和教诲，增长很多的聪明和智慧。所以，研究历史，形式上是向后看，但根本目的是向前看。作为一种科学的研究，我们调查历史的真相，记录历史的灾难，不是为了延续旧时的仇恨，不是为了扩大中日之间的裂痕，不是为了煽动狭隘民族主义的情绪，而是为了以史为鉴，不让历史的悲剧重演；面向未来，书写更加友好合作的美好篇章。经历了太多的苦难和挫折之后，我们更加坚定地热爱和平，更加执着地追求正义，更加珍惜国家的主权与独立，也更加关注世界的文明发展和进步。我们真诚地希望，世界各国能够携手努力，平等协商，求同存异，友好相处，共同推进世界的发展，共享人类文明的成果；我们真诚地希望，中日两国人民能够更多地加强交流、理解和合作，共同开辟中日关系的新局面，使中日关系更加健康稳定地向前发展，使中日两国人民真正世世代代地友好下去；我们真诚地希望，中华民族能够始终以坚韧不拔的努力，坚定不移地走和平发展之路，在中国特色社会主义旗帜下全面建设小康社会，努力实现社会主义现代化，为推动建设一个和平发展、文明进步的世界作出自己的贡献！

2014 年 4 月 30 日

《抗日战争时期中国人口伤亡和财产损失》课题①调研工作规范和要求

2004 年，中共中央党史研究室决定开展《抗日战争时期中国人口伤亡和财产损失》课题调研。2005 年向全国各省、自治区、直辖市党史研究室发出开展此项工作的正式通知，进行相应部署，着重说明工作的指导思想、调查项目、实施步骤及规范和要求。以后又随着课题调研的深入开展，对规范和要求进行了补充和完善。

一、课题调研的基本任务

抗战损失课题调研的目的和任务是深化对抗日战争时期中国人口伤亡和财产损失的研究。1995 年，在首都各界纪念抗日战争暨世界反法西斯战争胜利 50 周年之际，江泽民同志曾经对 20 世纪三四十年代日本侵略中国造成巨大人口伤亡和财产损失的基本数据做出了重要表述。2005 年，在纪念中国人民抗日战争暨世界反法西斯战争胜利 60 周年大会的讲话中，胡锦涛同志再次郑重宣布，据不完全统计，在抗日战争期间，中国军民伤亡 3500 多万人；按 1937 年的比值折算，中国直接经济损失 1000 多亿美元、间接经济损失 5000 多亿美元。中共中央党史研究室组织开展的课题调研，旨在全面详尽调查有关抗日战争时期中国人口伤亡和财产损失的具体事实，为这组基本数据提供强有力的史实支撑，并不是简单地做数据统计。

---

① 本课题亦简称为抗战损失课题或抗损课题。因为抗日战争时期及抗战胜利后国民政府统计人口伤亡和财产损失多采用"抗战损失"等概括性提法，其中将人口伤亡也称作抗战损失之一种，与财产损失并提，故沿用这一表述。

课题调研的基本任务是：按照实事求是的原则，经过广泛、全面、深入细致的调查研究，包括查阅搜集档案资料、对统计数据进行分析等，获得更多的证据，以更加全面和准确地揭露日本帝国主义侵略中国的罪行及其对中国人民造成的伤害。

课题调研的主要内容包括：（1）各个省、自治区、直辖市在抗战中的人口伤亡和财产损失情况；（2）历次重大战役战斗中中国军队伤亡的情况；（3）日本从中国掠走各种资源的情况；（4）日本从中国掠走和破坏文物的情况；（5）日军在中国制造的一系列重大惨案；（6）中国劳工的损失情况；（7）中国妇女遭受日军性侵犯的情况，包括"慰安妇"的情况；（8）日军在中国使用细菌武器、化学武器及其造成伤害的情况；（9）日本侵略在其他方面给中国造成破坏的情况；等等。

二、课题调研的方式和方法

主要是组织有关人员查阅和搜集档案馆、图书馆和其他文博单位以及民间保存的有关中国抗战人口伤亡和财产损失的档案资料、报刊杂志、历年出版的专题资料集和发表的研究成果。对一些特殊、重大的事件如重大惨案，则走访当事人、知情人和有关研究人员，进行录音录像，整理和保存证人证言，有条件的还进行司法公证，努力使这些调查材料成为在法律上可以采信的证据。有些省份的课题组还到境外的有关机构查阅相关档案资料，作为对大陆保存的档案资料的丰富和补充。这次课题调研的整体布局，实行块块和条条相结合。每个省、自治区、直辖市党史研究室在负责开展地区性的广泛调研的同时，也从实际出发开展一些专题性调研。一些重要的、涉及多个地方的带有全局性的专题，则另组织专家进行调研。

三、对搜集档案资料的要求

1. 明确搜集档案资料的范围。搜集档案资料是本课题调研工作的基础，调研成果的质量也主要决定于档案资料是否翔实，是否尽可能完整和全面。所以，凡相关内容的档案资料，不论是直接反映人口伤亡和财产损失的，还是间接反映的（如关于人口状况、财产状况、生产能力、各类资源情况等资料），都尽量搜集，作为撰写调研报告的客观的历史依据。搜集的要件有：档案、报刊、史志、时人日记、专著专论、实地调查报告、图片、影像资料以及出版、发表的研究成果等。

2. 认真整理原始档案和资料。对于搜集到的档案资料，不论是来自原始的档案，还是来自报刊、史志、日记、图书、专题论文等，都认真整理，每份每件都注明保存的地点、单位，文件卷号、出版或发表处等，然后分类汇总，妥善保存。档案资料使用时一律保持原貌，必要时作注释说明，不允许对原件内容增改、涂抹。对搜集到的档案资料要在分门别类整理的基础上进行必要的考证、鉴别和研究。整理后的档案资料，不仅是有关课题承担者撰写课题调研报告的重要依据，其主要内容也作为附件收入有关的调研成果之中。

四、有关数据统计中的几个问题

1. 根据搜集、掌握资料的情况，抗日战争时期中国的人口伤亡分为直接伤亡和间接伤亡两大类。直接伤亡，一般是指日本侵略中国的战争直接导致的中国方面人员的死、伤、失踪等；间接伤亡，一般是指在日本侵略中国的战争包括特定战争环境中造成的中国方面被俘捕人员、灾民、难民、劳工等的伤亡。抗战期间，被俘捕人员、灾民、难民、劳工等伤亡很大，但由于其流动性大等复杂原因，很难形成具体数据资料，统计起来十分困难。因此，本课题调研中，将已确定属于死、伤或失踪的被俘捕人员、灾民、难民、劳工的数据归入有关地方间接伤亡统计数据；无法确定是否伤亡失踪的，可视情况单列相关数据并加以说明。需要补充说明的是，在战争中失踪者，按通常惯例归为死亡。

2. 抗日战争时期中国的财产损失分为直接损失和间接损失两大类。直接损失，一般是指在日军攻击、轰炸或掠夺中直接造成的社会财产损失。居民财产损失列为直接损失。间接损失，一般包括：(1)政府机关等因抗战需要而增加的费用，如迁移费、防空设备费、疏散费、救济费、抚恤费等；(2)各种营业活动可获利润额的减少及由于成本上升等增加的费用；(3)有关伤亡人员的医药、埋葬等费用；(4)为抗战捐献的物资和钱财；(5)有关人力资源的损失。总之，一切因战争造成的间接财产损失均包括在内。

3. 在财产损失中所列的人力资源类损失，包括了被俘捕人员、劳工等在财产方面的损失。中国各级政府所组织的劳役，例如为战争修筑公路、机场、军事工事等抽调民工，都算作人力资源损失。但中国方面征用民工和日本侵略军强征劳工有所区别。日军强征劳工的伤亡率很高，和中国方面征用民工民夫的情况区别很大，因此要分别统计和说明，不能混淆。

4. 中国军队在重大战役战斗中的人员伤亡，分别情况加以统计处理。此次课题调研以统计平民伤亡为主。有关省（自治区、直辖市）如发现有本地发生过军队人员伤亡的重要资料，可以搜集整理并在调研报告中说明，但不计入本地人口伤亡总数。若是本地籍军人的伤亡，则计入本地人口伤亡总数。

5. 海外华侨拥有中国国籍，因此在计算抗日战争时期中国人口伤亡和财产损失时，华侨人口伤亡和财产损失均计算在内。各有关地方在计算本地人口伤亡和财产损失时，视情况可以将本地籍华侨的伤亡、损失计入统计数据总数，亦可单列数据并加以说明。

6. 工厂、学校、机关团体等由于战争原因搬迁造成的损失，算作间接损失，原则上由工厂、学校、机关团体等原所在地方统计。如果原所在地方缺少相关资料，新迁移处具备资料条件，也可由后者统计。为避免交叉和重复，遇到这类情况须特别加以说明。

7. 政党、政府机构的财产损失，归入公用事业的社会团体类财产损失一并计算。

8. 被日军、日本占领当局无偿征用、占用的中国耕地，按农作物的产量及其价值计算财产损失。

9. 伪军、伪政府的人员伤亡和财产损失，一般计入中国人口伤亡和财产损失。

10. 由战争原因导致的如黄河花园口决堤一类重大事件所造成的人口伤亡和财产损失，计算在间接人口伤亡和财产损失中。

11. 重大的财产损失，均以相应数额的货币反映价值。反映财产损失的货币一般要注明币种。

12. 通常用于抗日战争时期财产损失统计的货币（主要是法币），币值问题非常复杂。本课题调研中，涉及财产损失统计的货币数据，有条件进行折算的，一般按1937年即全国抗战爆发当年通用货币法币的币值进行折算，并说明折算的方式方法。因条件不具备，保留原始数据未作折算的，则注明有关数据中用以反映财产损失的货币系何种货币、何年币值。

五、关于撰写课题调研报告的要求

本次课题调研，有关课题组和承担专门课题的专家均按要求撰写出调研报告。

1. 各省、自治区、直辖市课题组撰写调研报告，内容大致分为概述、主体、结论三部分。

概述部分主要包括：介绍课题调研工作的基本情况，如：投入多少力量，到过什么地方查阅搜集档案资料，搜集了多少档案资料等。反映本地的自然地理概况，抗战爆发前的经济社会发展和人口状况，以及在抗战时期是重灾区还是大后方，是沦陷区还是根据地等。叙述日本侵略者在本地的主要罪行。还可简略回顾以往相关课题的资料和研究情况。

主体部分主要包括：分析说明本地人口伤亡和财产损失情

况。根据现掌握资料，将本地抗战时期人口伤亡分为直接伤亡和间接伤亡，将本地财产损失分为直接损失和间接损失，并分别说明主要的史料依据和分析结果。

结论部分，汇总本地人口伤亡数据、财产损失数据。据实说明迄今所掌握资料的局限性、本地遭受人口伤亡和财产损失的特点、影响等。

撰写调研报告依据的主要资料以及调研中同步完成的专题研究报告等，作为调研报告的附件，纳入课题调研成果中。

2. 由一批专家承担的全局性专门课题，如抗日战争时期重大惨案、劳工问题、"慰安妇"问题、细菌战、化学战、文化损失、海外华侨人口伤亡和财产损失、中国军队伤亡、重要战役战斗伤亡等，其调研报告的撰写和附件的收录，参照以上要求进行。

六、对调研成果的验收

在各省、自治区、直辖市课题调研工作结束后，完成的包括课题调研报告在内的省级调研成果和市、县等调研成果，要装订成册，通过审阅和验收，逐级上报，送交各省、自治区、直辖市党史研究室和中共中央党史研究室分别保存。

为确保质量，在调研过程中形成的各省、自治区、直辖市A、B两个系列书稿（省级调研成果为A系列书稿，市、县等调研成果为B系列书稿），要分别通过验收。其中，省级调研成果要通过由地方到中央的四级验收，市、县等调研成果则在有关省、自治区、直辖市内验收。

省级调研成果上报验收前，课题组先认真进行自审，以保证内容的完整准确，特别是调研报告和有关专题研究报告、资料、大事记的内容和数据要互相补充、印证，不能互相矛盾。课题组完成自审后，省级调研成果首先报送省级抗战损失课题领导小组验收。省级课题领导小组审查通过后，送省级专家验收组验收。省级专家验收组参加验收的专家一般为3—5人，人选来自党史系统、社会科学院和社科联系统、档案史志部门、高等院校等方面，为较有影响力、权威性的专家。省级专家验收组在本省（自治区、直辖市）课题领导小组的指导下，按照学术规范的严格要求和有关规定审读、验收本省（自治区、直辖市）拟提交中共中央党史研究室的省级调研成果。验收的主要标准和目的是确保调研成果的准确性、可靠性。对于验收中指出的问题、提出的意见和建议，各省（自治区、直辖市）课题组须采取有效措施解决和落实。对一次验收不合格的，修改、完善之后进行第二次以至多次验收，直到合格为止。省级专家验收组验收合格后，填写《A系列书稿验收报告表》。填写的报告表和书稿同时报送中共中央党史研究室课题组。

中共中央党史研究室课题组收到经省级专家验收组验收合格的省级调研成果后，先进行验收。认为合格后，再聘请国内知名专家进行验收，并填写《A系列书稿验收报告表》。验收中所提修改意见，由有关省、自治区、直辖市课题组予以逐条落实，对调研成果做出相应修改或者说明相关情况。

由一批专家承担的全局性专题研究成果，最后形成的书稿也纳入A系列，其验收也参照上述程序和要求，由中共中央党史研究室课题组组织有关专家进行。对于验收中提出的意见，承担课题的专家要逐条落实，对调研成果进行修改完善直至合格为止。

最后，中共中央党史研究室课题组对经过反复修改形成的省级调研成果和全局性专门课题调研成果进行复核。完成各项程序并符合要求的调研成果，包括通过四级验收的A系列书稿和由有关省、自治区、直辖市党史研究室组织验收并合格的B系列书稿，分批次送交中共党史出版社付印出版。

中共中央党史研究室课题组

目　　录

一、宁夏抗日战争时期人口伤亡和财产损失调研报告

宁夏回族自治区委党史研究室

（一）调研工作概述

　　开展抗日战争时期中国人口伤亡和财产损失调研，是每个有良知有正义感的党史工作者义不容辞的责任和应尽的义务。调查、研究抗日战争时期宁夏人口伤亡和财产损失情况是全国大课题的一个的重要组成部分，是一项十分严肃而重要的政治任务。

　　接到任务后，自治区党委党史研究室领导高度重视，专门召开会议进行研究部署。决定根据宁夏的实际情况，由自治区党委党史研究室征研处具体负责此项工作。同时参照中央和其他兄弟省市的做法，积极争取党、政、军领导部门的支持，组织和整合社会各方面的力量联合攻关。2006 年 4 月上旬，经与各有关单位协商，成立了由自治区党委党史研究室、自治区档案局、宁夏社会科学院、自治区统计局、自治区政协文史委员会及银川市委党史研究室等六家单位组成的宁夏抗战课题调研工作领导小组。由各协作单位的一负责同志任课题调研工作领导小组成员，并指定 1—2 人负责具体工作。动员、组织本系统相关部门的有关专家、学者积极参与此项工作，充分挖掘自身资源，发挥各自优势，共同完成这一具有重要历史和现实意义的任务。

　　2006 年 4 月 14 日，宁夏抗战课题调研工作领导小组召开第一次工作会议，宣告调研工作正式启动，并制定了具体的调研方案。同时，对各协作单位所承担的任务也作了明确分工。这次会议的召开使大家进一步明确了以后的工作目标和任务，增强了做好这项工作的信心和决心。

　　会后，各协作单位按照各自分工，开始加紧了查阅档案、搜集资料、走访当事人、统计数据的工作。经过大家的共同努力，先后查阅了民国时期宁夏省党部、民国宁夏省政府两个全宗自 1931 年至 1945 年期间的约 100 余份案卷；

查阅了中国第二历史档案馆有关民国时期宁夏的档案缩微胶片（19 盘）的目录（共 5 册）；翻阅、搜集有关文史资料、方志书籍、报纸杂志、口碑资料等 36 种，1600 余万字，复印各种资料 350 页，在对搜集到的全部资料进行充分整理、研究的基础上形成本调研报告。

需要在此强调说明的是，本次调研的覆盖范围仅限于现宁夏回族自治区管辖的行政区域，历史上曾属于宁夏但后来又发生行政区划变动的地区其人口伤亡和财产损失不在本次调研范围内。

（二）抗战时期的宁夏概况

1. 宁夏的自然条件及社会经济状况

宁夏在历史上曾经是党项族人长期（200 余年）活动的区域，他们在 12 世纪到 13 世纪初所建立的"西夏国"都城"兴庆府"就是抗战时的宁夏省城，成吉思汗后人灭亡了这个国家后，遂改为"宁夏路"。所谓"宁夏"，就是用武力征服了的"西夏"，使之永远安宁帖服的意思。中华民国成立后，宁夏原属于甘肃省的一道（行政区域的名称，介于省县之间），民国十七年（1928 年）南京国民政府实行缩小省区制，成立了宁夏省，将旧属于宁夏道的八县及西套内蒙古之阿拉善、额济纳尔特别旗划归宁夏省管辖，由此宁夏从甘肃省划分出来，成为一个省的行政区域。

抗战时期的宁夏省位于中国之西北部，东临绥远，北接外蒙，西南与甘肃相连，东南与陕甘宁边区为邻。全省为沙漠大陆性气候，西北与外蒙接界的广大地区空气干燥，雨量特少。冬夏寒暑剧烈，春秋狂风时起，沙尘蔽野，行人经过迷失途径，过半数地区为沙漠戈壁所占有，至于能耕种和牧畜的地方，仅有很小一部分。东南靠近陕、甘、绥一带地方，有全省最大的贺兰山山脉，高达 3500 公尺以上，蜿蜒障蔽于西北部，如同脊背，减少了蒙古大沙漠和飓风的来袭。中部有黄河巨流的十一大渠，交错纵横，灌溉极便，形成雨水不缺，气候较暖，全省最肥沃的农耕地带，因此有"天下黄河富宁夏"之谚，又称宁夏为"塞北江南"。

据 20 世纪 30 年代初期的民国政府统计，全省当时人口共有 50 余万，平均一平方里多土地才有一人，其中汉族 266764 人，占全省总人口的 53% 强，为最多数；回族 233236 人，占全省人口的 43% 强，为次多数；蒙古族约 16000 人，仅占全省人口的 2% 强，为最少数。因此，当时的宁夏是一个多民族杂居的省份，是回族地主资产阶级掌握军政大权，压迫其他民族同样也压迫广大回族劳苦大众的一个省份，是民族矛盾较为尖锐的地区之一。

抗战前，宁夏还处于旧式的手工业阶段，科技文化教育的落后，使宁夏的工业发展非常艰难。抗战爆发后，宁夏兴起了一股办厂热潮。1935 年成立的电灯公司是宁夏较早的工业企业。由于宁夏盛产优质羊毛，纺织业是宁夏的优势行业，先后建立了宁达棉铁工厂、义兴织染厂、兴灵纺织工厂、中和纺织厂、宁夏省毛织工厂。1935 年，宁夏省政府从南京购回印刷设备，恢复了宁夏印刷局的生产。1939 年筹建宁夏造纸所，产品一时供不应求。1945 年，利宁造纸厂利用蒸汽机为动力带动压纸碾，为宁夏机器造纸的开始。1940 年，利宁甘草膏改制恢复生产，1943 年光华陶瓷厂由官方投资兴办。此外，还办有面粉加工、制革、火柴、卷烟、碾米、制糖等工厂，都因规模小，技术落后而发展缓慢。为了填补宁夏缺少重工业的空白，1935 年宁夏林矿局成立，专门管理全省矿业的勘探与开发。宁夏省建设厅组织了宁夏地质调查所，聘请地质专家李世林等对宁夏各主要山脉进行调查勘探，在掌握宁夏蕴藏大量矿产资源后，宁夏省政府以官办或私办的形式，先后建立兰鑫炼厂、机器厂、宁夏玻璃厂、炼铁工厂等各种工业企业，这批企业虽然多属官办资本，生产规模超过了以前的私人作坊，技术水平也有很大提高，但总体还处于手工劳动的阶段，机器生产较少，再加上大多为官办企业，限制了私人资本的发展，这种官方垄断经营，决定了官办企业只是暂时繁荣。但它毕竟是宁夏历史上第一次大规模兴办近代工业的运动，其生产规模超过了以前各种私人作坊，技术也有不同程度的改进，对提高社会生产力和促进社会经济发展发挥了一定的作用。

农业和畜牧业一直是宁夏的优势产业，但连年军阀混战，使得水利失修、劳动力锐减、农业生产衰败。抗战时期，宁夏省政府逐渐感到农业的残破已严重危及其统治地位的稳固，开始重视农业的发展，1942 年将农林局改为农林处，宁夏省主席马鸿逵亲任处长。在科学技术十分落后的情况下，农林处积极试验棉花、烟叶、甜菜和桑蚕养殖技术，并在全省推广实行。制定《垦荒规程》，鼓励农民开垦黄河两岸及河中滩地。1940 年宁夏省政府设立林务局，大力发展植树造林事业，在宁平公路两侧栽种树木，使宁夏成为全国造林之典范，在各县采用征工强制造林办法，兴起农民造林运动。宁夏省政府对水利建设也较为重视，设有水利督导专员和水利研究组，每年清明至立夏对渠沟进行修挖整顿，形成"清明上渠，立夏开水"制度，提高水利灌溉管理水平，改善灌溉条件，这些工作为保证水利畅通，防止和减少黄河塌岸毁田均有积极有效的作用。抗战时期是宁夏建设事业取得显著成绩的阶段。抗战时期宁夏的建设成就，除得力于宁夏政府的倡导外，一批知识分子、技术人员，如罗时宁、梅白遽、梁飞彪等不畏艰难、发奋创业的作用尤为重要。

全国抗战爆发后，国土进一步沦丧，中国东部工业区大部分落入敌手，西北地区的重要性为社会各界所重视，促使国民党当局开始开发西北，建设西北。西北地区地域辽阔，资源丰富，当中原和东南沿海沦陷后，大批科技人员、资金纷纷涌入大后方之后，给西北的经济发展创造了条件，培育了市场，带来了生机。在"抗战建国"运动的鼓舞下，西北的"战时工业"和民族工商业得到迅速发展。

宁夏的盐池县在抗战中具有重要的战略地位，它不仅是陕甘宁边区的一处门户和前哨，也是边区的经济重地，在抗战中发挥了重要作用。盐池县位于陕、甘、宁、内蒙古 4 省、自治区交界处，战略地位极为重要，有"羽翼陕北，控扼朔方"、"平固门户"、"环曲襟喉"之称，历史上就是边关重防，军事要塞。1936 年 6 月，西征红军解放盐池县，使其成为陕甘宁革命根据地的重要组成部分。中华苏维埃共和国西北办事处国民经济部长毛泽民到盐池指导发展经济工作时，曾提出要保护好工商业者，允许外地盐商盐贩自由出入苏区做生意，团结一切可以团结的力量，活跃了城乡经济。抗战期间，中共盐池县委和县政府，领导人民认真贯彻执行党的各项方针政策，发展党组织，加强政权建设，巩固统一战线，开展大生产运动，在政治、经济、文化各方面都取得了显著成就，把一个极端贫困的地区改造成为政治上进步，经济、文化迅速发展，人民当家作主的模范县，成为人民向往的地方。为粉碎国民党对陕甘宁边区的经济封锁，毛泽东于 1942 年发出"自己动手，丰衣足食"的号召，在边区各地掀起了大生产运动。在大生产运动中，盐池县开荒种地、办合作社、打盐运盐、发展纺织业和手工业生产，解决了边区军民的部分困难，支援了前线的需要。盐池县人民努力生产、踊跃支前的积极性很高，有力地支援了边区经济建设和前线的抗日。时任盐池县商会会长的靳体元创办了元华工厂，生产的产品不仅满足盐池县的需要，而且还支援了边区其他地方和部队，部分产品还运往国统区换回大量的生活用品。靳体元为边区建设作出了贡献，被评为边区劳动合作社英雄，受到毛泽东接见表扬。盐池盛产甘草、裘皮，有丰富的煤炭、石膏、砂、硝等资源，这些资源的开发，使边区的经济建设得到发展，实现了自己动手、丰衣足食的目标。尤其是盐池县的盐业生产，成为边区的重要经济支柱。盐池县人民为边区的经济建设和抗日战争的胜利作出了突出的贡献。

日军侵占华北和绥远后，宁夏与平津的商路阻塞，货物来源断绝，人民生活和军政需要均遭受巨大困难。从抗战救国的大背景和宁夏现实需要出发，宁夏官商各界着手兴修道路，兴办工业，加强农业以解决迫切的需求。

20世纪30年代初，在公路交通方面，宁夏只有3条省际干线（宁夏分别至包头、兰州、平凉）和4条省内支线（银川分别至盐池、灵武、豫旺、巴音浩特）。马鸿逵入主宁夏后，为了利于军队运输，开始重视发展宁夏交通运输业。于1933年成立宁夏省道管理处，并制订了《宁夏省道建设计划》，对宁夏的公路建设进行了全盘规划。从1934年至1936年大规模筑路，完成了宁包、宁兰、宁平公路的改道和修筑，修筑了石嘴山至大坝的畜力车道和农村道路，使宁夏的交通网络更为细密。抗战前后，为了加强对全省的军事控制和保证宁夏与甘肃公路的畅通，整修了宁夏至平凉公路，西安行营工程处也对西兰公路进行了改善，使其成为宁夏与陕西、甘肃交通的重要路线。为了加强对绥远的支持，1940年宁夏境内的公路汽车运输业务由国民政府交通部统一管理。交通部对宁兰、宁平两条线路逐年修筑，提高了省道干线的质量。公路兴修推动了宁夏汽车营运业务的开展，但主要还是为政府的军事政治活动服务，民间的商业往来、货物运输依然靠驮运、大车及黄河水运。1934年，宁夏开始了航空运输这一新兴交通事业，由中德欧亚航空公司开通宁兰支线，后延至包头，机场也由东昌、新满城、西花园三易其址。1939年，德国因忙于战争，调回部分飞机，兰宁航线遂告停顿，直到1948年中航开通宁绥航线，宁夏才再次有航空班机。

2. 宁夏的战略地位

抗战时期，宁夏在西北各省之中面积、人口、经济实力的排位都靠后，其地理位置却至关重要，位居西北的东北部，依山面河，大漠环抱，在军事上易守难攻，有独特的战略地位，是保护西北的第一道防线和前沿阵地，堪称西北的咽喉。宁夏的得失，关系到西北、西南乃至全中国抗战的全局。如果宁夏失守，日军就会乘机长驱直入侵占大西北，直接威胁到国民政府的陪都重庆与后方基地西南地区及至陕甘宁边区这块中共领导全国抗日指挥中心的安全。

七七事变以前，宁夏已面临着强敌压境的危险。日军为了打开西北的咽喉，首先加紧对宁夏的特务渗透，公开对宁夏省主席马鸿逵进行策反活动。日本特务潜入绥远、宁夏及河西各地，建立据点，设立特务机关，安置电台，派遣汽车、骆驼队运送物资，并在宁夏西北部的额济纳旗东庙和阿拉善定远营开辟简易的军用机场，不定期通航，企图在这一带建立侵略整个大西北的桥头堡。1936 年 2 月，日本关东军参谋长坂垣征四郎飞抵阿拉善定远营进行策反，宁夏省政府秘书长叶森和蒙藏委员会驻宁调解组组长刘柏石前去谈判，明确提出不许在定远营设立特务机关。坂垣拒不接受，继续派特务向马鸿逵施加压力。由于受蒋介石对日妥协政策的影响，马鸿逵为了自保，首先把军事力量用于抵抗红军和镇压人民革命运动，对日表现出"尽量容忍，避免发生事端，引起纠纷"的暧昧态度。同年 8 月，日军又派出羽山少校和石田三郎、熊田俊夫等携带地图、相机，由临河来宁夏"游历"，刺探宁夏情报。由于当时国民党中央抗日决心还未形成，马鸿逵仍然采取观望态度，对于日本的暗中拉拢，他也是采取既不从日也不反日的态度，静观时局变化。种种迹象表明，马鸿逵当时面对西北复杂变幻的政治形势，为了保住和巩固其在宁夏的统治地位，迟迟不敢表示明确的态度，是与国民党政府尚未做抗日的最后决断有很大关系的。

日本除利用其军事力量，企图以武力征服中国人民外，同时在政治上采取"以华制华"的阴谋，妄图挑拨中国内部的民族关系，破坏中国抗日民族统一战线，以实现其灭亡中国的野心。"伪满帝国"、"伪蒙古联合自治政府"的建立，使东北、内蒙古相继沦陷。随后，日本鼓吹所谓"回回自治"，企图在宁夏、绥西一带先行建立"回回国"，然后逐渐向西扩展。为了实现其阴谋，日军始终对马鸿逵抱有"合作"的希望，幻想马鸿逵一旦投日，西北地区其他的回族军政要员就很容易对付，日本也可以顺利占领西北的大片领土，这样可将东北的"伪满洲"至绥远的"伪满疆"，再到宁夏省和西蒙二旗连成一片，在北方形成一个大的包围圈。为了拉拢马鸿逵，日军对他采取又拉又打和软硬兼施的手段，迫其就范。日军先是任命马鸿逵之父马福祥旧部旅长蒋辉若为"回军总司令"驻包头，借机拉拢马鸿逵。1938 年初，日本关东军在"中国回教总联合会"下设"西北回教总联合会"，向马鸿逵暗示须回教有影响的军事领袖方可担任会长职务，但马鸿逵对此仍无动于衷。1938 年底，日军又从东北物色一张姓阿訇，企图利用民族宗教关系让马鸿逵效忠"伪满帝国"，投靠日本，但此人刚到包头就被阻止入宁。接着，日军又向宁夏空投伪皇帝溥仪的劝降信、宣传单均未奏效。坂垣征四郎再次飞抵阿拉善定远营，邀请马鸿逵面谈。宁夏当局派省党部书记周百锽前往，表示与日本"势不两立"，日军策反马鸿逵的希望彻底失败。恼羞成怒的日军随即由山西运城侵华基地出动飞机轰炸宁夏。日军飞机轰炸宁夏，标志着日军在西北地区建立"回回国"的阴谋宣告破产和对马鸿逵的策反失败。日军只看到马鸿逵的民族特点，而没有认识到马家集团与没落的蒙古贵族不同。马家军自清末至民国，不断调整方针政策，与中央政府保持着密切的关系，享有很大的政治权力。马家军阀向来都以回族人民的代表自居，广大回族人民是中华民族利益的坚决捍卫者，回族上层人士也是反对搞民族分裂的，这种民族的爱国心理和向心力也是马鸿逵走向抗日道路的内在原因。外在原因是全国抗日民族统一战线建立后，国民政府表示决心抗日。西北红军改编为国民革命军第八路军（后改称第18集团军），开赴抗日前线，使全国反侵略声势不断高涨。甘、宁、青被划为第八战区，新疆军阀盛世才为巩固其统治，积极与苏联和中国共产党联系。在国内其他地区国民党军队接连溃败的时候，西北的抗日形势日益发展，成为全国抗日的大后方。近在咫尺的陕甘宁边区革命力量的迅速壮大，对西北的抗日形势起到了促进作用。陕甘宁边区与宁夏相邻，日军一旦侵占宁夏，将会威胁边区后方，从西北与全国抗日的大局出发，中国共产党肯定会抽调武装力量开展宁夏的敌后抗日游击活动，但这势必会削弱我党在华北主战场的力量。另外，如果宁夏沦为敌占区，其背部的额济纳旗靠近河西走廊，是绥新公路和西兰公路要冲地段，南部的六盘山数县也是西兰公路的必经之途。那么，从新疆进入河西走廊通往西安的两条西北国际大通道就很难畅通，苏联的大批援华物资就要受阻，这是边区政府和国民政府以及苏联政府都不愿看到的结果。因此中国共产党非常关注宁夏政治、军事事态的发展，不断通过各种渠道加强与宁夏当局的联系。1937年曾派宁夏籍共产党员张子华以八路军西安办事处代表的身份到银川做马鸿逵的工作，并在宁夏建立了以袁金章、雷启霖等进步人士组成的统战小组，争取社会各界人士对抗战的支持。八路军驻兰州办事处代表谢觉哉、彭加伦多次做宁夏上层人士的思想工作。范长江、黄炎培等进步人士的宣传，使"宁马"部队的广大官兵认清形势，只有积极抗日才符合人民愿望，才能得到共产党和苏联的支持。反之，必将受到共产党与中央军的夹击，陷于三面受敌的境地，最终难逃灭亡。而此时，日军对宁夏的态度也由以前的威逼、利诱、拉拢发展到军事进攻，权衡利弊后，宁夏军阀马鸿逵也由最初采取的观望态度发展到最终决心抗日。

（三）抗战时期日军对宁夏的狂轰滥炸

由于抗战时期宁夏属于大后方，日军并没有直接派兵侵占，而是用飞机对以银川为重点的地区进行了几次大轰炸。而且，宁夏的国民党军队曾参加著名的绥西抗战，在付出巨大牺牲后取得最终胜利。因此，弄清日军飞机对宁夏的几次大轰炸以及绥西抗战所造成的人口伤亡及财产损失的基本情况，就成为我们此次调研的重点。

据目前我们已掌握的档案资料记载：从1937年11月至1940年8月，日军共出动约200余架次飞机，先后分七次轰炸过宁夏。其中，对银川轰炸三次、固原（当时属甘肃省管辖）两次、中卫一次、灵武一次。具体情况按时间顺序排列如下：

第一次轰炸：1937年11月5日时近中午，人们刚吃过午饭不久，日本飞机7架，在人们毫无防备的情况下，突然从东方飞临银川上空，然后由城东向西，沿东西大街一线投弹、扫射。因风力关系炸弹纷纷落在城偏北一带。一时间全城爆炸声不断，地动山摇，火光冲天，非常恐怖。当时省城未对空设防，警报系统和防空网络均未建立，加之一直在和平安宁的环境下生活习惯了的市民们从未遭遇过空袭，也没有见到过这种阵势，所以全市男女老幼惊恐万分，纷纷夺门逃出家院，在大街小巷中无目的无方向地呼喊奔跑。日本飞机则低空飞行、投弹和向人群扫射，猖狂如入无人之境。这次日机轰炸因为猝不及防，尽管给银川人民的生命和财产造成了一定损失，但更多的是在人们的心理上造成了极大恐慌。

第二次轰炸：1938年2月20日午饭之后，日本飞机18架，由北向南飞，对兰州进行轰炸。我方驻兰州空军第17航空队立即升空与敌机展开激烈空战，日机数架被击落。由于日机没有达到对兰州进行空中打击的预期作战任务，又造成机毁人亡的重大损失，所以在日机返航途中，当飞临中卫县上空时，为了对中方进行报复，便将剩下的炸弹全部倾泻到中卫县城。但是因为县城目标太小，县城一带农村居住又很分散，此次日机的空袭没有给中卫县造成大的损失。

第三次轰炸：1939年2月9日，日本飞机9架轰炸固原县城，投弹50枚，炸死3人，炸毁房屋38间，家畜26只。

第四次轰炸：1939年3月6日，这一天是农历正月十六日（惊蛰），中午，人们吃过午饭不久，日军飞机12架从山西运城机场起飞，突然再次从城东方飞临银川上空。经过上一年的教训之后，当时宁夏已经有了防空警报系统，还在宁夏边境的北部和东部都布设了对空监视哨站，并用电话与省城防空指挥部保持联系。在省城内外也挖了不少防空洞、防空壕。但是，由于平常对市民群众的宣传工作做得不够，对防空疏散的演练和组织工作也没有做好，所以这次虽然能预先报告敌机袭宁意图，也在城中拉响了警报，而市民们还是不知所措，一起涌到街上，也不知躲避。日机还是从东向西又从西向东轮番轰炸，市民也从东向西逃跑，当日机调转头从西向东攻击时，人们也纷纷从西向东奔跑。这次日军飞机又在省城偏南一线投弹，不幸的是，在城西南方位的承天寺塔（俗称西塔）院内所修筑的大型防空洞被炸弹击中。这处防空洞是省地震局修建的，共有两条，呈"之"字型连接，每条长约20米，高约2米，宽约1.5米。警报之后，洞内躲藏60余人，而日机的两颗炸弹一颗正中防空洞的入口处，另一颗正中洞的尾部。洞口立即被封死，所以防空洞内的人很难逃出，造成全部伤亡（大约死亡40余人，重伤20余人）。据亲历者回忆，这次轰炸银川市共伤亡300多人，其中被炸死者有100多人，炸伤者200多人。

第五次轰炸：1939年9月15日，日军飞机33架改从宁夏北部入侵。此时宁夏的防空水平已大大提高，根据国民党中央军事委员会防空委员会的指示精神，早在当年1月1日就专门成立了宁夏省防空司令部，由马鸿逵的二儿子、省保安处处长马敦静兼任司令，还把该处的高射机枪连布防在城墙上。在东方和北方设置的对空监视站哨一直延伸到陕甘宁边区的盐池县边界和绥远省西部的陕坝。为了统一组织市内居民和近郊农民的防空战备工作，还把银川市的行政管辖范围向城外扩展，东至红花渠西边，西南至南关强家水渠，西至唐徕渠东，西北至小新桥以北的李家寨，北至盈水桥南和教场湖、教场滩，东北至骆驼岭以南和高桥，南至红花渠北边等地区，一律划归市区范围，分区安置疏散人口。以便于城内"跑警报"的群众按预先划定的安置地点有序疏散。又在东教场和小北门偏东的两处城墙上各挖开一个大豁口，方便那些没有疏散的市民在遇到警报时，能就近转移到城外开阔地方和防空壕隐蔽。城中老弱病幼者，已被劝投亲靠友，限期疏散到农村暂住。城中的小学校一律停课，高年级班由学校各自安排迁往近郊继续上课。各类中学被统一组建为一所"联合中学"，疏散到远离省城的属县继续办学。全市大约有三分之一的人口被疏散出城。留在市内工作和生活的人们也在各主要街区和人口密集的居民点附近挖了简易防空壕。有条件的机关、商号和大户人家，还自行修建了小型防空洞和避难室，以备紧急时防身之需。与此同时，市政当局还多次组织机关工作人员、学校师生和市民群众进行防空、防毒演习。所以这次日机刚一飞临与宁夏交界的地方，陕坝和石嘴子等地的监哨站就先后给省防空司令部打电话报警，银川市马上先发预警警报，后发紧急警报，这时全城警察一齐出动，手持小黄旗沿街逐户组织全市公政人员和老百姓有条不紊按防空预案组织疏散。所以日机虽然从省城北门开始，一路由北街向南街进行轰炸、扫射，但是并未给银川造成多大的损失。据后来侦知，日本军方这次执行的轰炸行动，是为了检验进攻苏联的实战能力而实施的空军与海军航空兵联合作战训练。原打算在此次作训行动中对宁夏省城银川和甘肃省城兰州给予沉重打击，但是在银川没有达到预期目标，又获知兰州警备森严，所以日机在银川投弹之后就奉命返航。

第六次轰炸：1939年12月28日，日机71架途经固原时对固原县城进行轰炸，投弹一枚，炸死2人。

第七次轰炸：1940年8月28日，日军出动飞机87架，分别对陕甘宁三省广大地区进行大规模空袭。日机十数架，在执行轰炸兰州任务完成之后，于返航时飞经灵武上空，当时天色已晚，日机飞行员发现地面有火光（系打鱼人为取暖做饭而生的篝火）便投下数枚炸弹，弹着地点均在黄河岸边的湖滩地上，未造成人员伤亡和财产损失，给灵武县城乡人民群众带来一场虚惊。

1941年，为了加强宁夏的防空力量，国民党中央军直属炮兵三团开往银川，高炮部队布防于银川以北的贺兰县立岗堡。这支部队在名义上归马鸿逵任总司令的第17集团军统一指挥，实际上在防空的同时，又与驻防在中卫县的中央军杨德亮师一起，从南北两个方向对马鸿逵部队进行督战与监视，以防止马家军在抗日期间有所异动。这一时期，苏联也派遣空军志愿部队驻防在兰州，与国民党空军一起，加强西北的防空作战。苏联飞机还经常主动出击，远航到沦陷区，对日本空军基地进行不断打击。其间苏联飞机曾因中弹或燃油耗尽，多次迫降在宁夏灵武县、宁朔县、中宁县、贺兰县和阿拉善旗以及陕西的定边县等农村的荒野上，都被当地群众救助，将飞行员安全护送到兰州，人机均未受到损失。与此同时，八路军和敌后抗日军民，也经常组织突击队袭扰、破坏日军军用机场，炸毁日本军用飞机，给中苏空军控制西北地区的制空权创造了条件。从此以后，日本飞机再也不敢侵犯我西北领空了。

（四）抗战时期宁夏的人口伤亡

1. 日军飞机轰炸造成的人口伤亡

抗战时期日军飞机虽然曾七次轰炸过宁夏，但非常遗憾的是除了个别几次轰炸有较为详细的人口伤亡和财产损失记载外，大多数轰炸造成的人口伤亡和财产损失情况均无史料记载。查国民党时期宁夏省政府主席马鸿逵所修《十年来宁夏省政述要》（1942年编），其中对于日军飞机轰炸宁夏曾有过这样的记载："敌寇肆虐，惨酷已极。其飞机每向我后方城市滥行轰炸，在本省计之，曾经被炸死难者千余人，伤者数百人，炸毁房舍千栋，死尸枕藉，情极可悯。"这是目前我们所能查到的对日军飞机轰炸宁夏的唯一官方数字统计。据后来的知情人介绍，马鸿逵当时为了向国民党当局要钱、要物、要武器弹药、要各种装备，曾有意夸大了本地区人口伤亡和财产损失的数额，上报的数字往往要比实际情况要多一些。据此我们分析，日本飞机轰炸宁夏造成的人口伤亡和财产损失应当在此估数之内，即大致伤亡人口总数约在 1000 余人。财产损失方面因档案统计数字严重缺乏（这方面的资料因档案局遭受火灾而焚毁），已有的又多为估算，不够精确，故而很难测算。但由于当时宁夏被日机轰炸的地方几乎没有什么像样的工商业和基础设施，而老百姓的房子又大都是用土坯砌起来的，即使按"炸毁房舍千栋"来统计，那么造成的财产损失相对其他工商业较为密集发达的省区而言，应当不是很大。但是对日军的暴行给当地老百姓生活带来的沉重灾难和巨大影响则应有足够和清醒的认识。

日军飞机七次轰炸宁夏造成人口伤亡及财产损失统计表

次数 \ 内容	时 间	人口损失	财产损失
第一次轰炸	1937 年 11 月 5 日		
第二次轰炸	1938 年 2 月 20 日		
第三次轰炸	1939 年 2 月 9 日	死 3 人	房屋 38 间、家畜 26 只、汽车 2 辆
第四次轰炸	1939 年 3 月 6 日	死 210 人、伤 75 人	房屋 456 间
第五次轰炸	1939 年 9 月 15 日	死 27 人、伤 33 人	房屋 696 间
第六次轰炸	1939 年 12 月 28 日	死 2 人	
第七次轰炸	1940 年 8 月 28 日		

（注：表格未填部分因未见原始档案记载，无法查证核实。）

2. 绥西抗战中的部队伤亡

1936 年西安事变的和平解决，促使国共两党形成了全国抗日民族统一战线，西北地区停止了国共两党之间的军事冲突。此时在额济纳旗、阿拉善旗的日本特务活动仍然十分猖狂，他们以东庙为基地，在酒泉、张掖、武威、银川等地大肆活动，并公然穿着军装，佩戴军衔，到处调查、测量，根本不把地方政府放在眼里。南京国民政府获悉后，命令驻额济纳旗二里子河站专员王德溢前往调查。他潜入敌特基地，点燃军火库，焚毁库存枪支物资。王德溢这一义举，震动全国，著名记者范长江在《大公报》、《国闻周报》发表文章，赞扬他的英雄行为。1937年7月，宁夏省派第17集团军参谋长李翰园前往额济纳旗取缔日特机关，在青海军阀马步芳驻酒泉军队马步康旅的协助下，将驻额旗日特机关破获，日特全部就擒，并被解往兰州枪决。1938年8月24日，八路军驻兰州办事处中央代表谢觉哉在兰州接见李翰园，详询捕特经过，给予鼓励。为了防止阿拉善旗王爷达理扎雅为日本人所利用，1938年2月，马鸿逵派兵围困定远营，强行将达王护送至银川"保护"起来，并赶走了日本特务，捣毁日特机关、电台和飞机场，在旗府设立"宁夏省政府驻定远营办事处"，直到抗战胜利，达王才重返左旗。

如前文所述，日军策反马鸿逵的图谋彻底失败后，为了防御日军向绥西进军，宁夏加强了北部的军事力量，马鸿逵将第168师两个旅的4个步兵团由银南的灵武、吴忠调往银北的石嘴山一带布防。在尾闸、磴口、三盛公及宁夏北部黄河渡口两岸及贺兰山通道等处构筑防御工事，准备阻击来犯日军。第81军军长马鸿宾积极制定克敌制胜的具体战术，并对广大官兵进行爱国主义教育，提高了官兵的战斗素质和爱国热情。马鸿逵也进行战前动员，提出了"发动群众，组织民众参加抗日"的口号，动员民众捐钱捐物支援抗战。七七事变后，绥远省主席傅作义退守山西，防御任务交宁夏军队负责，第八战区任命第17集团军副总司令兼第81军军长马鸿宾为绥西防守司令，第81军主力第35师随即开赴前线，分守乌布浪山各要隘，担任第一线防守任务。马鸿逵也表态支持马鸿宾的绥西抗战，命令其主力部队骑兵第1、2旅和警备第2旅开往临河、三盛公一线设防，归马鸿宾统一指挥。1938年夏，骑兵第2旅向盘踞临河浪山口的察汗格尔庙的日、伪军发起攻击，日、伪军伤亡惨重，乘夜溃逃。1939年夏，日军坂垣师团一部由包头向乌拉壕包一线宁马军阵地攻击，宁夏回汉子弟兵英勇奋战，使日军受到重创，第35师首战告捷，极大鼓舞了民心士气。同年秋，山西形势趋于稳定，傅作义重返绥远，为配合全国冬季攻势，12月20日，在第81军的积极配合下，傅部第35军新编第31师收复日军重要据点包头，击毙日、伪军千余人，尽获城内辎重。傅部沉重打击日军后，主动撤回绥远后套设防。1940年，日军调集张家口、大同、太原、临汾3万余军队及伪蒙军六个师，由黑田重德师团长指挥，向绥西大举进攻。面对优势敌军，绥西军民坚壁清野，利用军民协作和熟悉地形的条件，展开运动战与敌周旋。日军在乌布浪山、四意堂受到宁夏军队顽强抵抗，不能取胜便施放毒气，第35师被迫转入北部沙漠地带，经6天日夜行军，到达磴口。2月2日，马鸿逵部骑兵第1旅与日军在梅令庙激战 6 小时后，因五原失守，骑 1 旅被迫向临河一带转进。3 月下旬，傅部第 35 军突入五原，全歼五原日、伪军，包头敌军企图渡过黄河包抄第 35 军后路，又受到马鸿宾第 81 军游击队阻击，由昭君坟一带渡河北撤。第 81 军 35 师随即向黄河以南伪蒙骑兵进攻，经过十几次战斗，伪军据点全部扫除，伊克昭盟东北地区全部收复，此后日军再未敢进犯绥西。

绥西抗战，马鸿宾的第 81 军和马鸿逵的 3 个旅共万余人配合傅部作战，收复了大片国土，又将包头以西黄河以南地区的日伪势力全部肃清，击毙日军中将师团长水川及其率领的日、伪军数千人，粉碎了日军侵占宁夏和西北的战略计划，确保了宁夏和西北的安全，牵制了华北日军的力量。参战官兵为捍卫民族利益浴血奋战，也付出了巨大牺牲。据战后统计，第 81 军第 35 师原有 5000 余人，在这次战斗中牺牲 1000 余人，伤 2000 余人，其中仅冻伤者就达 700 多人，共伤亡 3000 余人。在后来寻找第 35 师烈士们的遗体时发现，有的官兵虽然面目全非、肢体不全，但嘴里仍死死咬着敌人血淋淋的耳朵；有的官兵虽伤痕累累，但带血的双手却紧紧抱住敌人不放，仇恨的十指深深抠进敌人的肉里，难以拉开……悲壮的场面，催人泪下。他们英勇献身的精神受到全国人民的赞扬。国民政府特授予马鸿逵、马鸿宾忠勤勋章，以嘉奖他们在抗击日寇侵略战争中的功劳。

马鸿宾、马鸿逵参与绥西战役对日伪军的军事抗击，只是尽可能地阻止日军由绥西进入宁夏，有保自己地盘的因素在内，但在中共抗日民族统一战线的影响下和全国抗日高潮的推动下，他们能顶住日本的政治诱骗和军事压力，没有与"伪满"、"伪蒙"同流合污，进而做出背离祖国和人民的行为，关键时刻能命令自己的主力部队共赴国难，捍卫住了西北的门户。也正是因为绥西抗战，才打破了日军"封锁中国西北边疆，隔绝中苏联系的主要战略目标"和"集中兵力南下"的打算，历史功绩应当值得肯定。特别是部队中的中下级军官和广大回汉族士兵们，英勇杀敌、不怕牺牲的爱国主义精神，是全宁夏和西北人民的光荣与骄傲。

除日军飞机轰炸宁夏和宁夏军队参加绥西抗战外，通过甘肃省委党史研究室的协助，我们发现在《甘肃省民政志》（甘肃省志编纂委员会编，甘肃人民出版社 1994 年版）中有这样的记载：抗战时期在前线阵亡的有固原县 38 人、海原县 13 人、西吉县 10 人、隆德县 241 人、化平县（今属泾源县）200 人，共计 502 人（以上 5 县时属甘肃省管辖，现属宁夏回族自治区管辖）。

另外，我们在调研中还查到"磴口发现疑似鼠疫死六人"（1942 年 2 月），"绥西发现鼠疫等病症均系敌人有计划之投毒方法请通令各县防范"（1942 年 3

月）这两个档案资料，经分析推断磴口发现疑似鼠疫死亡人口应当与日本投毒有关，这是侵华日军在宁夏暴行的又一新的发现和实证。

除此之外，再未查到与抗战时期宁夏人口伤亡和财产损失有关的资料或线索。

总之，关于抗战时期宁夏的人口伤亡，主要包括以下方面：日军7次轰炸宁夏造成死伤1000余人，绥西抗战造成死伤3000余人，已查到的固原等5县（原属甘肃省管辖）在抗战前线阵亡的502人，磴口被日军投毒致死的6人，因疫势猖獗致死200余人。合计人口伤亡总数约为5000人左右，其中死亡约2000余人，受伤约近3000人，详细伤亡情况参见下表：

宁夏抗战时期人口伤亡情况统计表

时间	地点	原因	伤亡人数	资料出处
1937年11月至1940年8月	宁夏银川、固原、中卫、灵武	日机轰炸	共死伤1000余人；仅1939年3月6日就造成银川市全城共死伤300多人；西塔防空洞死42人；死平民20余人，伤平民30余人	关于日军飞机侵入宁夏轰炸造成伤亡的电报（1939年3月6日），宁夏回族自治区档案馆馆藏档案
1940年1月31日至2月2日	绥西	对日作战	第35师牺牲1000余人，伤2000余人，其中仅冻伤者就达700多人	宁夏日报报业集团《新消息报》2005年8月4日第30版
抗战时期	固原等5县	抗战牺牲	507人	甘肃省档案馆编：《档案》2005年第2期，第50—52页
1942年	磴口	被日军投毒致死	6人	《宁夏省政府公报》，1942年3月31日，第142期，宁夏回族自治区档案馆馆藏档案
1942年	绥宁	疫势猖獗	死亡200余人	《宁夏省政府公报》，1942年3月31日，第142期，宁夏回族自治区档案馆馆藏档案
合计			共约5000人	

在上述伤亡情况中，能够查到的具体情况见下表：

宁夏抗战时期人员伤亡部分名录

时间	地点	原因	姓名、人数	资料来源或出处
1937 年	宁夏银川	日机轰炸	拉西（穆斯林经名）被炸死	宁夏日报报业集团《新消息报》2005 年 9 月 1 日第31 版
1937 年 11 月 5 日	宁夏银川	日机轰炸	征克欧被炸死	口述资料《徐梦麟讲述抗日战争时期日本飞机轰炸银川情况》，2006 年 7 月 4 日，原件由中共宁夏回族自治区委党史研究室保存
1938 年 3 月 6 日	宁夏银川	日机轰炸	朱思义被炸死，100 余人死伤	同上
1938 年 9 月底	宁夏银川	日机轰炸	张士恒、征克俄、王佐材、两个群众被炸死，张凤舞被炸伤	口述资料《霍纯锡讲述抗日战争时期日本飞机轰炸银川情况》，2006 年 7 月 5 日，原件由中共宁夏回族自治区委党史研究室保存
1938 年 9 月底	宁夏银川	日机轰炸	任棠被炸死	口述资料《黄震华讲述抗日战争时期日本飞机轰炸银川情况》，2006 年 10 月 26 日，原件由中共宁夏回族自治区委党史研究室保存
1939 年	宁夏银川	日机轰炸	徐桂莲被炸死	宁夏日报报业集团《新消息报》2005 年 9 月 1 日第31 版
1939 年 2 月 24 日	宁夏银川	日机轰炸	王锡山的父亲被炸死	宁夏日报报业集团《新消息报》2005 年 9 月 1 日第31 版
1939 年 3 月 6 日	宁夏银川	日机轰炸	杨发第的姊娘及其 11 岁的女孩被炸死	银川市政协文史资料委员会编：《银川文史资料》第 9 辑，1998 年版内部资料，第 8—15 页

时间	地点	原因	姓名、人数	资料来源或出处
1939 年 3 月 6 日	宁夏银川	日机轰炸	杨增新被炸死	口述资料《黄震华讲述抗日战争时期日本飞机轰炸银川情况》，2006 年 10 月 26 日，原件由中共宁夏回族自治区委党史研究室保存
1939 年 5 月	绥西	对日作战	李冰泉等官兵阵亡	宁夏回族自治区政协文史和学习委员会编：《宁夏文史资料》第 13 辑，宁夏人民出版社 1986 年版
1940 年春	绥西	日军用汽油烧死	第 81 军电台台长王逸尘等 28 人	宁夏回族自治区政协文史和学习委员会编：《宁夏文史资料》第 15 辑，宁夏人民出版社 1986 年版，第 143—145 页
1940 年 1 月 31 日至 2 月 2 日	绥西	对日作战	补乌不浪口阵亡官兵公墓（烈士陵园有部分阵亡人员名单）	宁夏日报报业集团《新消息报》2002 年 12 月 1 日第 14 版
1940 年 2 月 1 日	绥西	日机空袭	一名送粮队员	宁夏日报报业集团《新消息报》2005 年 9 月 1 日第 30 版
1940 年 2 月 1 日	绥西	对日作战	周洪峰率领之第 101 师 200 余伤员	宁夏回族自治区政协文史和学习委员会编：《宁夏文史资料》第 13 辑，宁夏人民出版社 1986 年版
民国 31 年的 5 月 28 日（即 1942 年）	绥西	日军"扫荡"	任和兄弟 3 人、二锁全兄弟 2 人、王存柱、二张锁、张二板头、老万明、董三后生、黄三、史孔元、刘蛇、王丑丑、德胜、丁二友被杀	口述资料《我所知道的乌不浪口抗击日军之战和日军火烧乌镇的情况》，吕远来宝口述、王玉玺整理，载乌拉特中旗政协提案文史委员会编：《乌拉特中旗文史》第 1 辑，2005 年版，第 216—221 页

时间	地点	原因	姓名、人数	资料来源或出处
1943 年	永寿县	河北移民	霍起秀的媳妇病死，1000 人剩二三百人	宁夏地方志编审委员会编：《宁夏史志研究》，1985 年第 2 期，第 29—30 页

（五）抗战时期宁夏的财产损失

通过调研，我们发现，宁夏抗战时期财产损失情况，除下表所列名目中有当时国民政府较为详细的档案记载外，其他财产损失因无留下任何档案记载或档案记载不完整，故而很难做出精确统计。有档案记载的宁夏财产损失参见下表：

宁夏抗战时期财产损失情况统计表

时间	名目	数目	金额	资料出处
1937 年 7 月至 1939 年 6 月	征收飞机捐	4 次	10321.59 元（指法币，当时亦称为国币，1947 年币值，下同）	胡迅雷：《抗战时期宁夏的募捐与劳军》，载宁夏文史馆编：《宁夏文史》第 21 辑，2005 年版，第 180—190 页。文中所引资料均出民国宁夏省政府编《十年来宁夏省政述要》及《民国宁夏日报》
1938 年 7 月至 1944 年 7 月	七七抗战献金	3 次	31708.125 + 1061000 + 13905 元	同上
1939 年至 1940 年	征募寒衣	2 次	70529.1 + 109219.67 元	同上
1940 年 10 月 10 日	征收飞机献金	2 次	13339.59 + 674820 元	同上
1938 年	日机轰炸	炸毁房屋 38 间，家畜 26 只	合 750 元	宁夏回族自治区档案馆馆藏档案 2—3

时间	名目	数目	金额	资料出处
1939 年 3 月 6 日	日机轰炸	毁房 696 间	合 12821 元	宁夏回族自治区档案馆馆藏档案 2—4
1939 年 3 月 6 日	日机轰炸	救济费	70640.55 元	南京中国第二历史档案馆馆藏档案
1940 年	慰问部队	5 期	30423.07 元	宁夏回族自治区档案馆所存民国档案 2—88
1943 年 7 月	海原县人民财产损失		520000 元	甘肃省地方史志编纂委员会编:《甘肃省志(民政志)》,甘肃人民出版社 1994 年版
1943 年 7 月	海原县公私各级私人财产损失		21000 元	同上
1937 年至 1945 年	固原县的军差差价		467912231.4 元	同上
合　计			470552709.1 元	

根据此表,宁夏抗战时期的财产损失主要有以下几个方面(涉及货币数均指法币,当时亦称为国币,1947 年币值):

1. 日机轰炸造成的财产损失。1938 年,炸毁房屋 38 间,家畜 26 只,合 750 元;1939 年 3 月 6 日,毁房 696 间,合 12821 元;领取救济费 70640.55 元。

2. 人民群众为抗日捐献、征捐。1937 年 7 月至 1939 年 6 月,征收飞机捐 (4 次)计 10321.59 元;1938 年 7 月至 1944 年 7 月,七七抗战献金(3 次)计 31708.125 + 1061000 + 13905 元;1939 年至 1940 年征募寒衣(2 次)计 70529.1 + 109219.67 元;1940 年 10 月 10 日征收飞机献金(2 次)计 13339.59 + 674820 元;1940 年慰问部队(5 期)共计 30423.07 元;另外,抗战期间宁夏人民还曾捐款 200 余万元新建了 4 所战地医院。

3. 军差差价。1939 年到 1945 年固原县的军差差价 467912231.4 元。

4. 居民财产损失。1943 年 7 月海原县人民财产损失 520000 元;海原县公私各级私人财产损失 21000 元。

应当说明的是,以上财产损失仅仅是我们目前所能查到的极少一部分,可以说只是冰山一角，但至少也从一个侧面反映了抗战时期日军对宁夏人民所犯下的严重罪行，大量鲜活的史料还有待于我们在今后的工作中进一步去挖掘、搜集、整理和研究。相信随着各级党委、政府对此问题的高度重视和支持力度的不断加大，随着海峡两岸政治、经济、文化及社会各领域接触交往的日益频繁和密切，特别是随着广大史学工作者对此问题的不断深入研究，一定会有更多的不为人所知的史料浮出水面，也一定会有更多的事实真相将大白于天下。

（六）结论

综合以上分析，根据截至目前所掌握的资料和进行的相关研究，我们可以大致了解到宁夏抗战时期人口伤亡和财产损失的主要情况，即人口伤亡总数约为5000人左右，其中死亡2000余人，受伤近3000人；财产损失方面的统计虽然因为缺乏史料记载而不够全面系统，但也从一个侧面真实地反映了日军的暴行给当地老百姓生活带来的沉重灾难和巨大影响。

尽管通过此次调研，我们初步查清了与"抗损"课题相关的一些基本情况，比如日本飞机到底轰炸过宁夏几次？过去有的说三次，有的说五次，这次通过调研才得知共轰炸过宁夏七次；而且抗战时期宁夏国民党军队在中华民族生死存亡的危急时刻，没有背弃祖国和人民，广大将士浴血奋战，不怕牺牲，共赴国难，实在是可歌可泣；再比如首次发现日军在宁夏投放过毒气，并造成人员伤亡的史料记载，这是侵华日军在宁夏暴行的又一新的发现和实证，等等。应当说调研工作还是很有收获的，但无可否认的是此次调研也确实存在不少遗憾，其中最大的遗憾就是由于资料的严重欠缺，没有能够搞清楚抗战期间宁夏人口伤亡和财产损失的具体数字。所以，目前我们得出或陈述的有关数据还只是初步的和尚不完整的数据，并不是研究的最终结果。

由于抗战时期宁夏属大后方，日军并没有直接派兵侵占，只是用飞机对以银川为重点的地区进行过七次轰炸，而且宁夏的国民党军队曾参加了著名的绥西抗战，所以我们此次调研的重点就是弄清日机对宁夏的几次轰炸以及绥西抗战所造成的人口伤亡和财产损失的基本情况。按理说宁夏抗损课题脉络清晰，主要事实也很清楚，调研似乎应该也不会遇到什么大问题。但在实际调研过程中，我们发现：由于种种原因（主要是历史上宁夏行政区划曾几次发生大的变动、历次政治运动造成许多档案材料在移交过程中出现遗失或人为毁坏现象；特别是自治区档案局曾遭受大的火灾破坏，民国档案几乎全部被烧毁等）造成有关资料严重残缺；已查到的资料中均没有关于抗战时期宁夏（包括陕甘宁边区盐池县）人口伤亡与财产损失全面而精确的统计数据（多为估算），并且主要来源是当事人或知情人的回忆文章，仅具有一定的参考价值；还有一些资料的记述相互矛盾，口径不统一等，这些都给我们填写统计表格和撰写调研报告带来相当大的难度。

造成这种状况的主要原因，有以下几个方面：一是因为年代久远，搜集资料困难，加之当事人健在的少了，知情的少了，有的虽能提供一些情况，但由于记忆力减弱，提供的情况往往又不完整，故而此次统计难免有遗漏；二是因为统计所依据的资料，统计的途径、方法，所含的项目内容以及目的动机等的不同，也会造成统计数字不同；三是因行政区划后来历经几次变动，难免会出现差异；四是由于当时交通不便、信息闭塞，又没有引起当局足够的重视，所以造成统计数字严重缺乏。

因此，今后我们还要继续深化对抗日战争时期宁夏人口伤亡和财产损失的课题研究，要通过坚持不懈、扎扎实实、艰苦细致的努力，不断挖掘新的史料和线索，不断丰富和完善课题调研报告，以期在掌握更多资料和取得研究新成果的基础上对有关数据再做出修订和补充。一方面要千方百计，进一步挖掘史料，特别是挖掘档案资料，同时有针对性地开展社会调查，采访幸存的当事人和知情人，积极抢救活资料，以获取具有法律效力的证言材料；另一方面要进一步强化研究意识，特别强调对史料的研究，要通过认真研究史料来正确运用史料。要对从各种渠道获得的各种数据，进行全面的分析比较。既注重对人口伤亡和财产损失情况的研究，也注意对背景、过程、影响的研究。只有通过认真研究，才能使填进统计报表的数据尽可能全面准确；只有通过认真研究，才能不留任何遗憾，真正把这项工作做深、做实、做透、做好；也才能使不断修改完善的调研报告真正建立在对历史事实的准确把握和各种资料的科学分析之上，使之言之成理、持之有据、更具有说服力和权威性，最终交出一份经得起历史检验的答卷。

（执笔：胡伟东）

二、资　　料

（一）档案资料[①]

1.固原等县政府抗战损失财产情况

一、从敌机空袭损害统计表查到（由当时的固原县政府查报）

（1）民国28年（1939年）2月9日

固原城内　　空袭次数　1次　敌机架数　9架　投弹枚数　50枚

死伤人数　合计3人（死亡3人〈男〉）

财产损失（750元）　动产（家畜26只多　50元）老

不动产（房间38间　700元）

（2）民国28年(1939年) 12月28日

固原城内　　空袭次数　1次　敌机架数　71架　投弹枚数　1枚

死伤人数　合计2人（死亡2人〈男〉）

二、根据甘肃省各县市遭受敌机空袭损害统计表

固原从1937年七七事变至1942年底，共遭受2次空袭，敌机80架，投弹51枚，死亡5人（均为男性），财产损失为750元（家畜26只，合50元；房间38间，合700元）

---

① 以下档案资料中,涉及财产损失的货币统计数据,凡未标明币种者均为法币(亦称为国币),凡未标明货币单位者均以"元"为单位。特此说明。

甘肃省各县市遭受敌机空袭损害统计表

县市	空袭次数	敌机架数	投弹枚数	死伤人数						财产损失						
				合计	死亡			受伤		估价合计	动产			不动产		
					小计	男	女	小计	男	女		名称	数量	估价	名称	数量	估价

县市	空袭次数	敌机架数	投弹枚数	合计	小计	男	女	小计	男	女	估价合计	名称	数量	估价	名称	数量	估价
总计	—	—	—	—	—	—	—	—	—	—	—	—	—	—	—	—	—
兰州市	—	—	—	—	—	—	—	—	—	—	—	—	—	—	—	—	—
靖远	—	—	—	—	—	—	—	—	—	—	—	—	—	—	—	—	—
平凉																	
固原	2	80	51	5	5	5	—	—	—	—	750	家畜	26	50	房屋	38	700
永昌	—	—	—	—	—	—	—	—	—	—	—	—	—	—	—	—	—
泾川	—	—	—	—	—	—	—	—	—	—	—	—	—	—	—	—	—
武威	—	—	—	—	—	—	—	—	—	—	—	—	—	—	—	—	—
天水	—	—	—	—	—	—	—	—	—	—	—	—	—	—	—	—	—
陇西	—	—	—	—	—	—	—	—	—	—	—	—	—	—	—	—	—
临洮	—	—	—	—	—	—	—	—	—	—	—	—	—	—	—	—	—
武都	—	—	—	—	—	—	—	—	—	—	—	—	—	—	—	—	—

表头上方注：七七事变到三十一年底

三、根据甘肃各县等级统计表

固原为第二等级县

四、根据海原县政府1944年7月18日上报财产损失报告表

（1）海原县人民财产损失

（2）公私各级私人财产损失

海原县人民财产直接损失报告表

资料时期20年9月18日至26年7月7日　　填送日期33年7月18日

损失分类	价　值
共计	520000 元
房屋	100000 元
器具	20000 元
现款	250000 元
服着物	150000 元
古物书籍	无
其他	无

海原县公私名役私人财产损失报告表

资料时期 20 年 9 月 18 日至 26 年 7 月 7 日　　填送日期 33 年 7 月 18 日

损失分类	价　值
共计	21000 元
房屋	5000 元
器具	3000 元
现款	无
服着物	8000 元
古物书籍	5000 元
其他	无

五、根据固原县政府抗战损失财产目录表

抗战损失财产目录表

机关名称：固原县政府　　　　　　　　　　编制日期：民国 36 年 1 月

损失项目	单位	数量	损失价值	损失原因	损失时间	损失地点	备考
军差差价			54895.34		26		54895.34
军差差价			166079.74		27		103799.90
军差差价			2499734.72		28		249955.62
军差差价			3997877.50		29		199867.4
军差差价			7995745.07		30		199899.88
军差差价			87662760.06		31		547892.25
军差差价			162138873.87		32		405347.19
军差差价			100347760.05		33		125434.71
军差差价			103048505.24		34		64406.32
总计			467912231.4				

机关长官：孙伯泉　　　　　　　　　　　　主办会计人员：马世俊

（甘肃省档案馆馆藏民国档案，档案号 15—11—118，第 161 页）

2. 磴口被日军飞机轰炸的电文

（1938 年 12 月 13 日）

宁 夏 省 电 纸

发报处	磴口	附注						收报处	
发报时刻		等级						收报时刻	
收报纸数		字数	129		27 年 12 月 23 日下 8 时 50 分				

3676	特	1838	急	0031	主	1598	席	7456	马
6874	钧	7003	鉴	2686	查	4347	磴	0656	口
2456	于	0093	今	2739	梗	0582	午	4499	突
0971	来	2480	日	2894	机	0357	两	2665	架
0961	在	0006	上	4500	空	4529	窥	0136	伺
1699	廿	1411	余	0433	分	6988	钟	0613	即
2121	投	1734	弹	0577	十	0001	一	2653	枚
6060	计	0046	九	2653	枚	3625	爆	3498	炸
0059	二	2653	枚	2607	未	4099	发	3498	炸
3607	毁	3046	民	2075	房	0934	四	0063	五
7035	间	3498	炸	0281	伤	7465	驻	4347	磴
0006	警	0059	备	2464	旅	0934	四	0957	团
0059	二	0647	连	1102	士	0365	兵	0005	三
0682	名	0355	内	6850	重	0281	伤	0059	二
0086	人	2998	殉	0730	命	0001	一	0086	人
6298	负	0281	伤	0044	且	3498	炸	0281	伤
0066	地	2455	方	4451	税	1444	局	4874	缉
4424	私	7130	队	1559	巡	0565	兵	0061	一
0682	名	5717	并	3938	用	2894	机	7070	关
2847	枪	0686	向	0677	各	5718	处	2217	扫
1410	射	2817	极	3634	为	0343	凶	2552	暴
0057	事	1775	后	0613	即	0686	向	2639	东
7378	飞	0635	去	7110	除	0502	加	4868	紧
7089	防	4500	空	1120	外	6210	谨	7193	电
1444	奉	5113		5120	职	7449	香	3932	生
5679	藻	0661	叩	2739	梗	3947	申		印

（摘自宁夏回族自治区档案馆藏民国档案 2—27）

3. 《十年来宁夏省政述要》（节选）

第五章　抗　　战

第一节　参加抗战经过

暴日与我民族，展开神圣之全面战争后，我全国上下，一致动员，参加抗战，共赴国难，本省地当西北门户，密迩绥蒙，为国防第一线，自抗战军兴以来，一切军事布置，政治设施，及生产建设等项，遵照中枢颁布，全国精神总动员实施纲领，无论人力方面，财力方面，均努力贡献，报效国家，以应战时之实际需要，充实抗建必胜必成之基础，惟自包绥沦陷，敌伪积极西犯，侵扰五临，宁夏时受威逼，已成战区，而动员计划之推展，实际参加抗战之需要，更为刻不容缓之工作，政治方面，一面注重民众自动力量之培养，与一般民众之组训，以充实地方实力，一面加紧生产建设，巩固后方根据地，增强抗战力量。军事方面，尤为吃紧，业在我全国最高领袖指导之下，整齐步伐，充实准备，集结待命，杀敌致果，以尽捍患卫国之天职，举凡防御线之完成，以及军队之配备，胥经依照既定国策，各守岗位，恪尽职责，近年以还，宁夏驻军（第17集团军）及保安部队，开赴前线，参加抗倭防奸大计，责任繁重，关系至巨，本省民众，深明大义，军民团结，协力合作，动员人力物力财力，毁家纾难，送子从军，为国奋斗，雪耻复仇者，不可胜计，此乃本省实施总动员之一般状况，亦为复与民族之良好现象，裨益抗建前途，实非浅鲜也。

第二节　绥西战役

驻防宁夏部队，另有任务，因鉴于绥西防务空虚，兵力薄弱，于民国28年冬，派骑兵第1、第2两旅，进驻绥西，归第×战区副司令长官部指挥，29年1月，包头之敌，为策应其长江方面之攻势，并报复我去冬包头战役，由同蒲及平绥东段，增调兵力，积极西犯，其主力为26师团，附汽车200余辆，于1月30日，大部由包五公路，直犯我西山咀阵地，一部由固阳，安北、攻我乌镇，敌以陆空连合进攻，炮声震天，战况极为激烈，2月1日6时，我乌布浪口阵地，为敌突破，敌又向乌镇方面增兵，情形异常紧张，我骑兵第1旅，于晚12

时，奉命由原驻地（乐善乡）待命歼敌。

2月2日早12时，敌向我西山咀阵地猛攻，并以飞机十余架，轰炸阵地要点，时我乌不浪口阵地，被敌突破，乌镇亦同失陷，我骑兵第1旅，到达五原附近，奉副长官部电话，着向梅令庙方面前进，早7时得悉情况，知我35师，由乌镇向西转进中，35军主力在折桂乡地区与敌对战中，万和长附近，到达敌汽车300余辆，我骑兵到达梅令庙附近时，敌机飞梅令庙侦察，同时据报，我32师之一团，在同德隆（梅令庙东北十里）被围攻中。

我骑兵第1旅旅长马光宗，以情况紧急，遂令第1团，在梅令庙以北，占领阵地，其余部队，隐蔽待命。

8时，有敌一部，向我第一团阵地猛攻，战况激烈，我骑兵旅长即令正面一团，固守阵地，一面令第1团由后补充，向该敌左翼施行侧袭，协力歼敌，激战连6小时之久，毙敌无算，敌又增兵600余，并配有炮兵一部，向我阵地左侧猛攻，企图断绝我与长官部之连络，时我以与长官部通信断绝，情况不明，且以敌我众寡悬殊，徒受损失，遂乘黄昏，向三柜圪达以南地区转进。

嗣悉五原已陷，敌仍占五临公路，向我追击，我骑兵第1旅，遂令第2团为后围，向临河附近转进，集结待命。至我骑兵第二旅奉命由四霸向磴口转进时，遭遇阿旗蒙兵截击，激战3小时，将蒙兵击退，后继续转进，在磴口附近，安粮台一带，构筑战壕，相机侧击，严阵阻拒，予敌以最后惩创。旋敌以公路被我破坏，恐归路断绝，急退据五临，负隅顽抗，斯时我17集团军部队，防守乌拉河迤南及黄羊木头之线，协同35军及31师各部队，迂回进击，谋予反攻，此为策动会战，克复五临，歼灭倭寇，造成绥西大捷，开抗战以来收复失地之先河也。

兹将此次战役经过中，关于会战发生之原因、会战详情，及战役检讨各点，举述如次。

▲绥西会战经过

甲、会战发生之原因

后套为察绥最西的一角，宁夏的门户，收复绥察的据点，有粮库之称，10万大军，坐吃不空，为一天然屯兵区，此次敌人倾巢西犯之原因：

（一）我军于28年旧历腊冬，以奇妙之机动出击，门军进据萨拉齐，遮断包绥连络，吸引包绥敌人，徐旅等部，一本攻包头市而占领之。敌狼狈溃窜，恼羞成怒，固作报复。

（二）傅部、门军于28年春，由晋北转进绥西，积极备战，深为敌人眼中钉。

（三）敌人拟压迫我军于黄羊水头，杨家河以西及磴口乌拉河以南之荒沙而歼灭，以作占据宁夏，进窜西北据点，瓦解我汉蒙连系。

综以上原因，敌人进犯五临，战略企图较少，报复为主，盲目矛突，宜北败也。

乙、会战经过

29 年 1 月 16 日，敌集中晋、察、绥各地驻屯军，以第 26 师团长黑田重德为总指挥官，指挥绥包原有部队，小岛骑兵集团，独立守备第 24 大队，第 3 大队，独立第四守备队，26 师团，山炮 40 余门，汽车 300 余辆，配属 11R、12R、13R、26AR、11AR 共约四万人，分两路西犯，我军以确保五临之目的，占领□□□□之线，行机动防御之作战方针，部署完毕。于 1 月 28 日下午 5 时，开始攻击，由包五公路，经哈业包气，沿黄河右岸，经四村，在赵大台梁等地，展开激战，30 日夜，黄河南之敌，于奎树附近偷渡，31 日，敌我激战蓿芨滩，乌镇之线，同日我左侧背乌布浪口已发现敌人，2 月 1 日，由五原后撤，2 日敌人由马七渡口渡河，（五原西南 70 里）五原附近据点，均落敌手，是夜敌以主力迂回我左翼万和长，折桂乡，经苦战后，敌复以大批装甲车，绕回至塔布达木一带，我乃放弃五原，4 日遗留各部于各据点，主力作战略退却，一昼夜退守临河西黄羊木头一带，5 日敌汽车五百余辆，直趋宁境磴口之三盛公，被我军截击于补隆淖，及乌拉河，7 日惠德成方面，（黄河右岸五原临河间）汽车百辆，与蛮会方面敌千余，分进合击，我军于乘敌未合之前，施以各个击溃，由西山嘴迄黄羊木头各地敌人，均被我军控制，对敌各予以监视，并施以袭击，1 月 13 日，我军向黄羊水头，临河，善霸敌猛攻，同时我控制各部，将敌分截数段，敌乃全线溃退，我乘战胜余威，直逼五原，敌人于退却中，到处受创，溃不成军。

五原附近盘踞之伪军配备情形，敌宪兵及警察五百余，驻五原，伪军第 23AR、28AR 驻旧城，25KR、29KR 及炮兵大队，驻隆兴长，15KR、18KR 驻新公中，22KR 驻万和长，23KR、24KR 驻蛮会可素，挺进队陈秉义二千，驻扒子补隆。

3 月 18 日，完成对五原之包围，18 日，开始总攻，冒炽盛火炮于平垣，开阔地区，勇猛突击，两狼山下，反复厮杀，声震天地，安荣冒攻击扒子补隆，而占领之，敌后顾退路已被遮断，士气衰竭，20 日夜，我 35 军部队冲入城内，与敌巷战，20 日我 81 军之一部及 17 集团军之骑兵旅，分向左右翼迂回推进。

21 日各据点均入我手，敌大部就歼，五原遂克复于 22 日。

退窜五加河之敌，于援军到后，3 月 1 日夜，于大财主东高三屹强渡，我各傅门各部及宁夏骑兵等撤退五原西之通济渠各地，诱敌主力渡河，并泛滥公路，乘敌站脚未稳，陷于泥泞，予以痛击。4 月 1 日，再克五原，当日午后，收复乌布浪口，乌镇，3 日，直迫后套，锁钥西山嘴而攻克之，歼溃之敌，遗尸山积，不堪言状，退还包绥，蛰养重创。

丙、绥西战役检讨

绥西会战，正时 3 月，斩获甚多，敌侵入七百华里，我英勇将士浴血拒敌，虽败不馁，卒能一鼓作气，驱逐后套敌冠，大捷原因：

（一）能捕捉战机，转守为攻。

（二）指挥若定，士兵用命，攻击精神旺盛。

（三）河套地形，平坦开阔，人烟稀少，一望无际的雉鸡草，无显著目标，动易失迷方向，河渠错综，公路泛滥，敌汽车轮轴不灵，反敌之利为害。

（四）后撤步骑不乱，并非溃退。

（五）后套有 2 年基础，军民彻底合作，实行空室清野，及绥宁各部队与其他友军，攻守联合，动作一致。

绥西此次之胜利，非仅军事上的价值，并且有重大的政治意义。

（一）汉蒙回军第一次联合大作战，代表民族意识的战争。

（二）保卫绥西，就是维系蒙汉回间的关系，巩固宁夏的前卫。

（三）大捷正逢汪逆登场，与×军作祟，证明只有实事，方能答复真理。

绥西大捷在军事上的成就

（一）在战略上的化整为零，主力虽退出战场，而步步遗留部队，控制敌后方，使敌首尾不相顾，未待敌扫荡，即予以反攻，一意楔形突入，系敌人惯用战法，此次绥西敌人，一鼓突入四五百华里，占领包宁之公路要点，我军奥妙之运用，歼灭进犯敌人，创造新战法，为针对楔形突入之，"反楔形突入"战法，主力避敌楔形锋锐，步兵遗留，运动灵活，且有独立作战条件之小部队，增强敌后方负担，我主力反攻，则对敌侧背，施反楔形突入，钳制拦截敌之退却部队，使之迟滞，队形混乱，并监视敌人，保持接触，其方法：

1. 主力作有计划之后撤。

2. 步步遗留灵活之小部队，胶着敌部队，向敌轮流游击。

3. 主力退于相当地点，施猛烈之以攻。

4. 敌后所遗留各部，齐向敌部队反突入，并跟踪追击。

此种战法应注意事项：

1．部队素无退却战经验者，连络勤务不熟练，以及无通信工具者，不能冒险用此战法。

2．决心不坚确，行动不果敢者不可用此战法。

3．实行此种战法，须迅速结束战局，不予敌以扫荡机会。

4．各遗留部队，应注意大局着眼之独断专行。

5．自始至终，注意主动之确保。

（二）反内线为外线：放弃大城市之防守，退据城郊各据点，向敌围攻，如五原之放弃，未作固守。

（三）由被动中争取主动，随时窥破敌弱点，挽回颓势，反行有利态势之攻击，如退临河后之反攻。

（四）以静动制机动，机巧选用步骑兵，沉着消灭敌快速部队，击其侧背，勿慌惧跟随敌人运动，待敌至近距离突击之，"伏击"为制敌机械化之最有效方式。

（五）诱敌于阵地外求一决战：敌在最后增援，与我相持五加河畔，我如强渡攻击，我固守，必蒙最大损害，乃略作后撤，于敌半渡五加河，行列混乱之瞬间，予以猛烈之攻击。

（六）于敌接近我阵地前最近距离内，100 米至 200 米，始用猛烈火力强袭，一举压倒。再迅速逆袭。

（七）各个兵独立战斗，极为主要。

（八）敌军在乌布浪口，与惠德成战略迂回，均因战术上之失败，而收效极微。由固阳入乌拉特前旗，乌拉特后旗，沿乌拉山北麓，在五原西北 70 华里，入乌布浪口，此间距离四五百华里之草地，补充困难。

（九）敌人楔形突入，既未得扩强战果，又处处遭受胶着，及我局部反楔形突入。

（十）敌汽车集团，运动于河渠交错之后套，失其敏捷性，反足迟滞运动，其利亦即其弊。

综合以上我之成功 7 点，敌之失利 3 点，可作今后作战之参考，总之，敌对五临攻击，失其时间性，因敌人于 26 年秋季，攻陷包头后，满足目前之成功，中止对我部队行果敢之追击，3 年来又未敢有所举动，致使后套之巩固，"与时俱增"。1 月间突向我行盲目之攻击，冒最大牺牲，碰壁而返，一无所得，无战略目的也，同时证明敌士气，"与日俱消"，我军装备，素质远逊于敌，数量对比亦差，而能得此空前战果，实傅长官沉着勇敢，指挥卓越，有以使焉，兼之门、安、袁、马、董等部，均久经战役，以及我17集团军各部队，与35师等，精诚团结，协力攻击，故此次绥西会战，能获此光荣伟大之胜利，得助亦多，语云："良将为国干城"，今益信矣。

附绥西会战我军反楔形突入战略图，及反攻时敌我态势略图于后：

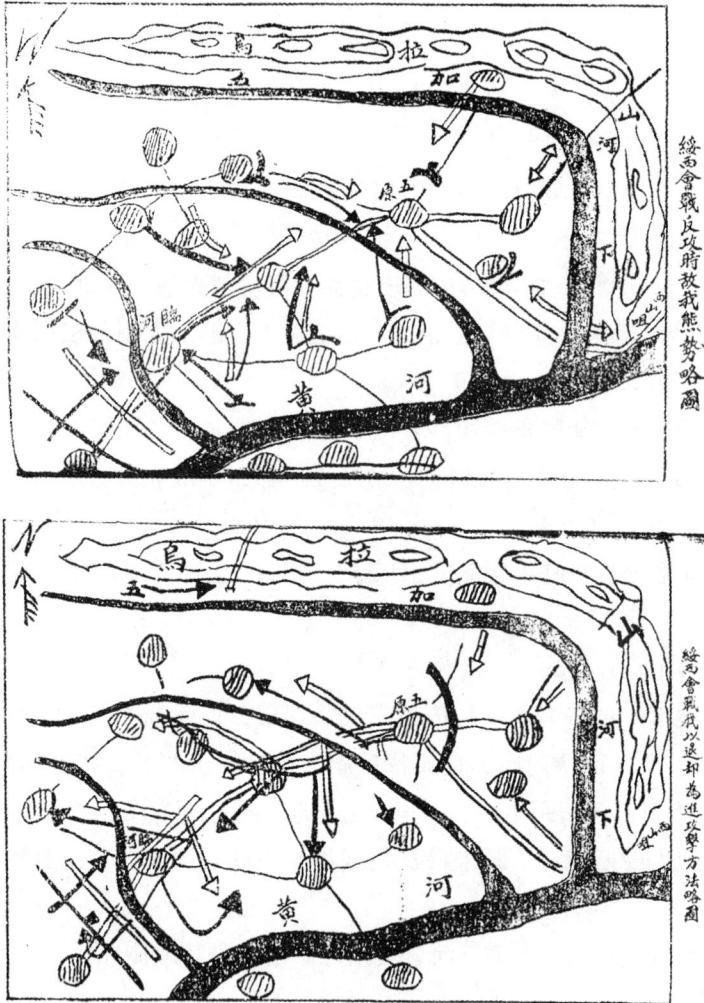

第三节　国防工事之构筑

宁省地属平原，每届春季，渠道纵横，自成障碍，至冬则水干地冻，到处可以通行，包头之敌，蓄意西犯，匪伊朝夕，虽失利于一时，保无不谋报复于将来，倘再企图进占五临，或将利用冬季，进犯宁境，且以东邻特区，与当日谋蠢动，本府为防患于未然，巩保国防计，积极构筑冬防工事，以备不豫。兹将各期工事构筑情形，陈述如次：

第一期　26年，平津相继失守，绥东沦陷，本省在西北国防上，位居卫要，特于平罗县所属石嘴山尾闸地区，构筑强固阵地带，其一般壕深，均达7米以上，深宽亦同，凡敌轻重炮兵，与钢甲车等，皆能拒止，更注意伪装布置，避免敌机侦察，共需兵工已有2月，始告竣事。

第二期　28年冬，敌犯绥西，会于磴口迄北，所有主要道路，彻底破坏，并沿狼山山麓以北三圣宫，相距百余里，横掘深壕数道，需工浩大，经本府遴选大员，亲行监工，就地发动民众，限期构筑，以致敌之前进部队，感受极大影响。

第三期　29年度，深察侵犯绥西之敌，对我所筑工事，遭受深刻损害，为确保宁夏计，保安部队，与驻军协同，于宁平间与筑防战车壕数道，并对主要交通大道，规定破坏办法，贺兰山麓，黄河渡口两岸，岸坡有不急峻者，一律切齐，使之陡峻，又于破坏易，效力大之地带，增加阻绝工事，在我破坏之重要工事附近，选择炮兵阵地，防敌修复，关于破坏之道路，为我方军民便利计，就地征发柴草，用之垫平，上敷以土，必要时破坏较易，或搭浮桥，以利交通。

第四期　31年度本府奉令防止奸党向本省西窜之目的，特命各保安部队与第17集团军协同在黄河西岸构筑工事，并将前经在石嘴山至白虎洞，马高庄，至打磴口及李岗堡附近，对倭工事加强联系，以防奸党之窜扰，兹述其工事位置于左：

1. 磴口构成支撑点。

2. 石嘴山构成强固工事，右与桌子山，左与陈家寨白虎洞之工事连紧。

3. 宝丰红土岗各构成据点工事。

4. 马高庄经平罗通城至清水堡至姚伏堡，至李岗堡一带，构成侧面阵地，与平罗至打磴口及李岗堡马高庄连紧。

5. 宁夏省城及其外围之谢岗、潘昌、通贵、李祥各堡，及王元桥新城各扼主要地带构筑工事，连结成一大据点。

6. 王洪、李俊、叶盛、陈俊连结成一据点，广武及石空堡构成支撑点。

7. 各渡口河点，构成野战工事，及碉堡。

以上各期应筑工事，按照各地驻防部队，划分地区，即日勘查动工，限1个月完成，并由第15军参谋处派员赴各部队指导督修，迄11月5日，次弟完成，兹将各部队修筑情形，列述如下：

（一）第 168 师：1. 该师已照前定计划，大部完成，其第 105 团，在李岗堡至平罗沿途，加强破坏，该师 103 团，在黄河西岸，经尾闸至雷家庙之线，构筑阵地，其外壕口宽 3 公尺，掘深三四公尺；2. 公路大路各破坏点，已照本府规定办法，随时修复。

（二）暂编第 9 师：1. 该师工事，以阻敌由红崖子经陶乐横城之线西犯之目的，黄河东岸通路，均分段破坏，并于各要点，筑有坚固阵地；2. 河西工事，以通昌北余家庄及黄羊沟二线为重点，均筑有车壕；3. 黄渠以东，由通昌至李岗堡之南北下道，及河东西道，均已分段破坏。

（三）暂编 31 师：1. 该师右接 168 师，由雷家油房（尾闸西）至西山根之线，利用长城故址，及旧有工事，构筑两线防御工事，并于外壕前，均筑有防战车壕；2. 由平罗西北至尾闸附近之公路，已照指示办法，分段破坏完竣。

（四）特务团：1. 宁朔县境之公路，均已分段破坏完成，工作地区，因水准太高，未能掘深，仅就破坏点，两面切去，中留能通一汽车之宽度，以维交通，必要时，破坏容易；2. 该团就朔县境内，各大渠之退水沟，（红阴沟、退水沟等）两面切成险峻，形成阻碍，惟现因沟内有水，尚未动工。

（五）保安处：1. 宁夏区，该处二团在李岗堡以南，由黄河至唐渠东岸之线，构筑外壕，全长 17000 公尺，已大部分完成；2. 金积区，该处第 3 团，利用境内坚固堡寨，构成据点式防御工事，现已完成 30 余处，通峡口公路，正破坏中。

截至 11 月 20 日，全省工事，全部完成，即调制工事图，分报军委会及兰州第八战区司令长官部备案。

第六章　防　　空

第一节　组织防空司令部

本省在全国注重，"防空"之下，于 28 年 12 月，相继奉到中央航空委员会，调整全国防空机构办法，与各省防空司令部，组织规程，奉令之后，遵于 28 年 1 月 1 日，成立宁夏全省防空司令部，办理全省防空之设施督导等事宜。由本府任命保安处处长马敦静，兼任全省防空司令，负责主持，按照组织规程，下设第一二三科，及军法、军机、军需 3 室，调用保安处官佐分别兼任，掌理各项事务，同时为加强防空实力计，特就保安处调拨高射机关枪连，担任省会防空，以策地方人民之安全，兹附编制系统表后。

第二节　调整各县防护团

奉航空委员会，28 年 12 月 23 日防消蓉已字第 1329 号训令，饬即加强防空，组织县镇防护团，并颁发调整全国防空机构办法，各省市防护组织规程，各县政府办理防空业务办法，各地县长办理防空业务奖励办法，各县乡镇防护分团编组设施纲要暨系统表编制表各一份到府，即以保安司令部参字第 0001 号训令转发各县，令即依照上项办法规定，赶紧成立县镇防护图，并报备案。

兹为明瞭各县防护团组织情形，及全省防护团团员总数起见，于本年 4 月 1 日重申前令，以防字第 13 号训令，饬报各该县办理情形，据报各县均依照乙种编制，成立防护团，计省防护团团员 79 员，夏县 144 员，朔县 144 员，中卫 156 员，中宁县 142 员，金积县 14 员，灵武县 114 员，盐池县 122 员，同心县 141 员，平罗县 143 员，磴口县 126 员，共计全省防护团团员为 1466 员。

嗣由保安处转发各种教材，令其实施下列之训练，以期完成所负之任务。

训练课程，分为精神讲话、学术科及军事训练三种。

精神讲话

一、领袖言论；二、抗战建国纲要；三、防空与国防。

学术科

一、防空法；二、积极防空概要；三、防空情报概要；四、消极防空课目：1. 消防　2. 防毒　3. 灯火管制　4. 交通管制　5. 避难管制　6. 警报　7. 救护　8. 警备　9. 工务　10. 配给

丙、军事训练

一、各个教练；二、班教练；三、排教练

第三节　充实防空设备

敌寇肆虐，惨酷已极，其飞机每向我后方城市，滥行轰炸，在本省计之，曾经被炸死难者 1000 余人，伤者数百人，炸毁房舍千栋，死尸枕籍，情极可悯。特由政治部派队分赴各城乡，将其飞机到来实际情形，晓谕民众，以资策防。

（一）办理空袭紧急救济

飞机所轰炸种类不一，为预防计，严令各市民储备沙囊，以免火灾，蔓延市区，并讲述防毒实施办法，对于飞机投弹逸去后，当嘱并池附近侦察，有无异状，卫生机关同时化验，有无毒菌散布之情事，如有上述情形者，着即分送

各紧急救济所，速行医治。

（二）注意消防警报

从前一般市民，因疏忽警报，或有不肯远处躲避者，致遭不测，兹为促其慎重计，指定省会公安局，与防空哨所，侦查敌机方向，与发警报时刻地点等，按其情况，发出警报具，一面督饬民众疏散，避免无谓之牺牲，实行以来，秩序尚佳。

（三）加强避难设备

查避难设备之良好，关系防空与市民生命财物问题，至为严重，复因各城市因避难不完者，犹为发生不少之影响，本省于开始防空以来，对于此种要求极为注意，特于四郊并空阔地带，构筑防空沟洞与夫讲求避难室之得当，庶免炸弹落下后，轰动倒坍，埋毙人命。

第四节　疏散各地人口

（一）永久疏散

本省基于敌机屡次轰炸之教训，打破民众一般希图幸免之心理，着将宁夏城内居民限期迁往乡村，由本府组织清查队，维持治安，计疏散之人口，约有14265人，占全市人口 1/3，并同时通饬各县城市，亦从此疏散，以免无谓牺牲。

（二）临时疏散

规定城内居民，于每早 8 时出城，晚 3 时进城，又恐防空时间过多，减少工作，分别预行警报与紧急警报两种，如敌机侵入我境 600 华里以内时，即发出预行辅助警报，由警察局持用黄色小旗摇动，先令老弱妇女，先行疏散，敌机距我 300 华里时，即发出空袭警报，此时凡在城内人民，均须停其工作，出城躲避，敌机约至我 100 余华里时，即发出紧急警报，一律进入防空壕内，或施以各种伪装，实行交通管制，待至敌机离去，发出解除警报后，始许恢复市容。

（节选自《十年来宁夏省政述要》保安篇，宁夏省政府秘书处编，1942 年版，第 155—168 页，宁夏回族自治区档案馆藏）

4. 宁夏省政府公报

（1942年3月）

为据省会警察局呈以据报绥西近来发现鼠疫凡吐黄水病症均系敌人有计划之投毒方法请通令各县于水井及户口方面特加防范等情自应照办除分令外令仰转饬遵照注意防范由。

宁夏省政府训令

民警字第 0016 号

民国 31 年 3 月 10 日

案据省会警察局局长马如龙呈称：

顷据陕坝来人报称，最近陕坝城北平良滩捕获汉奸 1 名，正在井中撒药，经严讯后，据供系由包头敌人派来共有 35 名，每名月薪 150 元，专负撒药责任，其经撒药之井，一经饮下，立吐黄水而死，如在 2 小时以内设法救治，尚可挽回，否则不可救药，此间各井口，全派专人看守，并加作井盖。

卫　　生

- 存报陈发现鼠疫祈迅派专员来宁并请赐疫苗器材等以资防治由

卫生署署长金钧鉴顷据绥西电报五临一带发生鼠疫已蔓延至省境三圣公磴口等处危险堪虞请从速派专员前来负责防堵本处暂成立防疫委员会祈先迅赐疫苗等器材以资防治职桑沛恩叩文午印

- 电复五临一带鼠疫蔓延宁绥已断绝交通本省设防疫站及成立防疫委员会竭力防堵由甘肃省卫生处公鉴：陕坝五临一带发生肺鼠疫，势且蔓延，宁绥已断绝交通，本省设防疫站及成立防疫委员会，竭力防堵。宁夏省卫生处元印

- 电复本省疫势及防治情形并请派员携同防疫器材前来防治由

兰州西北卫生专员杨永年兄勋鉴来电敬悉疫势仍猖獗死亡 200 余人绥宁业已断绝交通沿途设检疫站如蒙派员携同防疫器材前来防治如蒙欢迎可由平凉转运来宁弟桑沛恩叩文午印

- 电请检赐疫苗以资防预由

卫生署署长金均鉴磴口以西现疑似鼠疫死六人已派员驰往防堵请钧署发赐疫苗及以资防预职桑沛恩叩印

（摘自宁夏回族自治区档案馆馆藏档案，档案号31/250.1）

5. 关于日军飞机侵入宁夏轰炸造成伤亡的电报 *

（1939年3月6日）

急。

重庆行政院院长孔[①]：口密　敌机30架今日上午10时由鄂特克旗[②]侵入宁夏上空，于石嘴山渡河后沿途在李岗堡、通济堡、黄渠桥、杨家大湖等地滥施轰炸。10时40分侵入省垣投重量炸弹115枚，死平民20余人，伤平民30余人，毁房696间。经高射部队迎击后，向东南一带去。谨先电开。省外各处损失情况，另电奉呈。

职马鸿逵感戌总机印。

（此稿由行营送来，原稿仍交行营）

（摘自宁夏回族自治区档案馆藏民国档案2—4）

---

* 本文按宁夏档案馆保存的原件刊印，标题为编者所加。

① 孔：指孔祥熙。

② 鄂特克旗：即鄂托克旗。

6. 关于优待抗战军人家属的函

（1941年2月20日）

案准

社会部社福字第 1066 号公函内开：

案准全国慰劳抗战将士委员会总会慰字第 2775 号代电开：本会鉴别抗战军人家属问题关系兵役推行及前方士气至为重大。政府虽早经颁布优待抗战军人家属条例，并已切实施行，但社会方面尚未能尽力协助政府使此项优待工作益加普遍深入。本会爰特拟定国民优待抗战属公约一种，意在使各界同胞人人认为优待抗属乃自身应尽之义务，随时随地切实履行，进而造成社会优待抗属之风气，不仅使抗属本身得到帮助与慰安，同时足以鼓励应征壮丁，激励前方士气。兹谨检附该项公约十份，敬希通令所属随时随地以身作则，倡导推行，毋任感荷！等由，并附件。准此事关优待出征军人家属，相应检附该公约一份，函请查照，转饬各地社会服务处广为倡导推行，并宜将推行出征军人家属各种服务事宜列为本年度各处中心工作，会同当地有关机关团体，组设专门机构办理之，并烦转知为荷！

等由；并附件，准此，事关优待抗战军人家属，相应检附该公约一份，函请贵会倡导推行并筹设专门机构办理此项工作，毋任感荷！

此致

敬礼

宁夏省动员委员会主任委员　马鸿逵

中华民国 30 年 2 月 20 日

附：国民优待抗战军人家属公约

一、要切实遵行政府颁布的优待"抗属"条例。

二、"抗属"有困难，要尽力帮助解决。

三、"抗属"有灾患，要尽量设法救济。

四、要扶持和慰问"抗属"的疾病。

五、"抗属"有丧事要赙助。

六、"抗属"有婚嫁喜庆要致贺。

七、每逢年节，要给"抗属"送礼。

八、一切社会公共福利事业，要让"抗属"尽先享受优待的权利。

九、要尽力帮助"抗属"做工种田和收获。

十、随时随地尊敬"抗属"。

(摘自宁夏回族自治区档案馆藏民国档案2—4)

7. 为呈报慰劳负伤将士数目及慰劳洋数谨请鉴核由

（1941年1月18日）

案奉

钧会动字第 29 号训令，以吴忠镇、石嘴山各伤兵收容所，共有伤兵若干，前后慰劳物品及款数各若干，饬令具报等因；奉此，查本会于 29 年度，前后共慰劳两次，第一期于吴忠镇、石嘴山、磴口县各地，共计慰劳过负伤将士 1454 员名，共用慰劳洋 10116.08 元；第二期于吴忠镇，中卫县，磴口县及省垣，共计慰劳过负伤将士 381 员名，共用慰劳洋 3837.89 元。以上两期，总计慰劳过负伤将士 1835 员名，共用慰劳洋 13953.97 元。奉令前因，理合将慰劳过负伤将士数目，及慰劳洋数，具文呈报。

钧会鉴核。再查本会慰劳，以分期为原则，现于 30 年 1 月正举办第三期慰劳事宜，以俟完竣，再行呈报，合并声明。

谨呈

宁夏省动员委员会主任马

宁夏省各界慰劳抗战将士委员会主任委员赵文府

民国 30 年 1 月 18 日

（摘自宁夏回族自治区档案馆藏民国档案 2—88）

8. 训令各中等学校奉教育部令为据国立第十一中学学生呈请发启青年号飞机捐献运动办法令仰遵照

宁夏省政府教育厅训令（中字第1504）

（1941年2月28日）

令各中等学校：

案奉

教育部29年11月27日费壹9甲字第39687号训令内开：

案据国立第11中学呈称：案据本校初4班学生严思贤、袁哲生2人呈称：窃生等阅报知"荣誉号机"、"儿童号机"相继发动以来，各方纷纷响应，值此，滇缅路开放，国际形势更于我有利，倭寇即将崩溃之际，最后胜利之期日近，捐机运动实为当前之急务。生等实感吾辈青年责任重大，久有爱国之心，但心有余力不足，为响应献机运动，发起捐献"青年号飞机"，以增加抗战实力，恳求学校当局即日设法发动全国有志青年踊跃捐献。生等因家乡沦陷，实感经济困难，今将生等日前家寄之数元，除购一部分文具外，其余五元悉数捐出以作发动之先锋。区区之款亦足以表示生等爱国之心，亦即青年应有之责任，但集全国青年之捐献，其成绩亦可观矣。不久之将来，"青年号"飞机翱翔于天空上，殄灭倭寇争取最后胜利，生等之愿望也，等情。据此，查该生等志切，救国节款献机，所贡虽微，影响实大，惟兹事体尤决非一地一校所能倡行，应恳钧部通令全国中等以上学校一致响应，助此壮举，是否可行，敬乞核示，只遵等情。查日寇自恃暴强，妄图囊括倾师扰我疆宇，所至肆其荼毒。3年以来，赖我最高统帅指挥若定，全国将士奋勇用命遏止凶焰，胜利可期而顽寇未知悔口，仍图作垂死之挣扎。方今我国最后胜利之争取已至事势紧切之阶段，而国际局势之动荡尤予我以驱除寇虏之良机，群策群力，再接再厉，协助政府完成抗战建国之大业，此自为我全国青年一致具有之热忱。该生等鉴于"荣誉号"机、"儿童号"机捐献之热烈，率先倡导不甘后人，请求发起"青年号"飞机捐献运动，志切救国，殊堪嘉许。事属可行，兹由本部订定全国"青年号飞机"捐献办法于后：一、以校内自由捐献为原则，不向外界劝募。二、一切捐献事宜由各校当局指导各级系学生自动进行，但收入款项应随时缴由学校暂行保管，汇齐送部转解。三、学校汇齐此项捐款后，应造具表册 4 份，载列捐献者姓名、金额两份，公布一份存校，两份呈部以备存转。四、此项运动得列为校丙级（或院），除竞赛成绩最优者，由校给予名誉奖状。五、此项捐献各校应分别文到后办理结束。除指令并分行外，合行令仰知照，并转饬所属一体知照！此令。

等因：奉此。除分令外，合行令仰该校遵照办理，结果具报，以凭汇转为要！

（载《宁夏省政府公报》第 129 期，民国 30 年 2 月 28 日出版，第 62—63 页，宁夏回族自治区档案馆藏）

9.宁夏各城市防空疏散办法（节选）

（1941年）

持久疏散者

住户无职业羁绊者尽量促其迁居城外。

住户有职业羁绊促其将眷口及财物先移城外。

工商业能移动者尽量促其迁移城外。

工商产业不能移动者促其将货物九成、人口八成及财产全数先移城外。

同城不能迁移城外人口数及物货数，住户不得超过 2/10，工商业不得超过 3/10。

持久疏散应注意者如下：

迁移地点须距城 10 公里以外。

除促住户、工商业自由迁移外，其有须公家人力费用，及指定地点时，在省由警察局及省商会、在县由县政府及县商会即行指定地点，并利用官民合作迅速迁移，其费用由民商分别担任。

指定地点内之房舍棚厂，须由公家帮同建设之。

指定地点内之粮食及日用物品，须由公家帮同设法使用供给。

指定地点内之学校、医院、邮电、交通、治安，须由公家设法设置。

七、公务机关关于必要时，亦可迁移城外办公。

临时疏散者

前第一、四条不能疏散之人口，遇空袭警报时，无论白日黑夜，均须全体退出城外之民众，或已设备之防空洞，及有掩护外。

前条人口遇紧急警报尚未退出城外时，速即藏入附近房舍，或沟渠或个人防空洞。

临时疏散应注意者如下：

当敌机至时，不得于门前旷野聚集或游动，于院内野外穿旺红白衣物。

不得哭笑谈唱及露烟火。

随地应挖个人之防空洞（洞上不得堆土，示人目标，其已堆土过二丈者须用草席掩护）。

城墙根应挖数人之防空洞（洞里须用曲式至少须有两开）。

街港［巷］过长者，中间须打通过道路，城门距离过远者，须于城墙多开门户。

物资疏散

十一、凡省县公私所储大量粮食，及公私仓库物资应尽量疏散。

十二、除公家粮食物资由公家设法疏散外，其民用粮食物资疏散办法应照第八战区物资疏散办法办理。

附录

十三、未设无线电防空哨之县区，其城市人口物资应尽数疏散。

十四、无论已否设有防空哨，城内须设警钟或鸣锣，以备临时人口之疏散。

十五、本办法所未载者，应照屡次奉发防空命令及防空须知等书办理。

十六、疏散事宜，当须由各县长、警察局长、商务会、保甲长负责办理。

(载《宁夏省政府公报》第 136 期，民国 30 年 9 月 30 日出版，第 21—24 页，宁夏回族自治区档案馆藏)

10. 奉委座电令今后凡敌到之处不论军民对水井须切实检点无毒始可饮用等因令仰遵照并饬属防范由

宁夏省政府训令秘三字第一一六五号

（1942年1月24日）

令各机关：

顷奉委座佳午一亨电开：

"×密。一、据傅作义微电称：敌此次侵犯绥西，到处纵火，将毒品置于草滩及水井中饮过鼻孔流涕，周身发发颤，对于军民为害甚大。二、据报敌大本营由大阪调迁31联队及32联队（化学队），开华中作战，于上年31日驶入长江开汉口。31联队为大井操工大佐；32联队长为原祥新大佐。每大队有3小队，每大队人数为500名以上。仰各地驻军注意防范，并饬属今后凡敌到之地，不论军民，应对水井检点，证明无毒，始可饮用为要！"

等因；奉此。查敌寇为灭亡我国家民族，年来凡足以毒害我同胞者，无所不用其极。兹奉前因除分行外，合亟令仰遵照，并饬属切实注意防范为要！

此令

主　席　马鸿逵

（载《宁夏省政府公报》第140期，民国31年1月30日出版，第42—43页，宁夏回族自治区档案馆藏）

11. 为据省会警察局呈以据报绥西近来发现鼠疫凡吐黄水病症均系敌人有计划之投毒方法请通令各县于水井及户口方面特加防范等情应照办除分令外令仰转饬遵照注意防范由

宁夏省政府训令民警字第○○一六号

（1942年3月10日）

令各县政府：

案据省会警察局局长马如龙呈称：

一顷据陕坝来人报称：最近陕坝城北平良滩捕获汉奸1名，正在井中撒药，经严讯后，据供系由包头敌人派来共有35名，每名月薪150元，专负撒药责任。其经撒药之井，一经饮下，立吐黄水而死，如在2小时以内设法救治，沿可挽回，否则将不可救药。此间各井口，全派专人看守，并加作井盖。以此次后套之鼠疫传染原因有二：一、敌人于烟土内，注入鼠疫毒质，再以最便宜之价值售予一般贪图厚利之奸商。在两月前五原河西由包头来一算卦者在该地百姓家中，留宿数日，保甲长亦不加以考查，致疫病发作，而无法挽救，近来东胜府各伊盟一带鼠疫蔓延甚烈。宁夏河东宝丰来往包头贩运烟土者，大不乏人，惟恐稍有疏忽，致鼠疫侵入，即难以救治，等情。据此，查本省毗连绥西，难免不无丧心病狂之汉奸，罔顾国家民族之利益，散播毒菌，贻害地方。除函请防疫委员会，转饬各检查站特别防范，并饬令各分局于井口加派岗警，负责看守，一面加做井盖，以防敌人撒毒，一面严令保甲人员注意考查户口，以防奸人出入外，惟案并全省人民安危，拟请钧厅通令各县于饮水井处及往来包头之人，特别注意，以防意外，是否有当？理合呈请鉴核，实为公便！等情；据此，应准照办，除分行外，各行令仰该局长遵照，转饬保甲长等，对于各食水井口负责制做井盖，并仰将该县城镇岗警尽量向水井附近迁移，以资防范，而免贻害地方，为要！

此令。

主　　席　马鸿逵

民政厅长　海　涛

（载《宁夏省政府公报》第142期，民国31年3月31日出版，第50—51页，宁夏回族自治区档案馆藏）

（二）文献资料

1. 宁夏近代历史纪年（1938—1939）（节选）

1938 年（中华民国二十七年·戊寅）

二 月

20 日　日机十八架，分别空袭兰州和宁夏省中卫县。［（33），二十四，28］

是月　宁夏省成立师管区筹备处，民政厅长海涛兼任处长，负责办理国民兵役及征训壮丁工作。［（132），二］

△马鸿逵手订所谓《县政人员约法三条》，规定新任县长必须依条宣誓，并制成匾额，悬挂于县政府门首。(61)

△马鸿逵向南京政府密呈建议，主张将阿拉善旗亲王达理查雅强行接到宁夏"保护"。名为防止达王与伪蒙政府和日本进行勾结。

△在国民党进行局部和消极抗日后，宁夏地近绥蒙前线，一时大军云集，过往部队频繁。加之马鸿逵的抓兵和苛税，造成农村经济破产，粮食十分紧张，故本年改省财政厅直接兼管全省粮政，并对粮食实行统制。［（132），八］

△马鸿逵在其十五路军中成立名为"心范会"的反动小组织，马自任会长。企图借此加强对军队的思想控制以巩固他的土皇帝地位。(92)

△蒋介石任命马鸿逵为绥远省西部防守司令，马鸿宾率部进驻临河一带设防。(57)

1939 年（中华民国二十八年·己卯）

二 月

6 月　日本侵华军航空兵团第一飞行团，本月初集结于山西运城机场，准备对战略要地兰州进行第二次大规模轰炸。为了掩盖这一军事动机和破坏兰州邻近的中国空军基地。［（33），十一，191］

9 日　日机九架夜在固原县城投弹 20 枚，给城中造成伤亡和财产损失。

三　月

6 日　日机 12 架，从运城起飞轰炸宁夏。省城事先虽然发出警报，但由于平时宣传教育不够，没有引起人们的重视。而当日机飞临省城上空时，全城陷于一片混乱之中。日机从东门起开始投弹，沿东、西大街轮番轰击，炸弹绝大数偏于大街南侧，西塔防空洞亦被击中，洞内躲藏人员全部死难，全城伤亡、损失极为惨重。（187）

九　月

15 日　日军为了准备进攻苏联，实施航空兵与海军联合作战训练，两军飞机亦作联合飞行作战训练，日本有 33 架日机轰炸宁夏即属此种训练性质。此次日机经由石嘴山南飞宁夏省城，从北门开始轰炸。由于事先多次发出防空警报，人民多已疏散躲蔽，故伤亡损失不大。日机在袭击了宁夏之后，还企图续飞兰州，因得知兰州防备严密，遂中途返航。[（33），十一，191]

（节选自吴忠礼编：《宁夏近代历史纪年：1840—1949 年》，宁夏人民出版社 1987 年版，第 257、262—263、266 页）

2. 针对冬季攻势的各次作战（节选）

总的情况　中国军自 1939 年 6 月实施第二次整训，到 11 月结束。北起蒙疆、南至靠近法属印支边境，发动了一场全面出击行动。

当攻势发动时，蒋介石委员长向全军下达训令。（译略）

这次冬季攻势的规模及其战斗意志远远超过我方的预想，尤其是第 3、5、9 战区的反攻极为激烈。据分析，蒋政权发动这次攻势，是为了适应当时国际形势的变化，用显示本国军队仍然强大的行动，维系其国际信誉，借以掌握民心。同时，在很大程度上还想以此行动抑制和阻止新中央政权的建立。

此外，这次冬季攻势，对于缺乏进攻作战积极性的日军来说，也是一次教训，使之有机会重新估计敌人的战斗力量。特别从昭和 15（1940）年度在华中积极进行的以粉碎敌人战斗力为目的的各次作战的历史事实看，可以说具有很大的意义。

华南方面的战况前面已作过概要介绍。以下只就华北、华中各方面的情况作概要介绍。

华北方面（蒙疆）的状况华北方面敌人的冬季攻势，本来企图以山西南部为重点进行较大范围的行动。偏巧我第 37 师团自 12 月上旬实施了向中条山脉方面的作战，走在了敌人前面；加上重庆军和中共军之间互相磨擦，因而没有发动大的攻势。只是在蒙疆方面遭到敌人的反攻。

自 12 月上旬起，在最北端的骑兵集团司令部（集团长小岛吉藏中将）所在地包头以南地区，敌人经常出击，与我警备部队交战。很明显，这是冬季攻势的先兆。

12 月 19 日，骑兵集团长小岛得到情报说，来自西面的强有力的敌人企图攻占包头。因此，决定在包头的部队于翌 20 日晨主动发动攻击。命令骑炮兵联队长熊川长致中佐指挥骑兵一个中队及骑炮兵联队、战车队、速射炮队等各主力，从西门出发力求消灭已进入我作战规定线上的昆都仑河以东之敌。

然而，前述情报乃是一个包含阴谋的假情报。

20 日拂晓，熊川讨伐队从西门出发了。在集团长送走熊川部队返回司令部时，突然在北面 200 米地方发生巷战。事情经过是：当日早晨门卫一开西北门，穿便衣人群就一齐拥进，袭击了门卫后，开始向司令部驻扎的民房攻击。留下来的少量兵力便同闯进来的敌人展开了巷战。

集团参谋用电话把情况向张家口驻蒙军司令官冈部直三郎中将做了报告。根据当时《冈部日记》记载，冈部曾提出增援，而该参谋回答说："绝对没有必要，请放心"拒绝了。但考虑到其后的情况，集团当日把驻在萨拉齐的骑兵第1旅团（旅团长片桐茂少将）调到包头。该旅团于16时到达包头。

冈部军司令官得知直到傍晚城内之敌有增无减，立即派出两个步兵大队去增援。

驻守在固阳的骑兵13联队长小原一明大佐与驻守在安北的骑兵第14联队长小林一男大佐同时得知包头告急，便主动率领各自的主力前去救援。然而，在途中遭到优势之敌的包围，小原部队伤亡过半，另一路小林联队长战死。熊川讨伐队白跑一趟，日没后返回包头城内。

片桐旅团自翌21日展开始攻击，但战斗没有进展。21日仍继续巷战。当天奉冈部军司令官命令来增援的两个大队陆续到达包头。

22日，小岛骑兵集团长令片桐旅团长指挥6个步兵中队、3个骑兵中队、战车队及炮兵，在包头城内开始总攻击。翌23日，敌开始总退却，集团以主力向西北方向进行追击后，陆续在包头集结。

袭击包头之敌系以五原为根据地的第35军（军长傅作义）的主力，可能是由于与从黄河南岸北上的马占山军配合得不好，单方面过早地在包头北面地区开始了行动。

进攻后套作战（8号作战）　年底袭击包头的傅作义军虽遭我反击而败退，但却受到蒋介石的嘉奖，有再次攻击包头之势。昭和15（1940）年1月上旬，除白凤翔军（游击队）外，另有约一万之敌从黄河南岸地区向东移动，傅军主力（约3万）则凭借五原周围既设阵地开始积极活动。

在此地的驻蒙军，为消除后祸，决心以军的主力采取攻势断然粉碎敌在后套地区的根据地，1月15日呈请上级司令部得到批准。

五原位于给驻蒙军确定的作战控制线（固阳—包头—黄河）以西约300公里的地方。由于傅作义的善政，开垦成农耕地带，成为此地产粮区的中心。另外，这块被开垦的地方，还曾经是绥西联军总司令王英父亲的旧地盘。驻蒙军的首脑们从建军以来就念念不忘进攻五原。

1月24日，大本营批准实施作战（大陆命第413号），华北方面军同一天也下达了如下命令：驻蒙军可暂时在后套地区进行作战，消灭当面之敌。

作战完了应迅速并全部将部队撤回到原来作战控制线以内，进行整备。为使敌今后不再能接近我第一线进行骚扰，撤退时对可被敌利用之军事设施及军需物资，应尽量予以破坏或烧毁。

驻蒙军早已有所准备。1月21日即已以第26师团及骑兵给第13联队扫荡了黄河南岸的伊盟地区，然后于1月25日集结在包头附近。

然而，翌26日第26师团长黑田重德中将和骑兵集团长小岛联名提出书面意见，说："希望延期实施此目的不是永久占领的作战"，意思是要求永久占领。这种永久占领主义自21日以来即在驻蒙军司令部内进行着争论。参谋长田中新一主张永久占领而军司令官冈部不同意永久占领，他们之间在作战目的上意见对立并已表面化。但除军司令官外，军司令部的气氛是反对方面军的命令，坚决要永久确保五原（待后述）。

当日军司令官冈部飞抵包头，召见两兵团长，谆谆面谕要力戒以前那种"一阵台风式的作战"，此次作战的目的不是占领土地，而是围歼敌军。

就这样，驻蒙军准备就绪，于1月28日发起行动，冒着零下10至30度的严寒，分乘无蓬的卡车，从三面向五原挺进。约一半的卡车是征用华北交通公司的，其中有很多不懂日语的中国人司机。

骑兵集团主力（配属有独混第2旅团的迁村支队）于28日从包头出发，活黄河两岸地区西进。当击败长牙店、公格附近约5000之敌后，2月3日在五原附近集结。此外，第26师团在攻占万和长附近的敌阵地后，绕回五原以西，2月3日突入五原。

翌4日，日军以两个师团的各一部追击远走之敌。左追击队4日晚占领五原西南约120公里的临河后，更以其中的一部进入宁夏省内追击。右追击队也于5日占领了临河西北约60公里的陕霸，扫荡了附近残敌后，于11日返回五原。

在此期间，内蒙军的一部于2月2日左右从中公旗附近出发，向百川堡附近前进。切断了敌军向西的退路。

傅作义指挥的第35军、骑兵第6军（军长门炳岳）、第81军（军长马鸿宾）等约3万之敌，立即向宁夏方面及黄河南岸的伊克昭盟内逃走了。

就这样，日军认为大致已达到目的，于是从2月中旬起自五原平地开始撤退，到3月1日恢复到发动作战前的态势。在这返回完了之时发生了一件大事件。五原特务机关全部被歼，如前所述，在这次作战开始时，关于作战目的问题，就有两种完全相反的意见互相争论着。

军参谋长田中新一少将最初研究作战时就认为："不确保五原的作战，没有什么意义"（1 月 19 日日记）。1 月 22 日将此意见向军司令官冈部提出来。但军司令官说："以现有兵力去占领和确保五原是不量力的，并且也不打算向上级要求增派兵力，所以（此次作战）归根到底其目的不是要占领土地"，明确表示了自己的意志。这时参谋长田中服从了军司令官的意志，接着又接到方面军的命令，因此打消了使用日本军队确保五原的念头。然而，确保五原的思想并没有消除，相反为了贯彻自己当初的志愿，暗中策划着不采取依靠日本军队的手段。

参谋长田中的办法是：（1）把特务机关向五原推进，使之负起领导责任。（2）通过蒙古军（王英指挥的部队）或青帮及杂牌军进行怀柔工作，使从敌方倒戈来的回教军及蒋辉若匪团等组成军队，部署在这一地区。（3）再派去一些蒙疆政府的警察队。近两个月来倾注全部精力秘密进行着这项工作。

参谋长田中 2 月 6 日向前进到五原的军司令官冈部恳求："希望用王英这样有威望的人，对杂牌军及回教军进行工作，以确保五原。"军司令官冈部说："不依靠日本军队而谈确保五原及对民众工作，无异是沙丘上建楼阁"，未予批准。并指示说："彻底抛弃这种念头，蒙古军也要撤走，不要进行民众工作。"

然而翌 7 日，华北方面军参谋长笠原幸雄中将飞抵，在会上田中参谋长谈到确保五原问题，笠原为其主张所打动而表示支持。结果军司令官冈部在下列条件下同意将蒙古军暂时留在五原。此外，特将此条件对担任特务机关业务的桑原荒一郎中佐作了指示：

一、留置蒙古军的目的，在于搜集敌情及对回教军进行工作而作为暂时的据点。

二、在发现上述蒙古军有退败征兆时，应立即无条件撤退。

三、不能指望日本军的支援。

四、绝对不得借口有军的后援，而进行民众工作以及地方政权工作。

以上意味着参谋长田中的本领已突破了军司令官冈部坚定信念的一角。

接着，2 月 17 日军司令官冈部听到派遣蒙疆政府警察队的风声后，要田中证实有无此事，田中肯定地答复说："没有那回事"。然而，从这天开始连续一个多月，军司令官一直因田中少将在派遣警察队问题上所表现的阳奉阴违态度感到烦恼。每当听到风声也曾追问参谋长，并且尽力说明利害，但并没有掌握更多的事实。

《冈部日记》

2 月 25 日　在保持五原问题上，表面似乎服从我的意志，但自参谋长以下仍然怀有极强的贪恋心，不停地进行工作。似在一种难以理解的情况下进行活动，需要密切注意。

2月28日　（听到兴亚院蒙疆联络部长官酒井隆中将派遣一个数百名警察官的传说后，质问参谋长田中）总之，不得不认为他是在玩弄花言巧语、阳奉阴违，一意孤行。因此，必须采取最后手段予以压制："不许你利用职权更多地增员"。

但是，参谋长田中自1月21日以来已下决心派遣警察队，现在以更加强烈的意志，坚决推行他的办法。

3月1日，当最后一批日军从五原撤退时，毫无自信心的蒙古军同投降的杂牌军发生了内讧，蒙古军总司令王英也不愿驻扎在五原。参谋长田中知道这一情况后，进一步采取措施以加强保持五原的力量，把隶属于蒙古政府警察队的日本人派去了。

3月20日夜10时半左右，傅作义指挥的第35军主力进攻五原。桑原特务机关长以下所有的特务、警察队、蒙古军虽尽为应战，但由于投降的杂牌军反叛和一部分蒙古军的战败而影响了全局。当夜敌人占领了五原新城。桑原机关长率领的特务队仍一致奋战等待援军，一直到22日夜才被全歼。

军司令部接到告急的报告，立即令安北警备队出发，接着紧急派出骑兵集团主力和第26师团的一部增援。大本营于22日以大陆命第425号下达了追认的命令。骑兵集团在五原以北遇到五加河障阻，在没有渡河材料的情况下，25日晚在敌前强行渡河，26日12时10分冲进五原（第二次后套进攻作战）。

特务机关全部被歼灭，其他警察队、当地人的部队也都后退了。但敌人并未因我进攻而立即退避。骑兵集团尽力扫荡残敌。敌人于27日扒开五加河堤，出现了大面积的泛滥地区，部队在飞机的引导下返回了原驻地。作战结束后，军司令官冈部一直因责任问题苦恼着，到5月3日才对田中参谋长加以谴责和明确了责任。其次，对于担任蒙古政府警察官及蒙古军顾问而在五原战死的34名日本人，上溯3月1日作为驻蒙军司令部编制人员上报，由陆军中央按11月新规定加以批准，举行了追悼。

（节选自日本防卫厅防卫研究所战史室著、田琪之译：《中国事变陆军作战史》第3卷第一分册，中华书局1981年版，第79—94页）

3. 轰炸记忆

我的哥哥"死"于轰炸

马金凤

小时候，母亲总是不厌其烦地给我们姐妹讲述日本飞机轰炸宁夏的事。

我们马家五代单传，我父亲马生林生的第一个孩子就是个男孩，也就是我的哥哥拉西（穆斯林经名，那时候孩子到了上学年龄才给起学名），他自然成了父母的掌上明珠。

那时我家住在今贺兰县金贵镇。在拉西哥哥6岁时，一天他突然发起了高烧，嗓子肿得几乎咽不下一口水。父亲赶着毛驴，驮着哥哥和母亲急匆匆地赶往银川求医。他们刚走到银川北门附近时，就听到银川城里警报响个不停，城里的人像蚂蚁似地往城外涌，边跑还边喊："飞机炸银川了，飞机炸银川了。"

事隔几十年，母亲仍清楚地记得当时的情景：抬头往天上看，从八里桥方向黑压压地飞过一群飞机，足有40多架，轰鸣声震耳欲聋。它们排成犁花尖形（因母亲不识字，把飞机排成的形状形容成农民耕地时用的犁，实际上是"人"字形），飞机从天上扔下明晃晃的炸弹，毛驴惊恐地竖起耳朵嘶鸣着，父亲不得不死死拽住缰绳。后来，母亲抱着哥哥躲到路边的一个壕沟里不敢动。最终，父母还冒着生命危险抱着拉西哥哥找到医生家，但医生家的大门紧闭，人已经跑了。就因为被日本飞机的轰炸耽搁，那聪明懂事的拉西哥哥永远地离开了人世。

尽管父母后来又养育了9个孩子，但却没有一个男孩，让父母的心里留下永久的遗憾。后来，母亲只要一看到五六岁的小男孩，总要把日本飞机轰炸银川时我们家的这个故事说一遍，直到她10年前去世。

我拣回一条命

井笑泉

我小的时候，老人们在一起聊天，也谈起日本飞机往银川扔炸弹的事情，说银川西塔院内和羊肉街口（今中山南街与中山北街交界处）死伤的人最多。

上世纪四五十年代，我经常在银川街头看到一些拄着双拐、断了一条腿、一只脚，被大家称为"王瘸子"、"张瘸子"的残疾人，据说那都是日本飞机在银川撂炸弹时被炸伤的。

日本飞机最后一次往银川扔炸弹时，我不过半岁，所以对这此事没什么印象。长大以后，我曾听舅妈说："你娃娃这条命，还是拣来的呢。"我问舅妈到底是咋回事，她才告诉了我事情的经过。

日本飞机一次轰炸时，城里拉响了警报，人们满街各巷四处乱跑躲避炸弹。当时，我家住在银川西门二道巷，我母亲慌忙中用被子把我一裹，抱起来就往外跑。快跑到西门桥时，母亲才发现手中只剩下了空被筒，我什么时候掉了都不知道。母亲一下吓瘫了，坐在西门桥上只是哭。过了一会儿，逃难的人群中有个抱小孩的老姨妈走到正哭着的我母亲面前，气喘吁吁地说："你这个女人，光顾跑了，连娃娃都不要了，今天要不是碰到我，这娃娃怕是没命了。"说完，将我交给我母亲，就消失在逃难的人群中不见了。就是这样，我才拣回了一条命。

一声巨响后，我失去了父亲和一条腿

马 伟

1939 年，王锡山 10 岁。1939 年 2 月 24 日（农历 1 月 16 日）这天，是王锡山第一次进城，也正是这一天，他和带他进城的父亲遭遇了日本飞机第二次轰炸银川。从此，王锡山永远失去了父亲，同时失去的还有自己的一条腿。

那时，王锡山家住银川西门桥北边的西环清真寺附近。1937 年 11 月，银川遭遇了日本飞机第一次轰炸，银川居民惊恐万分。为了躲避轰炸，王锡山即将临产的母亲和王锡山的祖母住到位于现在银川西湖的农村去了。而王锡山的父亲当时在鼓楼北边的一家回民饭馆干活，王锡山同他住在家里。那天，父亲带他一起进城去了饭馆。那也是王锡山第一次进城，感到处处都很新奇。等到父亲下工后，他坐在父亲的自行车后座上，一起回西门的家。

当王锡山和父亲骑着自行车走到位于今"五一餐厅"处，就听到巨大的轰鸣声由远而近，是日本的飞机呼啸着来了，还不时向地面上扔着炸弹，父亲加快了登车的速度，但落在周围的炮弹丝毫没有放慢追击的速度。王锡山记忆非常深刻的是，一路上几乎没有行人，只看到远处有一个步行的人，手持红布一样的东西，随着他手中红布的挥动，炸弹不时地落下来。过去很多年了，每次细想想，王锡山都觉得此人像是日本人的汉奸。

那时的银川人对炸弹袭击束手无策。王锡山的父亲只顾带着他拼命骑自行车向前跑，当父亲骑到宁夏省政府处（今公安厅对面）时，王锡山只听见一声巨响，眼前一黑，便什么都不知道了。等他醒来后才知道，父亲已被炸死，自己的右腿从胯骨处被炸得失去了知觉。是邻居们发现了他们，把他们抬回了家中。

王锡山的爷爷奶奶为父亲操办了后事之后，将无法行走的王锡山送往位于今"金三角处"的一家医院。王锡山在医院住了三四个月，医生取出了胯骨内的弹片后，他就出院了。回到家中，天主教堂的一位修女每天上门为他擦洗伤口、换药。在床上躺了两年后，王锡山才能拄着拐杖下地行走。

王锡山12岁时，开始拄着拐杖上小学。1947年小学毕业兵后，王锡山经同学劝说，一起报考了银川一所师范学校，没想到竟然考上了，但学校没有接收他。后来他到亲戚开的油坊、杂货铺当了伙计。1949年，经媒人介绍，王锡山娶上了媳妇。

就那么一会儿工夫，我就没有了妈

李　莉

8月24日，我采访了今年74岁的徐桂莲老人，她曾亲身经历过日军1939年对银川的两次轰炸，并在轰炸中失去了母亲。60多年时光的研磨，让她对轰炸的记忆碎成了一个个模糊的片段，但根据她的回忆，我们仍然可以拼凑出一些旧时的影像——

"那时候我还小，大概有七八岁吧，我们家在米市附近的一个院子里租了一间土坯房住着（该院落现在的位置为银川市兴庆区中心巷原废品收购站所在地）。出了前门走不远，就是马鸿逵姨太太的公馆（今群艺馆位置）。我们住的那个院子里驻扎着马鸿逵的兵，进进出出有很多骑马的人，院子里还有酒作坊。院子附近有战壕，战壕里有地窖子（马鸿逵的驻军在战壕两边墙壁上挖出的猫耳洞，可作防空洞用，每个洞里可以躲两三人）。"

"我们一家三口靠父亲在米市卖米和打短工过活。母亲生了一个小妹妹后得了妇科病无钱医治，卧病在床。小妹妹大概比我小三四岁，刚生下不久就被送给了当时住在西门警备区的一个回族人家。小日本第一次轰炸银川的时候，父亲雇了个洋车（人力三轮车）把我们娘俩拉到妹妹的养父家躲避，那时，妹妹刚学会走路。我们大概在那儿住了一个月。后来听说，在那次轰炸中，日本飞机专往有战壕的地方扔炸弹，很多躲在地窖子里的人都被炸塌的土堆活活闷死了。第二次轰炸是在农历8月份，那天，我父亲不在家，母亲躺在炕上，我跑出去玩。玩着玩着，天上来了飞机，我正看呢，就被大人们拉到地窖子里去了。刚进去，就听见外面轰隆隆的直响。响过之后，我钻出来一看，地面上的房子全塌了。马鸿逵的警察帮大伙儿从土堆里往出扒人（当时的住房一般为土坯房），我父亲赶回来后，从土堆里扒出了我母亲。我们家穷，没钱给母亲办后事，父亲只好用薄板把母亲埋到了南门外。就那么一会儿工夫，我就没有了妈。"

"没了母亲，我只能跟着父亲，他在哪儿打短工我就跟在哪儿，饥一顿饱一顿，十分可怜。长到10岁，父亲把我送到北门一家公馆里当丫头，那样还能有口饭吃。那家公馆里住的是马鸿逵的军需主任徐阶平，我到他们家去，名义上是当养女，实际上是使唤丫头。我要做饭、打扫屋子，带孩子。他们家的5个孩子都比我小，基本上都是我看着长大的。我18岁时，银川解放了，徐家要回山东老家，无法带我走，他们就联系熟人帮我找了个婆家。我出嫁了，这才开始过上新社会的日子……"

虽然老人说起这些不幸遭遇时语调极其平淡，但我依然可以透过她的讲述，拂去数十年历史的尘埃，感受到幼年丧母给她带来的巨大创痛和她对日本侵略者深入骨髓的仇恨。

（载宁夏日报报业集团《新消息报》2005年9月1日第31版）

4. 抗战中日军飞机五次轰炸宁夏

吴忠礼

中国的抗日战争爆发之后，日本侵略军利用在绥远省扶植的内蒙古苏尼特右翼旗札萨克郡王德穆楚克栋鲁普（简称德王）和李守信所成立的傀儡伪政权——"蒙古地方自治政务委员会"和"蒙古军政府"，配合日军由北路向大西北进军。在日伪军的西进战略行动中，宁夏省首当其冲。当时日本方面对回族军阀、宁夏省主席马鸿逵的方针是又打又拉，逼马就范，走伪满洲国和伪蒙疆自治政府的老路。但是马家回族军事集团毕竟与满蒙贵族上层有所区别，从大的方面来分析，马氏家族注重学习，跟上形势，并在政治、经济、文化语言和居住地域等方面都与汉族人民联系密切，相互之间比较亲近，在民族利益和前途也与国家的命运统一在一起，民族的向心力历来很强；从小的方面来看，军阀是以枪驭政的政治军事团体，土地是他们的生命线。马家军阀得到"塞上江南"这块风水宝地是来之不易的，从自身小集团的利益计，他是不会轻易放弃自己的地盘；再从国内大的形势分析，上有南京政府和蒋介石的军令，前有山东省主席、把兄弟韩复榘下场的例子，马鸿逵作为省主席、第七集团军的总司令和第八战区的副长官，于公于私计，理当守土有则。另外，陕甘宁边区革命武装就在身旁，军阀不抗日，人民武装是要抗日的，马鸿逵若是要把宁夏拱手让给日本人，共产党就会就近领导宁夏人民，把宁夏变为抗日敌后游击区和敌后根据地，这是马鸿逵最不愿看到的结果。出于多种原因，马鸿逵没有钻进日本人设计的自取灭亡的圈套，而是选择了抗日守土的一条活路。这样，日本人对马鸿逵集团的态度也随之改变为拉不成则打，于是不仅派日伪军从绥远向宁夏进攻，为了配合陆军的行动，日本侵华军又不断派飞机对宁夏城乡进行狂轰滥炸，用以达到军事上和心理上的作用，动摇宁夏军民的抗战决心，尤其是还希望马鸿逵走回头路。

日本侵略军的飞机对宁夏实施空中打击开始于"七·七"事变后的数月，即1937年11月，延续到1940年8月，前后向宁夏出动飞机大约近200架次，给宁夏城乡造成巨大的财产损失和重大的人员伤亡。

第一次轰炸：1937年11月5日时近中午，人们吃过午饭后不久，日本飞机7架，在人们毫无防备的情况下，突然从东方飞临银川上空，然后由城东向西，沿东西大街一线投弹、扫射。因风力关系炸弹纷纷落在城偏北一带。一时间全城爆炸声不断，地动山摇，火光冲天，非常恐怖。因为当时省城尚未对空设防，警报系统和防空网络均未建立，加之一直在和平安宁的环境下生活习惯了的市民们从未遭遇过空袭，也没有见到过这种阵势，所以全市男女老幼惊恐万分，夺门逃出家院，在大街小巷中无目的无方向地呼喊奔跑。日本飞机则低空飞行、投弹和向人群扫射，猖狂如入无人之境，给银川人民的生命财产造成巨大的损失。

第二次轰炸：1938 年 2 月 20 日午饭之后，日本飞机 18 架，由北向南飞，对兰州进行轰炸。我方驻兰州空军第 17 航空队立即升空与敌机展开激烈空战，日机数架被击落。由于日机没有达到对兰州进行空中打击的预期作战任务，又造成机毁人亡的重大损失，所以在日机返航途中，当飞临中卫县上空时，为了对中方进行报复，便将剩下的炸弹顺便投到中卫县城。但是因为县城目标小，县城一带农村居住分散，此次日机的空袭没有给中卫县造成大的损失。

第三次轰炸：1939 年 2 月 6 日，日本侵华军航空兵团第一飞行团，集结于山西运城机场，准备对西北战略要地兰州再次实施重点空中打击，为了掩盖这一军事机密，并破坏兰州周边的中国空军基地和机场设施，日本飞机从 3 月 6 日至 9 日，先用少数飞机从不同机场起飞，分别对洛阳、延安、银川和固原等城市进行轰炸。1939 年 3 月 6 日，这一天是农历 1 月 16 日（惊蛰），中午，人们吃过午饭不久，日军飞机 12 架从山西运城机场起飞，突然再次从城东方飞临银川上空。经过上一年的教训之后，当时宁夏已经有了防空警报系统，还在宁夏边境的北部和东部都布设了对空监视哨站，并用电话与省城防空指挥部保持联系。在省城内外也挖了不少防空洞、防空壕。但是，由于平常对市民群众的宣传工作做得不够，对防空疏散的演练和组织工作也没有做好，所以这次虽然能预先报告敌机袭宁意图，也在城中拉响了警报，而市民们还是不知所措，一起涌到街上，也不知躲避，日机还是从东向西又从西向东轮番轰炸，市民也从东向西逃跑，当日机调转头从西向东攻击时，人们也纷纷再从西向东奔跑，就如同日本飞机在驱赶羊群一样。这次日本飞机的炸弹又在省城偏南一线落点，不幸的是，在城西南方位的承天寺塔（西塔）院内所修筑的大型防空洞被炸弹击中。这处防空洞是省地政局修建的，共有两条，呈"之"字形连接，每条长约 20 米、高约 2 米、宽约 1.5 米。警报之后，洞内躲藏 60 余人，而日机的两颗炸弹一颗正中防空洞的入口处，另一颗正中洞的尾部。洞口立即被炸封死，所以防空洞内的人很难逃出，造成全部伤亡（大约死亡 40 余人，重伤 20 余人）。人们有理由怀疑，在银川城内可能有潜伏的日方特务人员，在地面指挥日机投弹，所以炸弹才十分准确地落在西塔防空洞的正上方首尾两处。

其间，在 3 月 6 日另有日机 9 架，于夜间在固原县城投弹 20 余枚，给城中造成伤亡和财产损失。

第四次轰炸：1939 年 9 月 15 日，日本飞机 33 架改从宁夏北部入侵。此时宁夏的防空水平已大大提高，省方根据国民党中央军事委员会防空委员会的指示精神，早就于本年 1 月 1 日，专门成立了宁夏省防空司令部，由马鸿逵的二少爷、省保安处处长马敦静兼任司令，还把该处的高射机枪连布防在城墙上。在东方和北方设置的对空监视站哨一直延伸到陕甘宁边区的盐池县边界和绥远省西部的陕坝。为了统一组织市内居民和近郊农民的防空战备工作，还把银川市的行政管辖范围向城外扩展，东至红花渠西边，西南至南关强家水渠，西至唐徕渠东，西北至小新桥以北的李家寨，北至盈水桥南和教场湖、教场滩，东北至骆驼岭以南和高桥，南至红花渠北边等地区，一律划归市区范围，分区安置疏散人口。以便于城内“跑警报”的群众按预先划定的安置地点有序疏散。又在东教场和小北门偏东的两处城墙上各挖开一个大豁口，方便没有疏散的市民在遇到警报时，能就近转移到城外开阔地方和防空壕隐蔽。城中老弱病幼者，已被劝投亲靠友，限期疏散到农村暂住。城中的小学校一律停课，高年级班由学校各自安排迁往近郊继续上课。各类中学被统一组建为一所“联合中学”，撤往远离省城的属县继续办学。全市大约有三分之一的人口被疏散出城。留在市内工作和生活的人们也在各主要街区和人口密集的居民点附近挖了简易防空壕。有条件的机关、商号和大户人家，还自行修建了小型防空洞和避难室，以备紧急时防身之需。与此同时，市政当局还多次组织机关工作人员、学校师生和市民群众进行防空、防毒演习。所以这次日机刚一飞临与宁夏交界的地方，陕坝和石嘴子等地的监哨站就先后给省防空司令部打电话报警，银川市马上先发预警警报，后发紧急警报，这时全城警察一齐出动，手持小黄旗沿街逐户组织全市公政人员和老百姓有条不紊按防空预案组织疏散。所以日机虽然从省城北门开始，一路由北街向南街进行轰炸、扫射，但是并未给银川造成多大的损失。据后来侦知，日本军方这次执行的轰炸行动，是为了检验其进攻苏联的实践能力而实施的空军与海军航空兵联合作战训练。原打算在此次作训行动中对宁夏省城银川和甘肃省城兰州给予沉重打击，但是在银川没有达到预期目标，又获知兰州警备森严，所以日机在银川投弹之后就奉命返航。

第五次轰炸：1940 年 8 月 28 日，日本军方出动飞机 87 架，分别对陕甘宁三省广大地区进行大规模空袭。日机十数架，在执行轰炸兰州任务完成之后，于返航时飞经灵武上空，当时天色已晚，日机飞行员发现地面有火光便投下数枚炸弹，弹着地点均在黄河岸边的湖滩地上，未造成人员伤亡和财产损失，给灵武县城乡人民群众带来一场虚惊。

1941 年，为了加强宁夏的防空力量，国民党中央军委令直属炮兵三团开往银川，高炮部队布防于银川以北的贺兰县立岗堡。这支部队在名义上归马鸿逵任总司令的第 17 集团军统一指挥，实际上在防空的同时，又与驻防在中卫县的中央军杨德亮师一起，从南北两个方向对马鸿逵部队进行督战与监视，以防止马家军在抗日期间有所异动。这一时期，苏联也派遣空军部队驻防在兰州，与国民党空军一起，加强西北的防空作战。苏联红军还经常主动出击，远航到沦陷区，对日本空军基地进行不断打击。其间苏联飞机曾因中弹或燃油耗尽，多次迫降在宁夏灵武县、宁朔县、中宁县、贺兰县和阿拉善旗以及陕西的定边县等地农村荒野上，都被当地人民救助，将飞行员安全护送到兰州，人机均未受到损失。与此同时，八路军和敌后抗日军民，也经常组织突击队袭扰、破坏日军用机场，炸毁日本军用飞机，给中苏空军控制西北地区的制空权创造了条件。从此以后，日本飞机再也不敢侵犯我西北领空了。

（载宁夏日报报业集团《新消息报》2005 年 7 月 7 日第 30 版）

5. 日本飞机对宁夏省城的三次轰炸

叶光彩

抗日战争时期，侵华日军为了在西北抗日阵线中打开缺口，4 次出动飞机对宁夏进行轰炸。其中，除 1938 年 2 月 20 日，出动飞机 18 架对中卫县城轰炸外（当日日本飞机轰炸的另一目标为兰州），其余三次轰炸目标均为宁夏省城（今银川市）。

1937 年全面抗战爆发后，日军急于在西北抗日阵线中打开缺口，进一步拉拢马家军。10 月，日军侵占包头后，特别成立了"包头回民支队"和"西北保商督办公署"，任命马福祥旧部旅长、回民蒋文焕为伪督办，意在引诱西北回族诸马，表明日本对他们寄托着"合作"的希望。

为此，日军又从东北找了一个姓张的阿訇，派往宁夏游说，企图利用民族宗教关系说服马鸿逵降日。但张阿訇未到宁夏，即被阻止。数日后，日军又向宁夏空投"满洲国"信件，亦未奏效。接着，日军头目板垣飞抵阿拉善旗王爷府定远营（今阿左旗巴音浩特），邀马鸿逵前往会谈。马鸿逵拒绝赴会，派宁夏省党部书记长周百锽前往。临行时，马鸿逵向周百锽交底，表态与日本"势不两立"。日军碰了几次钉子，恼羞成怒，遂出动飞机轰炸宁夏省城。

日军对宁夏省城（今银川市）的第一次轰炸，发生在板垣碰了钉子之后的不久，即 1937 年 11 月 5 日。显然，这次轰炸报复和恫吓的目的兼而有之。当时，官方没有设置防空网络和警报系统，市民没有思想准备和防空掩体。上午刚过，7 架装满炸弹的日本飞机自东向西而来，低飞盘旋，连连扔弹。全城顿时成了一片火海，房舍倒塌，人员死伤，损失极惨重。

日本飞机第二次对宁夏省城的轰炸，发生在 1939 年 3 月 6 日，当天是农历正月十六，即元宵节的次日。中午过后，从山西运城起飞的 12 架日本飞机飞临宁夏省城上空。当时虽然官方事先发了警报，但由于平时宣传不够，没有引起人们重视，再加上缺乏有力的组织领导，所以日本飞机飞临城市上空时，全城仍然一片混乱。日机从东门开始扔弹，沿着东西大街轮番轰炸，西塔附近的防空洞亦被击中，洞中所藏人员几乎全部死难，全城人员伤亡和财产损失十分惨重。《十年来宁夏省政述要》记载：两次日机轰炸，死难者千余人，伤者数百人，炸毁房舍数千栋，死尸枕籍，情极可悯。

我曾听到中宁县粮食局离休干部何仲德回忆讲述了这次轰炸的详细经过。何仲德是西塔防空洞罹难的幸存者，亲历此难。他说：西塔防空洞是当时的宁夏省政府修建的，地政局当时驻在西塔附近。地政局局长为马继德，副局长为杨作荣，何仲德当时十六七岁，是杨作荣家的勤务（通讯员），杨作荣的家距地政局不远。3月6日这天，磴口县县长朱思义（中宁县渠口堡人）来杨作荣家接洽工作。正交谈间，忽然响起了警报，杨作荣带着秘书康觉民往防空洞跑，朱思义与何仲德跟在后面。到了防空洞门口，人已拥挤不堪，进不到里面。康觉民觉得危险，扶着杨作荣往他家跑。康家屋小，朱思义与何仲德不便同往，爬在防空洞外土堆下躲避。飞机连扔下炸弹，其中一枚落在洞口，一枚落在洞尾。洞口的那枚炸弹爆炸时将朱思义炸起而后落下，卧姿变为坐姿，落下的尘土将大腿以下埋没，炸死的朱思义好像被围坐在炕上一般。杨作荣被康觉民扶回家去，躲在屋角的桌子底下，幸未中弹。何仲德因离得较远，炸起的土块落在身上，浑身有下冰雹一样的感觉。

据何仲德回忆，西塔防空洞共两条，平等排列，相距两三米。每条长约20余米，高约2米，宽约1.5米，自洞口至里，呈"之"字形弯曲延伸。两边墙体均为砖砌，上面以碗口粗的木料密排搭顶，木料上面铺一层苇笆，苇笆上面是柴草，柴草上面覆盖着黄土。黄土是挖洞时就地掘起的，因两洞并列，所以挖起的土很多，洞顶便堆成一个很大的土丘，因此炸起的土能将朱思义半身埋没。

关于这次轰炸，何仲德还谈了如下细节：

一、关于西塔防空洞的死伤人数，《十年来宁夏省政述要》记载："西塔防空洞亦被击中，洞内躲藏人员全部死难。"何仲德说，当时防空洞内大约躲藏60余人，防空洞两头中弹，中间未塌，两头共死42人，中间20余人伤而未死。

二、西大街一个妇女头被炸断飞起，因头发缠绕，悬在电线上，后来才被取下掩埋。又有一个孕妇腹部中弹，腹中婴儿炸起涂在墙上。

三、座落在西大街的省政府门口的两座石狮，东边那座腿被炸断。

四、当时宁夏城只有玉清池一家澡堂，座落新华街与柳树巷交汇处的西北角，隔街与理发馆相对。有一枚炸弹落在玉清池的锅炉房，将口径约3米的大锅炸飞，落在理发馆的房顶上，炸塌房屋数间，玉清池与理发馆均被迫停业。

五、城内有王五子一家，听到警报后都躲进防空洞内，其中一个六七岁的男孩，进洞后大哭大闹，非出去不可，爹妈无奈，只好让他出去。后来防空洞被炸，全家罹难，只有这个孩子活了下来。

六、当时，有些店铺听到警报后来不及关门，便匆忙进入防空洞避难，坏人乘虚而入。警报解除后主人回来，许多货物失窃。甚至有人乘乱抢人手上的戒指。

1939 年 1 月，根据国民政府行政院防空委员会指示，宁夏省成立防空司令部，下设一、二、三科，军法、军械、军需三室。并从保安处调拨高射机枪连担任省城防空任务，疏散了三分之一的城市人口，动员城内居民挖了一些简易防空工事，还组织居民、学校进行防空演习。

因此，1939 年 9 月 15 日，日机第三次轰炸宁夏省城，损失也就不大了。其后，中央军炮三团进驻宁夏省城北面的立岗堡，省城防空力量进一步强化。

（载宁夏回族自治区文史研究馆编：《宁夏文史》第 15 辑，1999 年版，第 230—234 页）

6. 日机三次轰炸宁夏省城见闻

杨发第

1937年7月7日日本发动侵华战争后，采用速战速决策略，妄图"三个月灭亡中国"。侵华战争初期，日军依仗其装备上的优势，仅用一年零三个月便先后将我国北平、天津、上海、南京、徐州、广州、武汉等重要城市及广大地区侵占。1938年10月日军侵占武汉后，因战线过长，兵力不足，战争转入相持阶段。

当时我国的大西北因不通火车，且公路简陋，日军运兵及军用物资均有困难，故未能侵占。因此，西北则成了抗战的大后方，尤其当时甘肃省会兰州，因新兰公路畅通，在国防上与苏联保持着密切联系，日寇便将其视为重点空袭的战略目标，并配合空袭其他城市，骚扰整个大西北。为实现其这一侵略计划，1939年6月初，日本侵华军将其航空兵团第一飞行团集结于山西运城机场，随时命其执行轰炸任务，日机先后3次轰炸宁夏省城。

轰炸前的省城

宁夏地处祖国边陲，历史上向为甘肃所辖。1929年始建省，建省伊始即遭马仲英扰害。1933年马鸿逵主政宁夏后，是年冬至次年春，又遭受孙殿英部攻打省城的战争灾难。战争结束后，马鸿逵只顾征兵刮民，从未把市政建设放在心上。因此到1937年11月，日机第一次轰炸省城时，城内尚无一所楼房，大街小巷均为低矮的土平房。当时城内东南西三角均有大片空地，尤以东北角面积最大，历来被驻军利用作为练兵的操场。故人们一直称其为"东校场"。城内北边（今文化街以北至城墙根处）皆为碱泽泛潮之地。机关、居民大都集中于今文化街以南的中间地区。马鸿逵主政宁夏之初编的《识字课本》中云："人口多，人口少，宁夏人口调查了，65万多么少？"后又据1940年1月4日宁夏临时参议会于上半年底统计的人口数字，全省总人口也只有722800多人。这些数字都说明当时作为一个省建制的宁夏，人口相当稀少，省城内的人口约有3万多人。

由于历史上遗留下来的落后善状况，加上当时宁夏又处于抗战后方，群众还未遭受过空袭所带来的灾难，因此对学习防空知识，开展预防活动，普遍不予重视，尤其官方更未把宣传、预防工作提到应有的高度来对待。故直到敌机第一次轰炸时，在防空方面，省城仍然是一座没有设防的城市。

第一次轰炸

如前所述，当时日机轰炸的重点城市是战略要地兰州，为了掩盖其军事阴谋，便先以少量飞机对距离较近的洛阳、延安、宁夏等地进行侦察性的骚扰轰炸。第一次轰炸宁夏省城，就是带有这种性质的。

日机第一次轰炸宁夏省城是在1937年11月5日下午。当时因抗战开始不久，城内的防空警报系统尚未健全，事先未发警报。是日下午4时左右，日机7架，由城东北方向飞临省城上空。城内居民一见日机临空，立即呈现出一片混乱状态。这次轰炸，因带有侦察、骚扰性质，故仅沿城北偏北（今文化街）地区由东向西飞行。当时宁夏中学、宁夏师范及马鸿逵部的教导团，正处于敌机侦察轰炸范围内（两校校址在今区政协所在地，教导团在今宁夏宾馆北院处）。敌机飞到教导团门前的操场（今宁夏宾馆）时，见学生、群众及教导团学员（当时教导团学员正在上课，一闻敌机声，齐冲出教室逃避）向西乱跑，便在操场及其周围投下了五六枚炸弹。宁中学生郑克锷、教导团干部队一队班长王佑才均被炸死，群众有的被弹片击伤。这次轰炸因投弹不多，人民生命及财产损失不太严重。

省城经敌机第一次轰炸后，马鸿逵才开始命令着手建立防空体系，但仍不够积极，尤其在宣传方面更为不力。以后由于形势所迫，才成立了防空司令部，并命宁夏警备司令部副司令（马鸿逵为司令）马如龙兼任司令。防空司令部成立后，首先派部队给马鸿逵的公馆及党政军头目，如王含章等人家挖修了防空洞，派部队将1933年底"孙马战争"时在四城墙根遗留下来的军事掩体进行整修后，利用其作为防空掩体。同时，在四城门的门楼上，架设了以车轱辘为底座（平放）能转动方向的重机枪，防空网和警报系统随着也向健全方面发展。当时警报器安装在街心的钟鼓楼上，以后一有情况，便从那里发出警报。由于山西运城机场离宁夏较近，且当时防空设备落后，遇有情况，大都发的是紧急警报。

为了加强防空，国民党有关部门于1938年7月下旬至8月中旬，在兰州举办了为期一月的"防空学校西北分校防空训练班"，参加训练的学员，由陕西、甘肃、新疆、宁夏、青海及绥远六省自行选派。宁夏被选派的学员，经向参事室徐志英了解，他能回忆起来的有袁金章、徐志英、丁鹤林3人，据说共去七八人，且以党、政、军、学、商等各方面人士的身份参加。训练期间，学习的内容有：简易防空壕洞的构筑、警报、灯火管制、消防、防毒、救护等。8月下旬训练结束，各回各地。之后，宁夏在此推动下，搞过几次警报演习，并将军医和卫生实验处医护人员组织起来，成立了空袭急救组织，对如何防空袭、如何管制灯火等，作了相应的宣传和部署。当时，还命军队在东校场及城内北部空旷地区挖掘了一些防空壕，有些大商号及富户人家，也自行挖了防空洞。私人挖的防空洞大都很简陋，多是挖一方坑，以圆木挨个置于坑顶，顶上再覆盖一丈多厚的黄土即成，远看似一土丘。当时我在羊肉街口东北处空地上看到的一个防空洞，就是如此修造的。

是年8月，为避空袭，省教育厅决定，将宁夏中学、宁夏师范两校迁至中卫县城，与中卫简师合并，更名为"宁夏省联合中学"。11月，又决定将宁夏省立女子中学停办。

在开展防空宣传的同时，马鸿逵命部队普遍进行对空射击训练（以各种轻武器为主）。后又命炮兵团将五六门山炮架设于城内北边空地上，以增强防空力量。

以上这些措施，都是在日机第一次轰炸后才着手进行的。

第二次轰炸

1939年3月6日，日机12架，由山西运城机场起飞，前来空袭宁夏省城。事前，城内虽发了紧急警报，但由于第一次轰炸伤亡不太严重，没有引起群众足够的重视，加之因距离较近，飞机很快来到，绝大部分群众还未来得及向城外逃跑，敌机已临城空。敌机一见城内居民到处奔命乱跑，便以地毯式的轰炸、扫射方法，依次由东向西炸，笔者亲眼看到的情况是，那天上午约10时左右，我正步行在进城（家在城郊，距城10华里）的路上，听见紧急警报声后，立即止步对空视察，不一会，看到日机12架呈一字形，由东向西飞来，飞行高度约有千米左右，能见度很清晰。当时我便盯着飞行的敌机，见敌机一进入东城墙上空，立即开始投弹扫射，这时爆炸声、机枪声响成一片。敌机投过弹的地方，一股股硝烟尘土冲天而上，敌机从东开始轰炸，一直炸到城西一带方才飞离。敌机飞离时，才听见马鸿逵预设在城内北部空地上的山炮，盲目地发射了一阵炮弹完事。我折返家中不久，城内的一个亲戚便来到新水桥我家告知，我家族中的一个婶娘及其11岁的女孩，均被炸死。当天下午，我的姑父苏锦文和叔父杨鸿泰便请人将这母女二人的尸体抬回老家新水桥。我看了遗体，我婶娘是弹片穿胸而死的，其女儿是被弹片击中头部丧生，惨不忍睹。是日，仅抬回新水桥葬埋的尸体，共有 5 具。事后听相互传说，敌机飞临省城上空后，因事先侦知城内无防空高射炮，一飞入东城墙境内，便从东门头道巷开始投弹扫射，一直沿东西大街（今解放东、西街）偏南人口稠密地区，狂轰乱炸到西门。因此，城内南部地区群众死伤颇多，人民财产损失也颇为严重，有几十处地方被炸弹炸中，如东门二道巷（今银川三中所在处）、老邮电局（银川市委北边）、尿巷子（今新宁巷）张铁匠家后院、南柴市的原惠宾馆所在处（今银川宾馆）、草巷子（今中心巷）王五子的烧房、马鸿逵政治队驻地（今展览馆所在处）、王敏悟公馆（王曾任宁夏省地政局长）、西塔院内、西门马真院内，共数十处遭炸。其中最严重的有两处，一是地政局的防空洞（在今前进街），炸弹落在洞门口，炸起的土将洞门封实，洞内的 30 多人全部被闷死，其中有地政局职员朱思义、杨增新等人；一是西塔院内的防空洞被炸中后，洞内的 30 多人全部死难。后又据我家的一些亲戚亲眼看到的情况说，凡被炸中的地方，墙壁上无不弹痕累累，鲜血斑斑，死难者的家属，到处呼天抢地，哀声盈耳，闻者无不动容。这次轰炸，全城共死伤 300 多人，人民财产损失无法统计。轰炸后的第五天，我到城里看望我的姑妈时，见她家（住东门二道巷）住宅南边的空地上有一弹坑，深度和直径均有 1 米多，住宅南墙被弹片炸了许多坑，墙皮一片片脱落。经了解，这颗炸弹炸死骆驼两峰（当时马鸿逵部驮炭的骆驼，常在此空地歇脚），未伤着人。

这次轰炸后，城内人民由于亲身经历了轰炸所带来的灾难，在深为恐惧、痛恨的同时，从思想上对防空才高度重视起来。除官方的一些机关陆续向城郊转移外，部分居民和职员家庭也自动向四郊疏散，如城周围的旧满城、新水桥、保家户、谢岗堡（今习岗堡）、礼拜寺、新城、杨家湾子、王元、张政堡等地，都住有疏散人家。马鸿逵的家眷分别转移到王元桥、大观桥、王太堡的五所别墅内。马鸿逵的办公地点也由城内转移到城南郊的谢家寨，省地政局在旧满城另建新房办公，宁夏民国日报社的部分编辑人员转移到旧满城的李秀家办公。同仇敌忾，共赴国难的气氛，从此才随处可见。

之后，通过不断宣传防空知识，有计划地进行防空演习，广大群众从思想和行动上对防空才做了充分准备。如一闻演习警报，迅速进入防空洞或向城外疏散，都按统一要求进行。当时到城外避空袭的群众，夏天大都在各渠拜树下避坐，冷天多到附近各农家暂待，直到解除警报后，方陆续回城。

第三次轰炸

1939 年 9 月 15 日，日机 33 架，第三次轰炸宁夏省城。当时，我正在金积县董府中学初中一年级上学，后来回到省城后，听到城内亲戚中的老人多次讲过此事。又与见到过的这一史料相印证，对概略才得到进一步充实。据史料记载，是日凌晨三四点钟，日机33架由山西运城起飞，原打算利用夜间偷袭兰州，但当时兰州防空系统在敌机起飞后已经知晓，保卫兰州的我方飞机和高射炮均做好了迎战准备，敌机飞临靖远时，得知这一情况后，遂改变了偷袭兰州的计划。折返途中，因宁夏省城内早已发出紧急警报，灯火齐灭，一片漆黑。敌机飞到城西南五里台附近的胭脂湖上空时，恰有几个打鱼的农民在湖边放火取暖，敌机误认为飞临省城上空，便盲目地投了一批炸弹飞走。结果省城安然无恙，未伤一人，只是虚惊了一场。

经过第三次空袭，人民的警惕性更加提高，抗战气氛也越来越浓，城内许多墙壁上出现了抗日大标语，时有宣传队在街上揭露日寇暴行，宣传抗日主张。在军事上，为了加强空防，1941年，国民党中央给宁夏派来了一个高射炮连。其中有德造苏洛通高射机关炮4门，射程可达3000米。该连的高射炮全部架设在东、南两面的城墙上。之后，由于日机再未轰炸过宁夏省城，未待抗战结束，该连就被调走了。

自从日机第一次轰炸省城后，马鸿逵便以抗战为名，趁机征兵，扩充实力。继1937年强行将宁夏中学、宁夏师范、中卫师范、中卫初中的330名学生编入十五路军教导团干部队之后，连年征兵，从未间断，宁夏百姓因征兵而受的灾难，苦不堪言。到1945年8月抗战结束，马鸿逵部队的总兵力已由抗战初期的两三万人，扩充到7万多人，宁夏老年人忆述起当年所经历的这段苦难历史来，对马鸿逵的暴行无不切齿痛恨。

（载银川市文史资料委员会编：《银川文史资料》第9辑，1998年版内部资料，第8—15页）

7. 黄辛滩上的苏联轰炸机

叶光彩

1939 年初冬的一天傍晚，宁夏中宁县上空忽然响起雷鸣般的吼声。接着，两架飞机由东向西掠过，拐了一个大弯，又由西向东滑落在黄河南岸的黄辛滩上。

黄辛滩最初叫黄新滩，本是黄河故道。清乾隆 18 年（公元 1753 年）以后，黄河河道北移，这里逐渐形成一片冲积平原。黄新滩，就是由黄河故道淤出的新滩。后来年代既久，变成了黄辛滩。当时，这里人家稀疏，树木寥落，所以被这两架飞机的驾驶员选作紧急降落地点。降落时，一架在北，紧靠黄河，毫无障碍，平安着陆；另一架在南，右翼碰在一棵柳树上，飞机向急右转，头朝南栽在坑里，机头和机翼碰坏，驾驶员幸而安然无恙。

那时正是抗日战争时期，老百姓头脑里都有"打日本"的观念，看见两架飞机忽然自天而降，不知是友是敌，一时十分紧张。恰巧附近驻有马鸿宾部 81 军 35 师一个牧马班。张班长带着铁锹锄头，围了上来。围到跟前，驾驶员急了，用手指着自己，高声喊道："苏联，斯大林！苏联，斯大林！"虽然是汉语，却说得那样生硬，没有一点儿汉语的韵味；人是大鼻子，蓝眼睛，白面皮，显然不中国人。张班长见此情景，明白了他的意思，转身向大家说："这是帮助我国抗战的苏联飞机。"

大家一听是苏联飞机，紧张的心情顿时平定下来，高兴得几乎要跳起来，围着飞机，摸摸这，瞅瞅那。有的围着驾驶员问长问短，驾驶员用汉语讲话，谁也听不懂他说些什么。

夜幕降临了，凉风习习，月色溶溶。大家带驾驶员住到李茂堂家里。李茂堂是当地富户，家道殷实，住房宽绰。李茂堂赶忙叫老婆给驾驶员做饭吃。虽说是富户，但毕竟是乡下人，有什么好吃的呢？不过是面条，白米饭；菜呢，菠菜豆腐，山芋鸡蛋。可是在当时，这已经是最上等的饭菜。

第二天，从乡政府、县政府报到省政府。省政府派一位俄文秘书前来联系，大家这才知道这两架苏联轰炸机和它们的伙伴，奉命由兰州基地起飞，到山西省运城去轰炸日本侵略军的军事目标。返航时飞临宁夏上空，气候突变，回兰无望，与银川机场又联系不上，怕发生误会，不敢降落，只得采取紧急措施，有的落到银川附近，这两架飞到了中宁。后来，兰州空军基地每天派机械师乘小型轻便飞机来黄辛滩进行检修。消息传开，当地群众，每天络绎不绝，都来观看飞机。大约过了一多月，两架飞机检修完毕，群众又协助修了简易跑道，飞机就飞回兰州基地去了。

（载政协宁夏回族自治区委员会文史和学习委员会编：《宁夏文史资料》第 15 辑，宁夏人民出版社 1986 年版，第 165—166 页）

8. 苏联空军在宁夏的遭遇

谢瑞祯

1939 年冬季的一个夜晚，山西运城的敌机，倾巢赴渝空袭，国民党兰州空军指挥部指派支援我国抗日的苏联志愿空军的一个队，7 架战斗机，夜袭山西运城的日本空军基地，并建议每架飞机上，加派一名中国通讯员，负责通讯联络工作。这个建议遭到苏联志愿空军领导人的拒绝。他说："我们苏联空军规定，每架战斗机上，只能有一个战斗员。他既是驾驶员，也是战斗员，也是通讯联络员，驾驶员室内也只有一个人的座位。我们的军纪很严，你们的好意，我们谢谢。"苏联空军的 7 架雄鹰，就连夜向运城飞去。

当我们的雄鹰向运城前进时，在运城的敌情报机关，已获悉我空袭运城的情报，随即电令空袭重庆的敌机，即刻飞返运城。

待敌机飞返运城时，我空军已完成轰炸运城的任务，正准备返航。不料数十架敌机，已将我 7 架飞机，层层包围于运城上空，双方展开了激烈的空战。我军考虑到，敌我双方飞机数量，相差悬殊很大；同时我机夜晚远道出征，携带油量有限，若延长空战时间，我机返航就要缺油。基于此，我机领队当机立断，毅然做出高空突围的决定，并立即通知各机："突围后向西飞行，到宁夏加油，再回兰州基地"。并给宁夏当局发电报通知："空袭运城之飞机，返回时，降宁夏机场加油，请做好准备并指示降落地点。"

我机经过奋勇激战，终于高空突围成功，人机无一损伤，直向宁夏飞去。行经定边时，因领队飞机缺油，当即降落定边。

当时，宁夏电台收到一份外文紧急电报，用英文、法文都翻译不出来。有人提问："这是否是俄文电报?"经这样一问，大家立时醒悟过来，都说："这可能是俄文，怎么办?"当时宁夏电台无人懂俄文。有人说："宁夏只有民政厅长海涛懂俄文，现在只有请海厅长翻译了"。送电报的人还未出发，宁夏空袭警报就响了。宁夏省防空司令部接到盐池方面电话报告："不明国徽的 6 架飞机，由东向西飞行，现已经过盐池，继续向西飞行。"防空司令部立即向各县发出紧急警报，并命令宁夏省城防空部队作好战斗准备，一旦飞机侵入市区，即以炮火迎击。不大一会儿，6 架来路不明的飞机已飞临宁夏省城上空，来回盘旋飞行，并在飞机上用红绿灯显示，要求铺设飞机降落指标。但宁夏省城防空指挥部，没有接到有关通知，即令防空的各种轻重武器，齐向 6 架飞机瞄准射击。

这时，飞临宁夏省城上空的苏联飞机，遭到地面各种火炮的突然袭击，懵头转向，不知所措，还以为宁夏发生了什么重大变故。仓促之间，飞机队形已乱，各自分别向三个方向飞去，欲在太阳落山前平安的将飞机降落。

在太阳落山前，一架飞机向灵武县城飞来。当时我任灵武县第一中心小学校长。警报响后，我即带领全体师生到东门外的果园里去隐蔽。当时把这样的行为叫做"跑警报"。这架飞机，飞临灵武县城上空，既不轰炸，也不扫射，只是在县城上空绕着城墙低空飞行，飞机里的红绿灯或明或暗的闪着光亮，打着信号。但没人了解这个信号，满以为是日本飞机来轰炸灵武了。当地驻军马得英团长向吴忠 168 师师长马全良电话报告："敌飞机一架，飞临灵武上空盘旋，既没投弹，也不扫射"。马全良的回答是："周密监视，随时报告。"

此时太阳落山，天色一片苍茫，盘旋几圈后的飞机，突然从东城斜着向西降落下去。这时，一些躲飞机的群众喊着说："日本飞机落在西门外了，日本飞机落在西门外了。"他们不顾解除警报声还没拉响，就毫不顾忌的向城外跑。落在西门外的飞机，不知为什么又飞起来了。后来才知道，飞机落在西门外东南方向的韩家湖里，因湖水浅，冰层薄，飞机降落冲力大，将冰层冲破，飞机落在湖中，人也上不了岸，这样飞机才又飞起来了，向南飞了不远，降落在新龙滩的荒滩上，时已天昏地暗。

这架飞机在灵武的行动，引起了群众恐惧不安的猜疑："这架飞机在县城上空为何不轰炸扫射？反而要在灵武地面上降落？"当地驻军马得英团又给马全良师长电话报告："敌机已降落在新龙滩，请指示"。马全良师长即指示："速派得力人员，前去活捉敌机内的全部人员，不要打死，一定要活的。"马团长即派一个步兵排，并由团副率领，前往飞机降落地执行任务。

步兵在外围了飞机，向天空放了一排枪。十几个手电筒的光，一齐射向飞机，并齐声喊："快点下来！否则我们要向飞机开枪了。"一个身躯高大的驾驶员从座位上起来，打开座位箱，取出一面青天白日满地红的中国国旗，他手里举着这面国旗，一面走下飞机，一面不停地摇动着旗子，嘴里叽哩哇啦地说着话，但没一人能听懂他说的什么。那位团副上了飞机搜查了一下，再未发现人，就命令士兵把驾驶员捆绑起来，押回团部。因为语言不通，也问不出个所以然来，就被关押在一间空房里。那位团长又向马全良师长电话报告："活捉俘虏一人，现关押团部。"马全良师长指示说："好好看管俘虏和飞机，我向上面报告，一切听指示。"

再说那封翻译不出来的电报。解除警报，找到海厅长时，已9点多了。等电报翻译出来，才知道搞错了。刚才城头打散了的飞机，不是敌机，而是奉命支援我国抗战的苏联志愿军空军。

这时宁夏当局才知道闯下了大祸。就赶快打电话与各县联系，查询被防空部队打散的6架飞机的下落。在晚12点前，灵武县报告在新龙滩降落一架，贺兰县报告在通贵的河床上降落一架，宁朔县报告在小坝野地里降落一架。在下半夜，定远营（即现在的阿左旗）来电话报告三架降落在荒滩上。下半夜，灵武接到宁夏当局的电话：空袭警报和炮击来宁加油的6架飞机，因电台翻译误事，误认为是敌机而轰击。而是苏联支援中国的志愿军空军，你们应立即将苏联驾驶员放出来，由党政军领导向驾驶员赔情道歉，热情招待。至于详情，明晨省府派翻译到灵武，真相自会大白。

第二天上午，翻译来到灵武，和飞机驾驶员谈话后，就宣布："驾驶员要到飞机降落地，检查飞机的情况。"这个消息一传开，全城轰动，工农商学各界人士及群众都要去看一看飞机到底是个什么样子。我也带领高年级学生前往参观这架飞机。

我们来到这块不毛之地的荒滩上，向南远远看去，一架三个头的飞机，停在1米多高黄沙崖坡前。到飞机前仔细一看，才知道飞机已撞坏了。原来这个荒滩的地形，起伏很大，极不平坦。飞机由北飞来，由于在黄昏时，降落后，在这个起伏很大的荒滩上奔跑，颠簸很大，将飞机前面两个轮子的钢架折断，两个轮子就从飞机的前体下脱离了。这样，飞机的前部就失去支撑力，降落在地面。但飞机的冲击力还未减弱，不幸撞在崖坡上。三个头的飞机，中间的大螺旋桨，卡死在崖坡头上。左右两边的两个小螺旋桨，撞在崖坡中间的土层里，两个小头脖子被撞回到机体内部，飞机因此毁坏。

后来听说："落在宁夏境内的6架飞机，都有不同程度的损伤。唯有落在灵武的这架飞机，损伤最大，要修好，还得花费很长时间。"

第三天，灵武县政府奉命连夜在灵武修建一个简易飞机场，供兰州军用飞机运输修理飞机的器材，再用汽车转运到其他各地已损坏的飞机前，就地进行抢修。灵武县在不到两天的时间，就把简易飞机场修好并交付使用。

飞机场修好后，可热闹了。每天都有好几架飞机，分次在灵武县城上空盘旋，然后到简易飞机场降落、起飞。来的飞机有大有小，大的有五个头的战斗机，小的有一个头的运输机。不到几天，到灵武来的苏联军人和修理工程技术人员，不下数十人。军用汽车也有好几辆。灵武简易飞机场实际成为修理这架飞机的转运站。

　　经过一个多月，6架战斗机次第修好，飞返兰州空军基地。唯灵武这架飞机虽经兰州的专家、工程技术人员多次检修，都没彻底修好。最后只好把这架撞坏的飞机装在两辆畜力车上，转运到兰州。

　　(载宁夏回族自治区文史研究馆编：《宁夏文史》第12辑，1996年版

　　内部资料，第49—52页)

9. 民国宁夏军队赴绥西抗日作战纪实

张久清

国民党宁夏马鸿宾部 81 军 35 师和马鸿逵部骑兵第一、第二旅及一个步兵旅赴绥西（今内蒙古五原、临河地区）抗日作战距今已 60 多年，他们的事迹已载入中国人民的抗日史册，他们的抗日功勋将永垂青史。

宁夏军队抗日起因

西安事变和平解决后，全国抗日民族统一战线初步形成，有力地推动了全国的抗日运动。中国共产党在陕甘宁边区放手发动群众，迅速壮大抗日武装力量。强大而巩固的边区对宁夏二马有着极强的制约力量，经蒋介石为首的国民政府当时表现出的抗日立场，也在一定程度上使西北回族诸马放弃与日伪势力的暧昧关系，决心坚定抗日。

抗战全面爆发后，日本仍然没有放弃拉拢马鸿逵的意图。1937 年 10 月 17 日，日军占领包头，成立"包头回民支部"和"西北保商督办公署"，特任命马福祥旧部旅长，回民蒋文焕为伪督办。日本人此举寄托了希望与回族诸马"合作"的愿望。日本人从东北找到一张姓阿訇，前往宁夏游说，被宁夏军队拒之境外。日军又向宁夏省城（银川）空投"满洲国"信件，最后日军头目板垣亲飞阿拉善旗，邀请马鸿逵会谈。马鸿逵派省党部书记周百隍赴阿旗与之见面。板垣讲：马家几代人都是清室忠臣，现清帝在满洲复国，马鸿逵应继续为清室效力。周百隍反驳道：八国联军攻打北京时，日本人出兵最多，马家亲族很多人在正阳门被日本人打死，如今是家仇未报，国仇未雪，势不两立。

日本阴谋策动马鸿逵投降的阴谋破产后，便对绥西、宁夏采取军事进攻。面对战争的降临，马鸿逵开始在石嘴山、磴口等地修筑工事，准备阻击日军。西北诸马之中，马鸿宾最具抗日精神。马鸿宾自幼从戎，十分注重文化学习和个人思想情操的修养，每于军旅之余，手持一卷，形同书生。长期学习培养了他正直的为人和爱国思想。日军全面侵华后，他感于民族危亡，决心统率部属效力沙场，挽救国家的危难。抗战期间，他表示拥护中国共产党停止内战一致抗日的主张。1938 年春，马鸿宾在永宁望洪堡举办 81 军军官训练班，开学典礼上的马鸿宾登上讲台向部下说："时时刻刻记着国家至上，民族至上，保土卫国，尽职守责。在战场要能攻能守，要有与阵地共存亡的思想准备和抗战到底之决心。"

1938 年 5 月，马鸿宾被任命为绥西防守司令，为了表示对马鸿宾主持绥西防务的支持，马鸿逵派两个骑兵旅、一个步兵旅赴绥西，归马鸿宾指挥。

宁夏马部赴绥西抗日，主要是绥西防务直接关系着宁夏的安危，同时马家军被编入抗日军队序列后，打击日本侵略者和守土卫国为首要任务，加之西北广大人民抗日热情不断高潮，在此形势推动下，宁夏军队投入绥西抗战亦成必然。

初战乌拉脑包

1938 年 5 月，马鸿宾任绥西防守司令，他亲自察看了防区各友军情况，指定了 81 军的防区范围后，即令 81 军 35 师师长马腾蛟率 103、104 两个旅共四个步兵团开赴绥西，并布防在五原乌不浪山各要隘担任第一线防守任务。马鸿逵部三个旅分布在五原至狼山一线，担任后续力量。

马鸿宾在临河设立指挥部，他与其三子、81 军参谋长马敦靖等一起研究防区内外地形，率部队在乌镇、四意堂等地修筑工事。马敦靖指挥部队在乌镇、四意堂一带进行演习，并邀请苏联军事顾问进行指导，宁夏军队以极认真的态度进行战斗准备。

1939 年夏，日军驾汽车、装甲车、坦克从包头出发，向绥西 81 军防地进犯，企图消灭 81 军主力，侵占绥西。日军先用火炮轰击驻守乌垃脑包的 81 军第 205 团、206 团防守阵地，参谋长马敦靖命令 206 团派出一部，沿乌拉脑东南向敌侧背迂回。206 团用迫击炮向其还击，由于是旧式迫击炮，一冒烟就暴露了自己，日军立即向我迫击炮阵地发射炮弹 200 多发，将马部炮火打哑。日军在优势炮火的掩护下，接近马部阵地。马部守军按照观敦靖的命令，坚守阵地。待敌人进入有效射程后，206 团一营官兵发起猛烈冲锋，突然冲到敌人眼前，与敌进行肉搏战，他们用大刀砍日军汽车轮胎，有的敌人还没来得及下车，就被打死在车上。在马部的英勇反击下，日军被迫撤退。这一仗宁夏军队打死打伤日伪军数十人，并缴获敌汽车两辆、炮弹 100 多发、子弹几十箱。这次战斗虽然规模不大，但宁夏军队出师绥西首战告捷，极大地鼓舞了士兵和群众的抗日士气，缓解了绥西的紧张形势。

喋血乌不浪口

乌不浪口，位于阴山西部，在峰峦重叠、峻峭险要的二郎山东和查石太山西端之间，两山夹一口，形成十分重要的战略位置。

1939 年傅作义返回绥西任第八战区副司令长官，宁夏军队配属傅部指挥。12 月底傅作义一举突入包头城，日军死伤千余，日本蒙疆驻屯军司令冈部视包头之败为奇耻大辱，声称："一定要扫平河套，全部消灭傅作义军。"自 1940 年 1 月开始，从张家口、大同等地调集日伪军三万多人，汽车千余辆，配以飞机、火炮、坦克，在黑田重德师团长的指挥下兵分三路，杀气腾腾地向绥西大举进犯。

1940 年 1 月 31 日，著名的绥西战役拉开序幕。黑田率领的日军中路主力，分乘 780 余辆汽车、装甲车、坦克于下午 4 时半开始向乌不浪口、四意堂、乌镇一带的 81 军 35 师防守阵地发起进攻。此时马鸿宾正在重庆参加军事会议，部队由 35 师师长马腾蛟指挥。战斗首先在乌镇打响，敌人在猛烈炮火掩护下，向 35 师守军发起数次冲锋，但均被击退。随后 35 师 208 团防守的乌不浪口阵地也遭到日军攻击。敌人开始向马腾蛟的 35 师防守阵地正面，四意堂正北、乌不浪口东的沙滩集结兵力。至暮，两军阵前对峙，日为伪军数百辆汽车像一条长蛇僵卧在查石太山脚下，对峙双方等待着恶战来临。

2 月 1 日凌晨，日军先以重炮猛轰 208 师团防守阵地，又以飞机俯冲轰炸。乌不浪口前的开阔地带，当时正有一群牛，敌机误以为我骑兵活动，遂大量投弹扫射，将大部炸死。尽管敌人来势凶猛，但坚守阵地的战士们，始终镇定自如，以炮火迎击不断猛扑的敌人。日军在炮火和坦克的掩护下，攻破乌不浪口前沿阵地。208 团伤亡较重，205 团和 206 团及时派兵增援，利用碉堡和高地据点工事继续顽强阻击敌人，打退敌人的多次进攻。激战到天黑，攻守双方伤亡惨重，日军见不能攻下马部防守的阵地，便向我方阵地施放催泪性、喷嚏性瓦斯。战士们带上浸湿煤油的锯末所做的土制口罩，继续与敌战斗，不少战士因毒气反应不能作战，部队战斗力大大削弱。

当夜 10 时许，206 团二营营副马建功奉令率两个连，从乌拉脑包出发，经四意堂向乌不浪口增援，由于夜黑，地形复杂，脚下发出响声，被日军发觉，马建功在激战中被敌手榴弹炸死。敌人发现 208 团阵地增加了兵力，便加强进攻。伤亡惨重的 208 团官兵，看到敌人接近战壕时，遂在阵地前与敌人拼起了刺刀，展开肉搏战。有的官兵刺刀捅弯了，拉响手榴弹与敌同归于尽。

2 月 2 日，日伪军与乌不浪口守军继续激战，敌人在正面攻击的同时，派伪蒙军八师宝音格勒德尔的东北骑兵大队侧翼迂回，从山后发起袭击。宁夏守军主要阵地被敌突破，其余守军被迫撤出。35 师在向西撤退中与日军发生激烈战斗，再次受到重创。此役 35 师全体官兵以低劣之装备，坚守重要扼口，抵抗骄横一时的黑田部队，以血肉之躯杀敌千余，配合友军牵制敌人于乌镇地区。马部共有 1000 余名官兵献出了宝贵的生命，用他们的鲜血谱写了一曲悲壮的抗日史歌。

马鸿宾在重庆得知部队失守的消息，立即飞回宁夏，赶到磴口，收容部队，查询情况，追问责任。将在乌不浪口战役中失职的 208 团团长马钟、该团二营营长马希舜押到黄渠桥撤职查办。又重新组织了两个团，补充装备，经短暂休整后，由马培清旅长率领重返绥西，协同傅作义部队继续与日寇作战。

1940 年 3 月 21 日，傅作义率绥西各部队反攻五原，取得名震西北战场的"五原大捷"。此次战役，驻五原日伪军全部被歼，日军水川中将被击毙，包头以西、黄河以南地区的日伪势力悉被扫清，保障了宁夏、甘肃和陕北等后方的安全。

烈士英魂永存

1940 年 4 月初，马部重返乌镇寻获阵亡官兵遗骸。由于 1940 年 1 月乌镇之战至 1940 年 3 月 21 日五原大捷已过百余日，经乌镇爱国群众在天寒地冻中就地掩埋的烈士遗体已不好找寻。人们在寻找马部阵亡官兵时发现，有的官兵虽面目全非，肢体不全，但嘴里仍死死咬着敌人血淋淋的耳朵，有的战士双手紧紧抱住敌人难以分开，其惨烈情景令人肃然起敬。人们含泪将找到的 148 具烈士遗体以民族礼仪安葬于乌不浪口西侧阵亡官兵公墓并举行了隆重安葬仪式，以慰烈士英灵。

乌不浪口阵亡官兵公墓位于乌拉特中旗乌不浪口西侧 100 米处，北靠阴山，南望河套。整个公墓依山而筑，呈长方形，南北长约 35 米，东西宽 23 米，每座墓前立有一青砖碑，上面刻有阵亡官兵的姓名、职务、部队番号、籍贯等。整个墓地计 145 座坟墓，其中一墓为四人同穴，共安葬 148 名阵亡官兵。

自 1940 的迄今已 60 多年，乌不浪口公墓四周石墙已成残垣。1986 年 8 月，内蒙古乌拉特中旗党史办、史志办主任兰建中同志，亲赴该地进行实地查看，为墓地拍摄照片，对依稀可辨的 83 座墓碑进行了抄录。后经兰建中同志多方查寻，在中国第二历史档案馆，甘肃平凉等处查到部分 81 军 35 师 205 团、206团、207 团及骑兵团阵亡官兵名录共计 116 名。因 35 师绥西阵亡官兵籍贯多为宁夏籍，因此兰建中同志来信希望宁夏幸存者、知情者能提供有关情况，以补齐牺牲烈士名录，并寄来有关照片，希望引起宁夏有关部门的关注。

1955 年 12 月，内蒙古五原县清真北寺为纪念回汉抗日英烈，在烈士公墓立石碑一座，碑文为：抗日八十一军三十五师民族英雄烈士纪念碑五原清真北寺立。1997 年内蒙古乌拉特中旗将乌不浪口烈士公墓定名为乌不浪口烈士陵园，并建立纪念碑一座，纪念碑正面镌刻的碑文为：抗日民族英雄纪念碑。同年内蒙古巴彦淖尔盟将乌不浪口烈士陵园定为盟级爱国主义教育基地。1999 年清明节，该旗文明办、团委、少工委等部门组织了全旗 600 多名中小学生在乌不浪口烈士陵园举行扫墓活动，悼念长眠在此的抗日英烈。2001 年巴盟、乌拉特中旗两级团委共同启动了乌不浪口烈士陵园美化工程。当地盟、旗各级领导及干部、群众、驻军官兵等 500 多人，将价值三万多元的翠柏和垂榆种植在陵园四周，为抗日烈士们植下了第一片绿荫。长眠在此的抗日英魂，将与乌不浪口永存。

(载宁夏日报报业集团《新消息报》2002 年 12 月 1 日第 14 版)

10. 宁夏千名抗日将士血染绥西

刘继云

1938 年 5 月，宁夏回族爱国将领、时任绥西防守司令的中将军长马鸿宾，奉命率 81 军和马鸿逵部骑兵 1 旅（旅长马光宗）、骑兵 2 旅（旅长马义忠）开赴绥远省西部的五原、临河抗日前线，统归绥西前线傅作义将军指挥。

同年 7 月，马义忠率骑二旅经 3 小时激战，摧毁了李守信、王英伪军一部驻守在临河县察汗格尔庙的据点，受到傅作义将军的通令嘉奖。

1939 年夏秋之交，日军千余人从包头乘坦克、装甲车、汽车向 81 军 35 师 205 团、206 团的五原县乌拉脑包阵地进攻。在 81 军参谋长马惇靖、35 师师长马腾蛟的指挥下，与敌刺刀见红。敌不支，惊惶失措地钻进装甲车和部分汽车逃回包头。35 师初战告捷。

1940 年 1 月 30 日，日军驻伪蒙的司令官冈部直三郎纠集机械化第 26 师团（中将师团长黑田重德）、骑兵集团军以及德王、李守信、王英的伪蒙军 6 个师，共 4 万多人，配有飞机、坦克、装甲车、重炮、各种毒气弹、千余辆汽车，兵分 3 路向绥西进攻，企图将绥西的国民党抗战部队围歼于五原县地区，气焰十分嚣张。

2 月 1 日晨，敌机轮番轰炸我乌镇阵地后，日寇主力第 3 路第 26 机械化师团万余人，即分乘 780 余辆汽车、装甲车、坦克疯狂向 35 师 205 团的司仪堂阵地、208 团的乌布浪口阵地扑来。敌我双方激战数回合，至夜 9 时，我虽伤亡惨重，但仍固守阵地。敌见久攻不下，竟向我阵地施放毒气弹。81 军虽事先准备了简易的纱布包锯末的防毒气口罩，但因毒气太浓，轻者流鼻涕、淌眼泪、咳嗽，尚能勉强作战，重者则胸闷、头痛、呕吐，根本无法人战，至夜 10 时，马腾蛟师长令 206 团 2 营增援，但寡不敌众，208 团于夜 11 时半失守乌布浪口阵地。

次日拂晓，坚守司仪堂阵地的 205 团与敌展开了刺刀战。官兵们的刺刀捅弯了，就抱上敌人用牙咬，或拉响手榴弹与敌人同归于尽。但是，35 师终因武器低劣而寡不敌从而全线败退。8 时，敌机械化部队进至临河，与傅部 35 军和宁夏马光宗的骑一旅等部激战 6 小时后，相继占领临河、五原。

当时远在重庆开会的马鸿宾得到 81 军绥西败退的消息后，立即飞反返宁夏磴口县，组织抢救伤员，重整部队两个团，令35师104旅旅长马培清重返绥西前线，继续在傅作义将军指挥下，收复失地。

3月20日夜12时，傅作义将军率35军及宁夏35师等部向日军反攻。敌我双方激战2天，我军终于收复临河、五原，击毙日军中将师团长水川及其日伪军数千人，从此日军再未敢进犯绥西。

据战后统计，5000余人的35师，牺牲千余人，伤2000余人，其中仅冻伤者达700多人。在后来寻找35师烈士们的遗体时，有的官兵虽面目全非、肢体不会，但嘴里仍死死咬着敌人血淋淋的耳朵，有的官兵虽伤痕累累，但带血的双手却紧紧抱住敌人不放，那仇恨的十指深深抠进敌人的肉里，难以拉开……春悲壮的场面，无不催人泪下。

1940年5月，当35师重返五原县乌布浪口阵地时，当地百姓自发地用极其隆重的安葬仪式，重新埋葬了千余名回汉族英烈们的忠骸，并立石碑，流芳千古。

（载宁夏日报报业集团《新消息报》2005年8月4日第31版）

11. 绥西抗日

马奠邦

1941年，蒋介石派马鸿宾去绥西防御日寇，任命为绥西防守司令。是年冬，日本侵略军过黄河南，向包头南桃力民、大树湾等地进行"扫荡"，与我军遭遇，经激战两昼夜，将日军击退。在包头西昭君坟的日军，曾被我军袭击数次。在包头东，我军曾派兵伪装成本地老百姓爆炸破坏铁路轨道，阻碍日军运行。

1942年，蒋介石派傅作义为绥西防守总司令，马鸿宾为副司令，傅作义部队防守在包头西昭君坟、柴登召一带；马鸿宾部队防守在包头南大树湾、桃力民一带。

当年冬某夜，傅令该部郭师长，攻打驻扎在柴登召的日本侵略军。经激战后，将日军驻守的阵地夺回。同时，傅命我队攻打驻守包头南大树湾、史家营子、新城一带的日侵略军。我奉命率179团，于当晚向驻在史家营子的日军发起猛烈进攻，经过奋战，终于攻下了史家营子。而另一队于天明时攻下新城阵地。日军狼狈溃退，仅史家营子阵地上日军遗尸10余具、枪枝10余支、各种弹药1万多发，还有其他军用物资。

1943年底，傅作义部队全部接替马鸿宾部防守的阵地，马部遂即撤回到宁夏中宁县，进行整训。

（载政协临夏回族自治州文史资料委员会编：《临夏文史资料选辑》第5辑，1989年版）

12. 绥西抗战

刘慈愿

1937 年 7 月，抗日战争爆发后，马鸿宾的 35 师奉命扩编为 81 军，开赴当时绥远省西部参加抗战。

在开赴绥西之前，马鸿宾在永宁县望洪堡举办了 81 军军官训练，对营、连两级军官集中训练了两个月。在开班典礼上，军长马鸿宾作了长时间的动员讲话。他在讲话中强调：抗日战争是民族战争，军人首先要有民族观念、国家观念，时时刻刻记着国家至上、民族至上，保卫国土，尽守职责。在战场上要能攻能守，要有与阵地共存亡的思想准备和抗战到底的决心。他还讲到：日寇有飞机大炮，我们缺少飞机，因此必须筑好坚固的工事，加强射击训练，做到弹无虚发，充分发挥我们的优势。马鸿宾的讲话，鼓舞了士气，为抗战的官兵指明了方了方向。训练班按照马鸿宾的讲话精神，专门进行抗日军事训练，如陆空联合、步炮联合、防空、防毒等训练，同时，对整个部队也进行了抗日战争军事训练，充实了装备。

1938 年 5 月，马鸿宾被蒋介石任命为绥西防守司令。原驻绥西各部队以及新调马鸿逵的一个骑兵旅、一个步兵旅等统归马鸿宾指挥。是月，马鸿宾率 81 军 35 师 103、104 旅共 4 个团，开赴绥西临河就职。

马鸿宾到职后，亲自视察防区，加强部队实战训练。经常召集军事会议，反复研究、制定作战计划。他把防区山川地形以及各部队设防位置、火力配备、假设日军的进攻路线等都做成模拟图型，进行战术研究。并根据作战要求，加固工事，挖筑战壕，组织各部队开展射击比赛活动，提高射击命中率。同时，还举行大型的近战、夜战、攻防等军事演习，并请苏联军事专家指导讲评。

1939 年夏秋之交，日军从包头向绥西 81 军防地进犯，企图消灭 81 军主力，侵占绥西。81 军官兵利用马拉淖尔有利地形坚固的防御工事，沉着应战，捕捉战机，主动出击。当日本侵略军进入伏击圈内，发起猛烈进攻，打得日军昏头转向，死伤较多，最后突围逃跑了。81 军缴获了大量的枪支弹药和军用物资，打胜了出师第一仗。

1940 年 2 月，日军 3 万余人，在黑田师团长的指挥下，出动汽车、装甲车、坦克共 1500 多辆，在飞机的掩护下，分兵两路进犯绥西。当时，马鸿宾在重庆参加蒋介石召开的高级军事会议，81 军部队由 35 师师长马腾蛟指挥，几个团长对他的指挥不十分尊重，执行命令有点不在乎，造成了作战行动不够协调。在乌布浪口、四意堂战役中，虽然进行了顽强的战斗，消灭了大量的敌人，但阵地最后被日军攻破，81 军损失惨重，逼迫撤到磴口、石嘴山一带。日军占领了五原、临河。

马鸿宾在重庆得知部队战败消息，立即赶到磴口，收容整编了部队，查办了在乌布浪口等战役中失职的 208 团团长马锺等人，并重新组织了两个团，补充了装备。几日后，即令师长马培清率领，重返后套，协同傅作义部队继续与日军作战。

在后来的几次战斗中，81 军参战部队英勇作战，战绩颇佳。特别是骑兵团在副团长卡得云的指挥下，冲锋陷阵，英勇无敌，使日军闻风丧胆。在收复五原战斗中，配合友军，攻破了日军的防线，取得了五原大捷的胜利，骑兵团受到傅作义将军的特别嘉奖。

（载政协中卫县委员会文史资料委员会编：《中卫文史资料》第 4 辑，1991 年版）

13. 转战绥西

张树彬

备　战

八一三事变后，抗日民族统一战线正式形成，全面抗战开始。蒋介石国民政府对全国抗日军队进行改编。将甘、宁、青、绥划为第8战区，青海马步芳部82军、马步青部骑兵第5军与宁夏马鸿逵、马鸿宾部第15路军合编为国民革命军第17集团军，马鸿逵为总司令。因宁马与青马互有矛盾，且驻地分割，不利指挥调动，不久又将马步芳部82军和马步青部骑兵第5军隶属于第8战区东路指挥，17集团军只剩下宁夏马鸿逵、马鸿宾部和青海马麟部，马鸿逵任总司令，马麟、马鸿宾为副司令。1938年5月，蒋介石又扩编马鸿宾部35师81军（其实仍只有35师的兵力），任命马鸿宾为绥西防守司令。

在西北诸马中，马鸿宾最具抗日精神。他平时要求军人们"要有民族观念，国家观念，时时刻刻记着国家至上，民族至上，保土卫国，尽职守责。在战场上要能攻能守，要有与阵地共存亡的思想准备和抗战到底之决心。"

马鸿宾受命绥西防守司令之时，正值傅作义部退守山西，绥远大部地区已被日军占领。绥西地区除门炳部骑兵第7师外，其他只有游击军及蒙汉农民自卫军等地方杂牌军。纪律废弛，指挥不一，已成惊弓之鸟，毫无战斗力可言。蒋介石急调令马鸿宾81军和马鸿逵的一个骑兵旅、两个步兵旅，开往绥西河套，同绥西地方各军一起投入抗战，统归12战区司令长官傅作义指挥。马鸿宾受命后，立即率部赴临河就职，并召集各方军队长官商讨防务。因当地军队互不相隶属，且战斗力不强，马鸿宾只能以81军主力35师分布于乌布浪山各要隘担任第一线防务。

马鸿逵和堂兄马鸿宾二人之间虽有矛盾，但马鸿逵还是比较敬重这位兄长，只是认为马鸿宾夫子气太重，经常在人前戏称其为"我们家的圣人"。随后，马鸿逵将自己的两个骑兵旅、一个步兵划归马鸿宾指挥。

马鸿宾部扩编后的81军，马鸿宾任军长，马敦靖（马鸿宾三子）任参谋长。下辖第35师，师长马腾蛟；独立第16旅，旅长马献文；骑兵团，团长马培清。马鸿宾到绥西后，日寇尚未向绥西发动进攻。马鸿宾就在战前加强了对部队的教育和训练。马鸿宾强调：一是要讲究军风纪，二是要讲究战术。教育部队要有吃苦耐劳的思想准备，要爱护老百姓。无论行军或驻守，任何人不准进民房，不准借助用老百姓的东西。他和参谋长经常召集军队有关人员研究作战计划，把防区的山川地形、各部队设防位置、火力布置都做在沙盘上，进行沙盘战术演习。马鸿宾的射击技术很好，弹不虚发。他经常组织部队进行射击比赛，提高部队射击本领。马敦靖参谋长还特别注意通讯联络工作，除电话、电报外，还有骑兵通讯、号音通讯、旗语通讯、火光通讯等。还在乌镇、四仪堂、乌布浪口等地进行大规模野外军事演习，并请苏联专家指导讲评。

马鸿逵部开到绥西后，第3团驻防桑家圈子、乌家河一带军事据点，第4团驻防红柳疙疸、善单庙一带军事据点。骑一旅和81军驻防临河五原一带。宁夏保安警备二旅则遵马鸿逵旨意，迟迟开到三盛公渡口堂便不再前进，只作为前方的预备部队。

察汗格尔庙战斗

马鸿逵骑二旅军纪虽差，作战还是英勇的。临河县狼山口内有座察汗格尔庙，庙内盘踞一股以汉奸李守信、王英为首的日伪军。李王都是土匪，投降日寇后，在日寇的庇护和驱使下，经常窜扰绥西，奸淫烧杀，无恶不作，百姓恨之入骨。狼山口地处抗日后方，若不拔掉这个钉子，抗日军队有腹背受敌之忧。傅作义也鉴于此，曾令其驻临河百川屯垦队的一个团去消灭，不幸战败，团长阵亡。1938年7月，傅作义命令骑二旅旅长马义忠率部前去剿灭盘踞在察汗格尔庙的日伪军。骑二旅于某日下午8时到达察汗格尔庙，在夜幕的掩护下向日伪军发起猛烈进攻。刹那间枪声大作，喊声连天，战斗十分激烈。在炮火纷飞中，第4团团长张光武十分英勇、身先士卒，亲冒矢石，腹部受伤后，仍沉着应战，忍着剧痛指挥战斗，战斗越来越激烈，三营营副马珍元中弹负伤，5连连长阵亡，士兵也有数人伤亡。双方激战3个多小时，日伪军终因伤亡惨重而不支，乘夜溃逃，天亮后马部进庙搜索，日伪军已无踪迹。为不使敌人再有盘踞巢穴，马义忠下令将察汗格尔庙焚毁，拆除了敌人修筑的全部防御工事，得胜地回师。

察汗格尔庙之战的胜利，不仅解除了前方抗日部队的后顾之忧，也使老百姓得以暂时安定，绥西友军也因骑二旅的胜利士气为之一振。傅作义为骑二旅首战告捷专电嘉奖，发给官兵一批毛毡、裹腿和牛肉，以示慰问，马鸿逵也派总参谋长柴成霖来旅慰问。

击落敌机

1938年12月，一架日军飞机低空轰炸陕坝，被陕坝驻军马部骑二旅击伤，飞逃至距蛮会约十余里处降落。两名驾驶员在飞机降落后恐被俘，遂举枪在机外自杀。马部检查飞机时，发现日军轰炸绥西地图一张，图中把绥西所有军政驻地以及较大村落，均用红蓝铅笔圈注，作为轰炸目标。

乌镇大战

1939年夏秋之交，日寇大举进犯绥西。日军乘汽车、装甲车、坦克从包头出发，气势汹汹向81军防地袭来。战前几小时，参谋长马谆靖到乌镇（乌拉脑包）检查防地，命令部队沉着应战，捕捉战机，主动出击。之后即通过电话指挥战斗。战斗开始，日军向81军阵地猛烈炮轰，81军以八二迫击炮还击，由于是旧式迫击炮，一发射就昌烟，暴露目标，日军立即向81军炮兵阵地倾泻了200多发炮弹，立时将炮兵阵地打哑了，失去了还击能力。日军趁势在大炮、机枪的强大火力掩护下，乘汽车、坦克、装甲协蜂拥而来。81军部队固守在工事里，等日军进入有效射程之内，正在下车，206团一营官兵突然从工事里冒出来冲入敌阵，展开了肉搏战，把日军打得晕头转向，有的还没来得及下车就被打死。下了车的日军被打得死的死伤的伤，剩下的掉头爬上车仓皇逃走。

在这次战役中，两架日机轰炸了马鸿逵部骑二旅旅部驻地。当时城内一片混乱，电讯也中断了，与傅作义失掉联络。作为预备队的骑一旅和81军也失去了联络，骑二旅成了孤军作战，兼之武器陈旧，难与兵力雄厚的日军周旋，只好后搞撤，在后撤途中，行经内蒙安根台卡子时，又遭到蒙古军队的袭击，三团二营四连连长和一个班长和数名士兵被打死。经奋力攻击，击毙两个顽抗分子，夺下卡子，方得以通过。

这次战斗中，81军缴获汽车两辆、炮弹100多发，子弹几十箱，还有枪支、指挥刀等。战后把缴获的汽车开到五原县城，老百姓热烈欢迎，写的欢迎标语把汽车都贴满了。乌镇有位老艺人编了庆祝胜利的歌曲在街头弹唱："咱们老西军，打起仗来真能行，打跑了日本兵，缴获汽车拉进五原城，全城百姓庆祝又欢迎。依靠咱的老西军，打败日本兵，百姓得安宁。"

奇袭包头

1939年底，山西形势趋于稳定，傅作义率军再返绥西，成立了第8战区副司令长官部，整顿绥远军队，组织"绥远省动员委员会"，开展抗日斗争。为配合全国冬季攻势，傅作义决定袭击日军重要据点包头，以牵制华北日军。包头战役以傅作义部35军新编31师为主攻，马鸿宾部81军35师为侧应。在周密的部署下，12月20日，傅部新编31师孙兰峰部一举攻入包头城，日军猝遭袭击，死伤千余，惊惶失措，四处逃窜，包头城内辎重尽失。次日，日军从张家口、大同、归绥出兵反扑。傅部沉重打击增援日军后，主动撤回绥西后套地区。

防　御

绥远局势的变化，直接关系日军侵略的山西主战场的军事行动，日军必然采取报复。1940年1月16日开始，日军以第二十六师团长黑山重德为总指挥官，集中晋、察、绥各地驻军和原驻包头部队小岛骑兵团、独立守备第24大队、第3大队、独立第4守略队、26师团等三四万人，向绥西大举进犯。

傅作义对日军的报复行动有充分思想准备，命令绥西军民空室清野，粮食、军用品埋藏地下；部队利用熟悉的地形和军民协作的条件，在运动中打击敌人。部署门炳岳部骑兵第7师在西山嘴、马七渡口地区阻击日军进犯，再转至黄河右岸威胁敌之左侧；马鸿宾部35师及马鸿逵部骑兵第一旅，在乌布浪口、乌镇一线构筑阵地，阻击敌军，再转入狼山，威胁敌之右侧；傅作义部第35军集结于五原西北，随时机动打击敌人；其余部队选择地形，扰乱疲惫敌人；后勤留守人员转移到现内蒙古磴口、宁夏石嘴山地区。在昔日杨家将抗金的两狼山前，又摆开了千里战场。

反　攻

经过几次战斗，中国军队退败，日军认为中国军队已溃不成军，短期内难以恢复作战，便以五原为中心，留日本一个联队，伪蒙军4个师共一万五千余兵力驻绥西，其他部队向东收缩。

日军主力后撤，傅作义决心收复五原。他令35军进攻五原，81军由绥西开往伊克昭盟东北黄河南岸之达拉特旗。3月20日，傅部主力同时向五原、梅岭庙、新工中等地日寇据点发起进攻。五原激战时，81军也与日军发生战斗。马部遭日军30多门大炮轰击，因武器陈旧，无炮火反击，右翼阵地被摧毁，敌人向后包抄。为免被包围，马部遂向北撤至沙窝地区，重新集结。马鸿宾命令各团利用沙漠地区敌人车辆行动困难，运动作战，敌进我退，敌退我进，与敌人保持五六里的距离，选择时机袭击敌人，以疲惫敌人。马鸿宾以运动战与日军在沙漠中周旋数日，在新民堡西南据山头高地设伏，待敌逼近，火力突发。日军重武器失去作用，毙伤数百。日军遭此打击，放弃增援计划，由昭君坟渡河而北，匆匆撤走。

之后，马鸿宾部立即向黄河以南之伪蒙军进攻，经过月余十余次战斗，伪军据点全部消灭，伊克昭盟东北之大片滩地全部收复。

马鸿宾率数千陇上健儿，驰骋绥西沙漠之中，与傅作义部配合作战，重创日军，在马家军史上写下了动人的一页。1945年10月，国民政府授予马鸿宾忠勤勋章。

（载宁夏日报报业集团《新消息报》2005年9月1日第29版）

14. 激战乌布浪口

张树彬　兰建中

两山夹一口

乌布浪口，系蒙古语"乌布拉克"之音转，意为大水泉之口。在今乌拉特中旗境内南部，处于乌梁素太，德岭山乡和温更苏木交界地带，两山夹一口，位置十分重要。清末民初，这里就是北通外蒙古，南接后套平原的交通枢纽和商贾往来之通衢。现今又是包（包头）银（川）和五（原）海（流图）两条公路相交会合处。

然而1940年初，这里却是炮火连天、弹石横飞，宁夏马鸿宾部马腾蛟35师守军，对侵华日军进行着一场惨烈的阻击战斗，双方鏖战，烈士的鲜血染红了乌布浪口的山河大地。今天，乌布浪口西侧一排排石垒坟墓历历在目，就是当年为国捐躯的抗战阵亡烈士公墓。一身正气的抗日烈士，谱写了气壮山河的爱国篇章。

血战两天一夜

乌布浪口战斗打响时，马鸿宾赴重庆参加军事会议，马腾蛟指挥。

1940年1月31日上午8时许，日军开始向四仪堂正北、乌布浪口正东的枣树林子大沙滩结集兵力。其先头部队经马部四仪堂阵地前时，先用3架飞机在205团阵地上空盘旋侦察轰炸，紧接着又用大炮轰击。之后，在飞机大炮的火力掩护下，日军的坦克、装甲车、汽车向乌布浪口试探性进攻。日军4辆坦克开进208团阵地前接触仅10多分钟后，3辆坦克调头往回跑，一辆在原地不动。驻守在战壕里的官兵误以为这辆坦克被打坏开不走了，跃出战壕向这辆坦克冲去。不料这辆坦克突然扫射，打死10多人后又调头东去。

日军在进行了一系列侦察性进攻之后，集结在枣树林子大沙滩的车辆已近300辆，开始向四仪堂、乌布浪口阵地发动进攻。81军阵地前已按马鸿宾的命令，挖有宽、深各3米的一道防御壕沟，从乌布浪口的山脚下一直到黄河北岸，长约20华里。壕沟前还有50米宽的陷坑地带。这些工事对防御敌人机械化部队有良好的作用，但也易被对方用作掩体，对己方不利。双方激战到天黑，伤亡惨重，难分胜负。在四仪堂阵地从上午到夜间 9 时许，205 团一营一连连长丁良玉负伤，次日身亡，排长、班长、士兵阵亡 30 多人。营部文书薛万有被炮弹击中，血肉横飞，身首异处。日军久攻不下，便用飞机利用顺风不断施放毒气，马部虽用土办法防毒，但仍有不少人中毒，部队战斗力大为削弱，情况越来越危急。

夜间 10 时许，206 团二营营副马建功率领两个连从乌拉脑包出发，经四仪堂增援。敌人发觉后，进行阻击。马建功在激战中被手榴弹炸死。两个连拼死摆脱，终于和 208 团汇合。敌人发现增加了兵力，便加强了进攻。夜间 11 点半，208 团阵地被突破，但敌人未敢贸然前进。

次日黎明战斗再起，四仪堂阵地的战斗仍十分激烈。马腾蛟令 206 团第一营增援四仪堂阵地。增援部队通过一段七八里的开阔地带时，遭到日军猛烈炮火轰击，伤亡惨重。但部队还是冒着炮火、弹雨、浓烟，冲破敌人火力封锁，到达阵地。乌布浪口与四仪堂两个阵地联合作战，继续给日军以有力的打击。部队已是两天两夜没吃没喝，加之气候严寒，饥寒交迫，人困马乏，伤亡惨重。战斗打得激烈悲壮、艰苦卓绝。马鸿逵在后来回忆起这场战斗时说："举世闻名的台儿庄、长沙等战役，国军英勇奋斗的精神，亦不过如此。"

下午，日军集中突破四仪堂阵地，从右侧截断马部退路，地面部队和飞机形成立体攻击，马部溃败。马腾蛟师长、马玉麟旅长在乌镇收容部队，拦住团长们不准后撤，想重新组织反击。但这时编制已乱，且因退路断绝，不少人被逼进沙漠之中，已是再无法组织起来。马部一路败退，日寇占领了五原、临河，一直追击到临河以西的黄羊木头才停止。

据原马腾蛟 206 团团部通信员、乌拉特中旗德岭山乡农民徐吉玉回忆：2 月 2 日近傍晚时，35 师各部集结乌拉脑包，发现乌布浪口守军 208 团大部已阵亡，205 团大部已亦伤亡有一半，206 团伤亡较小，除失踪者外，是役计阵亡官兵 500 多人（新注：实际阵亡千余人。）腊月二十六日（2 月 3 日）早上，35 师抵达五原，发现五原城已被日军占领，插有敌旗，马部绕城而过，双方均未开火，35 师向西南后方开拔，回到磴口休整。

血染的记忆

据当年在乌镇稍美干货铺当伙计的梁五堂（今乌拉特中旗副食品加工厂退休工厂）回忆："腊月二十三（1940 年 1 月 31 日）傍晚，我参加由民工组成的担架队，接送和救护乌布浪口、四仪堂的西军伤兵。第二天早上，民工又为守军运送干粮和物资，我参加的是送粮队，由师部通信排的两名士兵和两名民工组成。我们22个人，每人背一个干粮袋，往乌布浪口西军那里送去。"据化说，当时天寒地冻，守军没有皮衣，在零下30多摄氏度的低温下艰苦作战，士兵们在冰雪战壕里双手缩在胸前袖筒里，怀抱一支枪。送上干粮时，伸出冻僵的手，咬着冰冷的硬烙饼，余下的揣在怀里。就在送粮途中，天空突然出现3架敌机，低空盘旋扫射，将送粮队打散，一名送粮队员被打死，白茬皮袄上印出鲜红的血迹，其余的人躲在干芦苇丛中，这时才发现里面藏着不少老百姓。

马鸿宾惩罚两军官

马鸿宾在重庆得知部队战败后，立即赶回磴口，收容部队，查讯情况，追问责任。他责问208团团长马钟和该团第二营营长马希舜："为什么在2月1日夜间日本鬼子进入乌布浪口阵地时，你们不上火线？"马鸿宾心情沉重，两眼血红，嗓子沙哑，生气地说："养兵千日，用兵一时，打起仗来怎能拖着尾巴跑呢？往哪儿跑？能跑出中国去吗？当军人见打仗就跑，还不如回家给婆娘抱娃娃去。我们不能丢了地方和老百姓一跑不管，我们还要打回后套去，守住地方，保护老百姓。"马鸿宾将马钟和马希舜戴上脚镣押到黄渠桥撤职查办，将坚守阵地的205团第1营营长马维麟提升为205团团长，该营副王五典提升为第3营营长。将收容的部队重新组织了两个团，补充了装备之后，即令马培清率领，重返河套，协同傅作义部队继续与日寇作战。

隆重安葬告慰英灵

1940年3月21日，傅作义反攻五原，取得名震西北战场的"五原大捷"，此后日寇一直未敢继续西犯。

3月31日，西军重返乌镇。时天气转暖，黄河解冻，大地回春。

4月初，傅部与西军寻获乌布浪口阵亡官兵遗骸，并选择乌布浪口西侧为公墓地。

当时西军撤退后，战事稍缓，当地老百姓即主动掩埋阵亡烈士遗骸。掩埋过程中发现，有的血肉模糊，弹伤累累，仍保持着同敌人拼搏的姿势，甚至难以与敌尸分开；有的怒目而视，死不瞑目，嘴里咬着敌人带血迹的半片耳朵；有的肢体分离已无法辨认……其景甚是惨烈，令人肃然起敬。正是这些血肉之躯，使入侵之敌付出了惨痛代价，战士们与敌血战到底的英雄气概，捍卫了中华民族的尊严。

清明时节，傅部与西军在乌布浪口为阵亡官兵选址的墓地之处，召开了有千余军民参加的悼念抗日阵亡将士大会，并隆重举行安葬仪式，以告慰烈士英灵。根据群众提供的原掩埋地点，一一认真核查清理，确难以全数寻获，最后将凡能找到的官兵遗骸全部入殓装棺。

大会上，一排排灵柩，整整齐齐地排列在会场，还陈列着140多位烈士灵牌，会场庄重肃穆，人们心情异常悲愤，然后将烈士灵柩安葬在乌布浪口西侧的向阳坡地。墓穴长2米，宽1米，呈南北走向，以北为上首，横排向南。坟墓上面堆砌石头，每座墓前立有一青砖碑刻文字苍劲有力，工笔刀痕较深，刻有烈士部队番号、职务、姓名、亦有注明籍贯者。墓地四围垒砌石墙，高1.5米，宽0.5米。整个公墓依山而筑，呈长方形，南北长约35米，东西宽约23米，占地面积约800平方米。公墓背依青山，面临公路，向阳坡下，环境幽雅，烈士英灵安息其间。

（载宁夏日报报业集团《新消息报》2005年9月1日第30版）

15. 绥西会战

胡平生

民国 26 年 10 月，日军侵入绥西，即占据归绥、包头、固阳、安北各交通要线要点，与晋北及平绥方面之日军连系，企图西进威胁国民政府西北国际交通路线。其在绥西之部队，为日军骑兵第 1 旅团及第 26 师团之一部，仅 4000 余人，兵力虽少，但可利用铁路、公路，随时调集晋北之第 26 师团主力及晋、冀边区独立第 2 旅团增援。而国军绥西部队第 35 军（军长由傅作义兼）、骑兵第 6 军（军长门炳岳），经民国 27 年于晋西之文水、交城、大武镇、离石及归绥、清水河、偏关附近诸战斗后，于 28 年 1 月转进绥西，僻处于交通线外之后套、伊克昭盟、沙梁地带，掌握国军与地方部队，配合运用，坚苦防守，以增加持久抵抗之效果。

迄民国 28 年冬，军事委员会为加速消耗敌人，发动全面攻势，以第八战区绥西部队助攻，协同第二战区北路军团攻归绥附近之日军。指挥绥西部队之第八战区副司令长官傅作义，基于任务、地形、敌我状况，策定计划分四路军攻击，第 1、第 2、第 4 路军及各游击部队，分向归绥、安北、固阳及绥、包间铁路沿线各据点之日军袭击破坏，施行牵制，协助第 3 路军主力之第 35 军攻击日军重要据点之包头，于 12 月 18 日开始攻击，第 3 路军秘密行动，12 月 20 日晨一举攻入包头，抄袭日军高级司令部及重要仓库，毙日军联队长二〈人〉，继与安北，固阳及平绥方面增援之日军激战两昼夜后撤退。达成牵制之目的，收获奇袭之效果，参与此次绥西冬季攻势的亦有宁夏部队，即第四路军司令官马鸿宾之第 81 军，下辖第 35 师，及 17 集团军（总司令马鸿逵，系原十五路军扩编而成）之骑兵第 1 旅（旅长马光宗）、第 2 旅（旅长马义忠）。

29 年 1 月，包头之日军为策应其长江方面的攻势，并报复国军 28 年冬之包头战役，乃集中晋、察、绥各地驻屯军，以第 26 师团长黑田重德为总指挥官，指挥绥包原有部队，小岛骑兵集团、独立守备第 24 大队，第 3 大队，独立第 4 守备队，26 师团，共约 4 人，山炮 40 余门，汽车 300 余辆，分两路西犯。于 1 月 28 日下午开始攻击，由包（头）、五（原）公路，经哈业包气，沿黄河右岸，经四村，在赵大台梁等地，展开激战。1 月 30 日夜，黄河南之日军，于奎树附近偷渡。31 日，日军与国军激战于蓿滩、乌镇之线。同日，国军左侧背乌布浪口已发现敌人，2月1日，由五原后撤。2月2日，日军由马七渡口渡河（五原西南70里），五原附近据点均告陷落。是夜日军以主力迂回国军左翼万和长、折桂乡，经苦战后，日军复以大批装甲车，绕回至塔布达木一带，国军乃放业五原。

这时宁军骑兵第1旅已到达五原附近，奉副司令长官部电话，着令向梅令庙方面前进，2月2日早七时，得悉情况，知第35师由乌镇向西转进中，35军主力在折桂乡地区与日军对战中，万和长附近到敌汽车300余辆。当宁军骑兵到达梅令朝附近时，日机飞梅令庙侦察，同时据报，第32师之一团，在同德隆（梅令庙东北10里）被围攻中。宁军骑兵第1旅旅长马光宗，以情况紧急，遂令第1团在梅令庙以北，占领阵地，其余部队，隐蔽待命。8时，有日军一部向第1团阵地猛攻，战况激烈，马光宗旅长即令正面一团固守阵地，一面令第2团由后补充，向该日军左翼施行侧袭，协力歼敌，激战达6小时之久，毙敌无算。敌又增兵600余，并配有炮兵一部，向宁军阵地左侧猛攻，时宁军骑兵第1旅以与长官部通信断绝，情况不明，且以敌我从寡悬殊，徒受损失，遂乘黄昏向三柜圪达以南地区转进。嗣悉五原已陷。日军仍占五（原）临（河）公路，向国军追击，宁军骑兵第1旅遂令第2团为后团，向临河附近转进，集结待命。至宁军骑兵第2旅奉命由陕坝向磴口转进时，遭遇阿拉善旗蒙兵截击，激战3小时，将蒙兵击退，后继续转进，在磴口附近、安量台一带，构筑战壕，相机侧击，严阵阻拒，予日军以最后惩创。

另外宁军第35师（师长马腾蛟）乌兰鄂博、乌布浪口一带阵地，则于1月31日下午，被1000余日军（配以汽车500余辆，炮6门）猛攻，未逞，乃施放大量毒气，宁军死伤甚多，2月1日拂晓，日军续向35师猛攻，35师乃放弃乌镇，向五原转移。当时第八战区副司令长官宁夏省主席马鸿逵，为阻日军西进，已以5个团扼守石嘴子、磴口之线，四个团集结宁夏附近机动使用，并为增强防御力量，请由西安行营派炮兵第51团第1、第7两连，用汽车连输中。

2月4日，国军主力作战略退却，一昼夜间退守临河西黄羊木头一带。2月5日，日军汽车500余辆，直趋宁境磴口之三盛公，被国军截击于补隆淖及乌拉河。2月7日，惠德成方面（黄河右岸五原临河间）汽车100辆，与蛮方面日军1000余，分进合击，国军于其末合之前，施以各个击溃，由西山嘴迄黄羊木头各地日军，均被国军控制。2月9日，日军1000余，汽车130辆，沿狼山南麓西犯，被国军所重创，向东回奔。是日，临河、陕坝之日军，向五原撤退，五原之日军亦开始撤退。2月11日，临河、陕坝、五原之日军，均已大部撤退。次日，国军克复陕土具、临河。至 3 月 18 日，国军完成对五原之包围，18 日，开始总攻击，冒炽盛火炮于平坦、开阔地区，勇猛突击，反复厮杀。3 月 20 日夜，国军第 35 军部队冲入城内，与敌巷战。同日，宁军第 81 军之一部及第 17 集团军之骑兵旅，分向左右翼迂回推进，21 日，各据点均入国军手中，敌军大部就歼，五原遂于 3 月 22 日克复。唯日军大举增援，复于 3 月 25 日攻占五原。经傅作义督饬各部不断袭击，日军穷于应付，乃又东撤，4 月 1 日，绥远游击军及骑兵纵队收复五原，暂编第十一师收复乌镇及乌布浪口。4 月 3 日，新编骑兵第 3 师及骑兵第 7 师之一部收复西山咀，由是后套遂无日军踪迹，仅伪军尚留驻安北中滩。至此，历时 3 月之久的绥西会战，遂告一段落。

（录自胡平生著：《民国时期的宁夏省》，台湾学生书局 1988 年版，第 181—185 页）

16. 绥西大捷经过

木　公

绥西我军之大胜，不仅在本战役中，完成预期之胜果，而在战略及战术运用上，亦造成少有之前例。捷报传来，最高统帅手令褒功。其辞有曰：此役不仅保卫西北，而且奠定收复失土，驱除敌寇之基础，在抗战全局上，关键尤为重大。其功业彪炳，殊堪矜式。军委会发言人，于本月 8 日谈话，则誉此役为历史上空前胜利。其成就之伟大，及值得重视之点，已充分表扬，足资歌颂矣。惟绥西大战，历时三月，大小战役，过百余次。因电讯简略，难知其详。其全是经过，迄今犹未见于记载。记者随军西北，采访所及，力求详尽。因事后追记，必期正确，故于材料去取，斟酌费时。顾此役在抗战史上已造成不可磨灭之光荣价值。在军事学上，尤有伟大之收获，足供兵家师法。故发表虽迟，仍不失其本身固有之价值。读者诸君，想不以明日黄花观之也。

一、因辱之敌企图报复

绥远省区，就军事地理言，为晋陕屏障，甘宁门户，河套富于农产，草地盛于畜牧，山脉自西而东，奔赴冀辽，实天造地设之国防地带。故自吾族之兴，即为我英勇健儿扬威奋武之地。抗战已入第四年代之今日，在此国防□□点上，又踬武前人，造成吾族武功记载不可磨灭之一息，而此一页史迹之写成，实包括甚多惊天地泣鬼神之壮烈事迹，非寻常旗鼓相当，争城夺地之战可比，以少胜众，以弱敌强之战绩既已造成，则扩大发挥后，行见所向无前，敌人不难尽职。绥西战役之所以能造成罕见战果之故，原因为敌我两方，对绥西之争夺，均抱不避任何牺牲，志在必得之决心。故各赌全力，促成大战。五原一城，我有三失三得之力争，而敌人于三败之后，溃灭殆尽穷于挣扎，始自认失败也。对于战争胜负大小之估计，有一不易之原则。即双方使用兵力愈多，拼战之时间愈久，牺牲之异常重大。则其结果在胜负得失上，愈为彻底。以此衡量绥西战事，在敌人则纠集晋察绥西之兵力，谋雪去腊我军攻破包头歼灭该地敌军之奇耻，其另一企图，则因我军控制绥西，征巢所及，致绥包敌人，无时安枕，故谋对我军主力及绥西根据地，加以重大打击，并拟利用绥西作进窥宁甘之根据。藉以减轻其所受之威胁，我军则早见及此，决定死守，故统帅部于 1 月下旬，曾对傅副长官有所训示。而我傅副长官自包头大胜后，即预防敌人有报复举动，故在战略上早对敌人构成三面控制之周密形势，不时作机动之出击，致敌人陷于自灭之绝境，非攻守为攻无以自救。当时在我控制下之敌军，计有小岛骑兵集团军，26 师团一部，炮数十门，汽车二三百辆，以防御态势，部署于绥远包头线上。其骑兵集团驻包头，独立步兵第 3 大队及独立守备第 24 大队驻固阳；独立第 4 守备队司令官小林角太郎率部驻守安北，对我军之机动袭击。均感随时败灭之恐惧。

二、晋察绥敌分兵西犯

敌于 1 月 16 日起，即由同浦平绥两铁路线大举增援，至 20 日止，四日之间，即增调整师团兵力，配以汽车坦克车等，编成活动力十分强大之进攻部队，其飞机则不断至五原、临河、西山咀诸地窥探侦察。我军为迎击敌人亦开始作新的部署。至 1 月 24 日，我军阵容一新。始终对敌保持三面控制之优越配备，准备一举歼敌。至 1 月 27 日，敌援军已结集就绪，呈出蠢动态势。我傅副长官向各部发出立就战斗部署之命令。大意为：我以确保五临之目的，拟以强有力部队，分区配置，机动痛击，以打破敌人企图，主力集于××，求敌人主力击灭之。逐采分进合击之姿态，准备迎击侵入之敌。

蠢动中之敌，遂于 28 日下午 5 时，以大批汽车载运，由包头分路西犯。一路沿包五公路，经过哈察包气。一路沿黄河右岸，经过四村。在陆空骑步及机械化兵种联合下，向我大举进犯。敌人此役死用兵力，为 26 师团全部，以该师团长黑田重德为总司令官，复配以独立第 11 联队。第 12 联队、第 13 联队、第 26 骑兵联队及独立炮队第 11 联队，共约数万之众。其沿黄河右岸经四村之敌，于 29 日进至赵大岳梁（西公旗五府西 18 公里）河南岸，遭我军猛烈截击，于是绥西全战役中之第一次会战于是开始。激战至晚，敌卒不支，向来路稍退，等候援兵。30 日拂晓，东撤敌得到大量援助，再向我反扑。分数路攻我各据点。互公格以东，均发生最激烈之战斗。另一路敌，亦与我军某部三岔口附近展开激战。至午后敌分若干战斗群，向我谋作各个击破之包围挺进。我为诱敌渡河入网计，乃撤向查素。当夜敌偷渡过河。

三、保卫绥西之主力战

31 日，该敌以排炮向我猛射，我屹守不动；同时拉什召前方迹发现敌兵，向我守军进犯。我傅副长官为援救某部出围，令×军长将该部就葭滩及乌拉山之线固守西山咀之险。以某部之主力拒敌西进。另一路敌军，沿包五公路经哈察包气西犯者，亦于 31 日指向乌镇，在乌兰鄂博及乌不拉口左地区军之某军接触。此役为敌我主力之剧战。自晨至夜酣战未止，壮烈情形，已寒敌胆。敌竟日未得寸进，乃于暗夜之间，施放大量毒气，企图利用毒气掩护，夜袭我阵地，数度蠢动，均被我击退，我阵地屹然未动。我傅副长官于是夜下令某部向前推进，由××出击南面之敌。2 月 1 日，我左右在区军×军长，尊傅民昨日命令，以确保西山咀险要，当夜部署完成，以××等部固守蓿苙滩及乌拉山之正面，××等部右向敌人侧背迂回，协同友军向敌抄袭。当我军正在活动中，敌又增来大批援军，陆地则有敌之坦克四处冲突，空中则有敌机群更番抽弹，并低飞扫射。我冒空中地上之夹攻，苦撑一日。是夜×军长因我阵地已有一部被突破，或被击毁。及下令转进。4 月 1 日我左地区军方面，于拂晓得到某部开到，其先部队已遵令向敌出击，冲入敌阵，形成混战局面。此路原为敌我主力所在，敌炮火之配备较多，声势之壮，致河水沸涌，山石横飞。战至极酣，双方皆放弃阵地，血博冲锋，敌使用机械化军横冲直帝，我乌镇、浪口阵线遂被冲破。我军仍分别各自据守原部署位置。而敌又于此际由安北方向增到大批汽车之敌兵，在乌不拉口与我某部剧战。至下午 1 时，敌主力做巢沿狼山南麓突进，与我某部在李桂屹早拼战。我傅副长官将其某师抽回，向敌侧方使用。入夜敌以机械化军开路，向我乌镇阵地猛攻，暗夜防御不易。我遂放开该阵地，向五原转移。2 月 2 日，我右地区军方面，已由乌七渡口渡河之敌，30 日窜至木布多（扒子隆西），其主力汽车 500 余辆，于今日开始向东幅猛攻。敌旋复北犯西中公、刘凤林两地。我××两部经连日苦战，黄昏前我向北移至姚察。敌攻至白土圪卜、仙女庙、杨高明、梅冷屹之线，与我×部激战。我乘敌深入未稳，于是夜以骑兵分出两侧，包抄袭敌。敌陷于大混乱，敌互相残杀。我乘机以铁骑蹂躏，致敌受极重大损失。我中央地区军，于是日被敌由两路来攻，一路由同文德（五原北 10 公里）攻入，一路由头屹卜附近攻入。我军奋勇厮杀，激战至下油，犹点滴未尽也。

四、5000 敌尸换取五原

是日另一路敌军，在阳屹旦、三多仓、许陵挠之线，与我某师之某部激战竟日，壮烈情形，又在主力之下，伤亡均重。我左地区军既奉令机动出击，而沱乌之敌人亦于 2 日晚间增援完毕，其□成只略次于主力。有兵员四五千、大炮数十、汽车五六百辆，试图欺我左翼稍弱，用大兵力迂回，我向侧击突破。2

月3日拂晓，在万和长、潭龙屹旦之线与我展开激战，敌陆空炮联合复用坦克攻击。我游击军急由折桂乡赶来增援，拼战结果，敌人死亡近千，我某师因连日苦战，伤亡甚重，故万和长逐被敌占。当此时也，被我阻截之各路敌兵，闻此路得逞，乃纷纷向此方面窜来，汽车迅速，敌整个兵力一时逐聚集于此。我军转用困难，形成劣势；顾初不以此自馁，官兵于连日苦战愤激之余，士气反愈益奋昂，五原近郊折桂乡同意德之战，遂造成绥西主力大会战之光荣的第一页。自上午开始，敌即尽所有力量，及最高度火力向我进攻。激战至午，我工事全毁，傅副长官亲自督师，以骑兵由两翼抄袭敌阵，我步兵已无工事可守，骑兵既出，双方均放弃阵地，演成大混战，炮声震天，弹落如雨，硝烟弥漫，致彼此之联系尽失。我官兵人人奋勇，各个争先，皆已置生命于度外，或伏俯索行，或就地翻滚，借此攻破敌人火纲，与敌肉搏，或以一枪刺毙敌数十；或与数枚炸弹碎敌坦克，忠勇之气，直薄云霄，喊杀之声，震破敌胆，又□□冲入狼群，虽□猛烈之反□，仍能大奋神威，冲突直至下午5时，我军士气旺盛，敌渐不支，终乃气灵于机械，更以大批装甲车迂绕偷进至塔布□木一带向五原进逼。我军背腹受敌；而此际西山咀乌镇之险已失，致后方部队未能适时出击，我主力乃决定放弃五原，改取外线作战，待机反攻。是日一日之间，毙敌在5000以上。一城暂失，其代价已不在小。

五、扫荡套内敌人经过

我军既获巨大代价，一面准备截击由五原西窜之敌，一面作休息整顿后之反攻准备，大军虽然疲劳，士气仍旺，傅副长官亲在敌后指挥部署，故深入之敌反陷我围中，此反攻胜利之大关键也。2月4日，我右地区军某师移向××\n×方向。左地区军南面之敌于是日向临河攻进，我以该地毫无战略价值，不顾再耗兵力，逐放弃该城。该敌于下午窜至黄羊木头。5日黄羊木头敌汽车500余，有以三盛公断我后路模样，其先头200多辆已过桥头，补隆潭，下午7时与我某部发生激战，至8时，敌不支，溃退桥头。是日我某处大军赶至石咀子、磴口及各处要隘布防。2月6日，傅副长官颁布控制侵入套内敌军之新方案。各军分别控制一方，采远距离对敌监视之态势。并轮流向敌奇袭。同时绥西民众，亦切实与军队配合，侦察游击，咸有优良成果。2月7日，惠德成对岸发现敌人汽车百余，伪军骑兵约一团，协同敌人渡河。2月8日上午9时，敌骑兵2000余与我某师福义堂及天义生之间接战。同时□会方面，亦发现敌步兵千余，似有合力谋我企图。我遂分兵将□会之敌击溃，该敌于下午5时狼狈向东溃去。同日另一股敌兵 2000 余，以汽车输送，沿狼山南麓西犯，被我×××师发现，当设伏于崔三东西芦草内，于敌人迫近时，不意袭击，我主力又同时由侧面夹击，致敌施展不开，向我聚歼，战识之酣烈火，为近 5 日仅见，将敌围着痛击至下午 6 时，少数漏网之敌，始四散逃命而去。9 日午间，敌汽车百七八十辆，借大炮掩护，由通兴堂强游，向我某师猛攻，我利用地形，予敌反击，至下午敌分兵占碱柜，我转移至白框大宝堂。8、9 两日，截击西犯敌人，一面猛袭临河陕坝之敌，该敌后路被切断，不敢固守，纷向五原回窜。我某师及某某等部向临河及黄羊木头挺进。2 月 20 日，我军对临河及陕坝两城开始猛攻，陕坝歼敌千余，经我于 11 日夜间围攻至本日下午 3 时，呈总崩溃，遗尸 300 余具，向五原窜去，我逐在复该地。我另一路击溃临河之敌，该城亦同日收复。我军事先曾分军在此两敌人之退路节节设伏，随地截击溃敌，生还五原者已极。至此，除五原一城外，侵入河套各地之敌，统被扫荡净尽。我于是获得养士马之余暇。以容部署反攻五原歼灭敌人主力之大战。再衰三竭之敌人，伏□不出，尽亦假面我不少机会也。

六、气吞河山迫向五原

侵入绥西之敌，既被扫荡后由各地败回五原，实力已消耗殆尽，困守孤城，与绥包之联系亦时被我切断，一时吾穷困坐毙之势。敌一面向绥包乞援。一面大调伪军，来五原协守。截止三月初间，除敌正规军外，增到敌伪各军数万人，其编组迹经□变，并制出伪组织，以王逆英为傀儡。在我反攻之前，五原新设之敌伪军事组织，计有下列各部门：伪绥西自治军总司令王逆英、敌绥西警备司令水川信夫中将、敌特务机关长桑原荒一郎骑兵中佐、敌宪兵及警察官、指导官等 800 余员名，均驻五原。伪军第 4 师之 23 团、28 团及伪第 5 师之 25 团、29 团分驻旧城。伪军第 6 师之 15、18 两团驻新公中。伪军第 8 师之 20 团驻万和长。伪军 22 团 24 团驻□可素。挺进队 2000 余、警察 3500 余驻新城。此两部贼属伪军，而为敌人侵绥以来匠心之杰作，军官皆属日人，所用器械之精良犀利，与敌正规军相等，敌人寄以最大希望者也。炮兵一大队驻新城。伪军□逆青云、陈逆□□两部 2000 余驻南牛镇及扒子补隆。伪五原行营主任乌古廷驻旧城。就记□实力□，即伪军□自己相当可□矣。我军自 2 月 28 日收复临河，陕坝后，在战略上对困守旧城之敌人，已构成优越形势。在对五原正攻前，无日不对敌伪加以奇袭，借以消耗其实力，疲惫其身体，□□其力量。我军在正月之前，即获悉敌伪之实力，乃于 3 月 18 日，展开对五原之包围态势。3 月 19

日，反攻五原之光荣剧战，逐揭开序幕。我忠勇健儿，定抱有敌无我之决心，一往直前，傅副长官亲临前线，奖励官兵，故人人效命。以少胜众，以驱敌强之战，全赖士气胜过敌方，考之古今中外战史，以士气胜敌之例，尽无一足与我军表现于役者媲美并论也，谓之历史上空前胜利，□□于此。

七、历史上的空前伟绩

3月17日，我军开始对五原外围之敌扫荡，敌人各据点先后被我攻下。20日下午1时，我傅副长官亲立先头，挥兵突进，声势壮烈，拥有山崩海啸之概。敌人不败□□，丧胆而逃。至下午6时，我遂迫进城郭，8时许□□登城，利用黑夜，与敌在城内巷战。是时也，初月微明，□不□□，而枪炮之闪光，上薄云汉，零下寒威，呼吸冰霜，天时人事，交逼威海，其悲壮惨况，非笔墨可记，无言可表也。敌自决守五原，即增筑强固工事，大小堡垒遍于四郊，星罗棋布于通街小巷。巷战即开，但见形如万吐信之枪火，而弄蛇之人，则匿迹穴内，无从捉摸。各通路中，枪火交织，谓之火网，尚嫌不足，直□万道火墙，隔绝一切也。我忠勇健儿，对此毫不介意，各显身手，翻墙越室，搜捕弄蛇者。敌人顾前失后，我逐收扫穴□□之功。21日上午5时，敌之工事半入我手。我凭其巢，弄其蛇，后敌人仅咥矣。是夜之战，五原新旧两城我均获有2/5。朝曦甫上，敌即向我反扑，绥包援兵亦谱程两开，其大队机群更翻飞上下，机枪炸弹，密如雨雹。我忠勇将士，以大功垂成，毫不畏惧，饥饿疲倦，亦均忘却。街巷复杂曲折，长官之指挥，战友之联系，均不可能，于是人自为战，备奋忠勇，翻墙越屋，搜杀奸敌，至下午5时，敌之主要干部伤亡□尽，敌官兵300余人被我生俘，残余敌军支离破碎，不复相□，□□□崩溃，竟向城外奔窜而去。我逐完全克复五原城。在我忠勇官兵齐呼中华民国万岁声中，高挂青天白日国旗于县政府旗杆。自2月3日我军放弃五原，距今克复为时整48日。终战胜敌人，收复故土。然我官兵目观城市已化邱墟。□□百不一存，而昨日脆泽，今于忠骨，触目伤愧，莫不泣下沾衣，同抛英雄之泪。当此时也，旧城兴隆长，尚有数百敌军在我包围中，借据点死守待援。我更分兵对该敌作聚歼之战。敌知终难逃死，遂放大量毒气于外围，冀□□刻之命，我围攻至翌晨，敌人，敌大队飞机飞来助战，相持至下午5时，我终将围中之敌□□歼灭。五原新旧两城全归故主，歼灭敌人在3200以上。

八、人类史上光辉记录

是夜也，我所持者□□□、刺刀及忠勇士气，竟克诸武器□□之敌，皆傅副长官□□□妙，将士争先郊死之力也。而其中尤值得大书特书者，为赵寿江营长及全营官兵之忠勇殉职，此其忠勇果决，千人如一壮烈行为，盖遍稽史册，为无此前列也。当20日之夜，我军与敌在五原巷战，我傅副长官以下，皆亲自督战，故能万众一心，争先杀敌。我某师袁师长庆荣。身先士卒，该师某团团长安春山光荣创伤，某团团长曾□海则忠勇殉国，某团第×营长赵寿江民，奉率领全营攻击敌之主要据点县政府。该据点敌人筑有强固工事。赵营长率领全营官兵，以血肉之躯，与三和土之堡垒及敌机枪构成之火网相抗，一夜之间，愈挫愈励，厮杀6次之多，赵营长遍体皆伤，终不肯退，至最后一次，口述命令，而身逐不起。部下挥泪奔进，□□皆亡，逐一鼓将敌人歼灭了，占领此中央堡垒，开我军胜利之先河。予敌人守则必灭之证示。赵营官兵，未获与共营长□亡者，又过11人耳，敌人被以"肉弹三勇士"□□□□仿效，若我赵营长着，□足以□□四海，师表人类，凡有国者，皆宜□纪千秋也。

九、五加河畔之决战

22日，即我全部克复五原新旧两城之日，歼余之敌人东窜五加河地带，由绥包来援之敌，亦以最快速度，赶向该地，于午前经过安北，在大财主地方（五原北10公里），图强渡五加河，向五原进扑。我早有预防，沿河为阵，我某师遂与敌隔河对　，敌见我有备，似□气馁，但其后续部队仍接踵而来，至黄昏时，增四五千人，乘夜以炮火掩护，施行强度。我在河面构成火网，敌尸漂浮，水面为满。同时我更分兵袭击折桂乡。万和　间敌人侧背，敌被夹攻，其势大挫。23日晨，敌更集结兵力，向我猛攻，以毒气弹开始，我终不动摇。郭景云团长于是日负伤。先是我某军任五原以东之攻击，以我主力呼应，自18日以来，吸来伪军6师及伪军副司令李□东之兵全部，在□暄乡一带连战三昼夜，敌仍顽强不退。迄21日夜已呈胶着状态。我某军长见五原已克，该伪军有动摇之势，遂于23日夜间，亲率各部，向敌作猛烈攻击，至24日午间，该敌不支，向西山咀方面窜去，我紧迫其后。而五原溃敌适于此际窜至，我张开正面，敌遂入围，本已狼狈不堪之敌，一经夹击，直如摧枯拉朽，得生入西山咀者极少矣。2月25日，大财主方向之敌，自24日晨以来，不断增加，并运来橡皮船数百只及架桥材料，又拆毁民房、济其不足，用全力赶做浮桥。至晚，敌乘暗晚，由大财主分数处强渡，先后4次均被我击退。25日拂晓起，经安北开到折桂乡之敌援军竟日不绝。至午已增加万余人，飞机大炮之多，与初犯五原无异。下午4时，敌逐以全力施行强渡，大炮、飞机皆竭全力向我军投弹，并施放毒气。

我以必死决心，坚守对岸。弹雨纷飞，河水沸腾，涯岸崩堕，敌多次抢渡，均未获逞。我某团守团长海潮，于腿部受伤后，犹亲督部下，逆袭敌军，致胸腹连中数弹，忠勇殉国。敌经3日来之尝试，知在我军固守前，决难渡过，乃于是夜间，分兵3000余，密运大财主东约8公里之高三屹旦附近，施行强渡，与我该地守军激战至半夜，敌大部渡过。我遂侧翼受敌。傅副长官以歼敌目的已达。河川战阻碍颇多。乃下令将中军撤至通济渠两岸，再改为运动战，续歼入侵之敌，同时将五原新旧两城足以资敌之物悉予破坏。利用河渠，将公路造成泛滥，以阻敌活动转用。

十、我克五原大功告成

4月1日，我再克五原后，收获全功。敌自25日入侵五原，观其艰苦构造之工事已被我破坏净尽。几路交通又被泛滥阻绝。城外要点亦大部在我掌握之中，整个形势已与上次大异，我对敌之包括网日渐缩小，五日之中，敌无片刻之安，其绥包部队，大此3个月中，绝半牺牲于绥西，已无增兵再战之能力。困守孤城，已注定之必灭之命运，故于27日，即将尸体东运。我傅长官复令各部加紧急攻，促成敌人崩溃，五原敌为避免全灭命运，于30、31两日，全部撤出城外，与我混战。战斗志全失，但冀生还绥包，故行军布阵，皆不成行列，所过之处，遗尸塞路，溃败之惨，视乌公犹不如。整军经伍过半世纪，自夸为世界第二之陆军国，其技亦止此耳。敌人即被歼灭，我于本月1日开进五原，是日午间，收复乌镇、乌不浪口，3日晨攻下西山咀，该地敌，全数就歼。至此河套以内已无敌踪。震古□今之巨战，遂告结束。敌人受此教训，不但在绥包不敢正视我，即北方各战场之敌，亦均慄慄危惧。

十一、敌酋授首敌官就俘

我绥西之伟大战果观前文，其中尚有若干，值得报告。是役绥西敌伪几全部被我一网打尽，除伪自治军总司令王逆英化装得脱外，敌绥西警备司令水川信夫中将，被我击毙于五原城内，敌物务机关长桑原荒一郎骑兵中佐，被我在敌人遗尸中发现，知其已死；于敌遗尸中认出属于特务机关，伪军日顾问官，敌警官警长官佐阶级共400余员；属于伪军者，有察绥伪自治军、挺进队、警备队等官兵遗共计4500余具。生俘之敌伪属于官长阶级者，计有敌指挥官芸野勇夫、伪绥西自治军副总司令李□□、敌军后漆谷政本、岩田禾一、田爱三郎、德山幸一、望月增穗、烟三一郎、长谷川外男、中山允、于远夏、间子市、多田龙、小谷俊义、岸□洋、黑田泽三郎、村上繁三郎、今野学、大土冢义郎、红原英一、特务官白□助□、浅治蚯太郎、大□英□、医官西田信夫，大炮16门，汽车50余辆。

十二、军事学上伟大成就

读者诸君，既览前文，于敌我两军兵力形势，胜负经过，谅已了然。于我军难能可贵之伟大成就，客或不明其所以臻此之故。稽读史册，不朽大业，莫不由排除难□，创造可贵成果。我绥西胜利之成为不朽杰作者，亦缘其创造经过，胥合此种条件也。谓余不信，□□引兵家评论，以阐明之。兵家之评此役也，于却敌复土，谓已成过去，无客称述。举此役中足以示范当世，昭垂不朽者，实为军事哲学之发挥，在无形之中，有最伟大成就也。其事为何？即指挥官运用之奥妙入神，及全军士气极度发揭。古兵法云："兵者阴事，奥妙难穷，一息万变，神鬼莫测，适机则存，失机则亡。"近代战争，牵涉益广，宇宙万物，胥有联系，故运用之学，成为军事艺术，非有天才，莫期精列，孙子兵法谋攻篇曰："用兵之法，十则围之，五则攻之，倍则分之。"而我国攻五原之师，去超过敌人10倍5倍因甚远也。我在各战役中，无不分兵击敌，我军总和力量，亦从未伤于敌人，而能克敌致胜，推翻武经之论，此皆我无才军事家超人之创作，亦却运用学上之崇高造诣，所谓"功业彪炳，殊堪矜式"之处也。至于士气之发扬，亦即致胜之主因，就此役经过，已随处可见。中如赵营长之全部殉职，在中外战史中均属罕见。世界各战役中，因不乏千万大军被人包围消灭者，而进退自如之攻势军队，实无全部殉战之例。吾军有此，仍我族之光荣，在此役之中，最值得夸耀者也。（4月15日述完）

（载《大公报》1940年4月30日至5月4日）

17. 马鸿宾部抗战在伊盟

张照寰　韩仲明

1940 年夏，马鸿宾将军到绥西视察所部时，鉴于绥西战役中，日军无所顾忌，长驱直入的教训，曾向第八战区副司令长官傅作义建议，由他率领所部转进伊盟北部，以威胁包头等地的日伪军之侧背，牵制敌人的力量。1940 年夏季，马鸿宾部移驻伊克昭盟时，我是随军成员之一。包头东滩战役中，我担任马献文师 1 团 3 营 7 连的上尉连长，经昭君坟之战后，晋升为 35 师师部骑兵连的少校连长。

从绥西转时伊盟

1938 年春，占领包头的日军准备向绥西五原、临河一带进犯，马鸿宾部一部由其子 35 师师长马惇靖率领，进驻绥西，配合傅作义部队守卫绥西。马本人尚留在固原县的三营镇，处理"海固事件"。

绥西三个战役之后，1940 年夏，马鸿宾征得傅作义同意，率领所部 4 个团的兵力，冒着酷暑进入浩瀚的库布齐大沙漠，克服了干旱无水，行军困难的痛苦，进驻伊克昭盟北部的东胜一带，插入盘踞在包头的敌人侧背。先头部队曾推进到东胜最北的大树湾地方，隔黄河与包头相望。由于有黄河天堑，敌人不敢过河。冬天黄河结冰，日军的骑兵和坦克部队经常过河袭击马鸿宾的部队。

马部因为装备低劣，很多部队连一挺机枪都没有，兼之弹药补给困难，不能和敌人进行正面抵抗。于是他们便巧妙地利用了库布齐沙漠的有利地形，与敌人展开了捉迷藏式的战斗。敌人的骑兵部队和坦克部队过河进攻马部时，马部即退入沙漠中分散隐藏起来。敌人前进到沙漠边缘，坦克无法再前进，骑兵去支援，也不敢再深入，即使深入进来，也找不到目标，不得不灰溜溜地退回包头。敌退我进，马鸿宾的部队又出现在黄河沿岸。这样进进退退搞得敌人很不安宁。在一个长时期内，虽然没发生过较大的战斗，但牵制敌人兵力，威胁敌人侧背，使敌人不敢大胆再向五原一带进犯，减轻了傅作义布置在五原、临河一带部队的压力，对保卫五原、临河及其以西地区，起到一定的牵制作用。

东滩之战

1940 年 2 月，35 师在绥西遭日寇围截后，马鸿宾部驻伊克昭盟，担任河防。在此，他重振旗鼓，积极防范日伪军继续向伊克昭盟的纵深侵扰。

当时，日伪军陈某率领的一个团及其他杂牌部队，已侵占我包头东滩一带的新城、小脑、新民堡、五福社、史家营子、昭君坟、王爱召、多罗汉青和大树湾等地区，抢劫烧杀，蹂躏各族同胞。马鸿宾亲临前线，乘黄河解冻，日伪援军不能过河之机，指挥所部，向日伪军发起了猛烈的攻击，一举歼灭了陈团等日伪部队，除大树湾据点由日伪从包头重炮控制外，其他东滩领土全部收复。

这次战役的胜利，打击了日伪军的嚣张气焰，振奋了我军士气，增强了绥西地区军民抗日必胜的信念。广大爱国将士，不怕牺牲，英勇杀敌的精神，在伊盟各族人民中留下了深刻的印象。当时，绥远报纸也报导了这一胜利消息。大意是：马鸿宾亲率三子（指马惇靖），横扫包头东滩，歼灭日伪军，战果辉煌。还有，该部所属103旅马维林团，在团部及一部分队伍被重重包围的情况下，浴血奋战，直到最后剩下团长、副团长等寥寥数人。故当时流传着"马鸿宾骑兵向日寇坦克打冲锋"的赞语。

经过包头东滩战役后，部队损失相当严重，急需整训补充。其次，有些军官贪污、受贿、护送贩运违禁品等，也急需整顿。所以，1941年冬，该部离开绥西，返回宁夏中宁等地进行整训。

（载中国人民政治协商会议内蒙古自治区委员会文史资料研究委员会编：《内蒙古文史资料》第16辑，内蒙古人民出版社1985年版）

18. 忆马鸿宾部35师在绥西抗日

白 震

1940年1月，日军驻伪蒙疆司令官冈部直三郎，纠集26师团长黑田重德、骑兵集团长不岛吉藏所部及伪蒙军6个师，约四五万人，汽车1000辆，配以飞机、坦克等，兵分三路向绥西进击。一路沿包头五原公路西进；一路经马七渡口渡过黄河，迂回到西面包剿；一路由黑田亲率汽车千辆、坦克百辆，共约万余人，由包头经后山乌布浪口西犯五原，气势汹汹，气焰十分嚣张。

包头战役胜利后，傅作义估计日军必采取报复行动，于是下令动员全民坚壁清野，秘密储藏粮食、弹药。在乌拉山、黄河南的沙漠芨芨林中，分区游击，节节阻击敌人，以消耗其兵力，达到最后一举而歼灭敌军的战略部署。

乌布浪口、乌镇地区外在阴山支脉的乌拉山下，南连芨芨滩，东与德令山接壤。为通向五原城的必经之道。奉傅作义之命，守北路的军队是宁夏马鸿宾的抗日部队81军35师，师长为马腾蛟，下辖第205、206、208三个团，及直属的特务连、骑兵连、通讯连等，兵力约3000人。该部武器装备陈旧。每日主食除少量白面外，多以小米、豌豆为主，每日定量一斤二两；副食以少量盐水煮黄萝卜、黑豆为主，生活相当艰苦。但由于这支部队大都是20多岁的年轻人，爱国热情高，纪律较好，为了抗日，他们心甘情愿地克服生活上的困难，始终保持着旺盛的士气。

自从1938年由宁夏调来归傅部战斗序列后，该部长期驻扎在乌镇、乌拉脑包、乌布浪口、四意堂一线，修筑了较好的防御工事，如蛇形交通沟、隐形地堡、梅花坑、掩体、陷阱等。在距乌镇10多华里的乌布浪口、四意堂阵地前，挖有宽、深各3米的一道防御壕。这道壕一直延伸到黄河北岸，长约20华里。在防御壕前面，还有50米宽的陷阱地带。

傅作义对绥西战役之部署是：将董其武101师埋伏于乌镇以东地区，将孙兰峰的新31师布防于乌镇以西的万和堂，以马腾蛟的35师正面布防于乌布浪口、四意堂、乌拉脑包至乌镇地区。待敌军进入正面阵地后，南北夹击，准备一举歼灭日军于乌镇地区。

1940年2月1日凌晨4时许，日军装甲车、坦克及大批步骑兵数千人，开始向35师阵地进犯，先以重炮猛轰35师阵地。天微亮，又以飞机数架俯冲扫射轰炸。35 师阵地前的开阔地带，当时正有大群牛吃草，敌机误认为是我骑兵群活动，遂大量投弹扫射，几乎将这些牛全部炸毙。当时，尽管敌人来势凶猛，但我 35 师坚强的战士们，始终镇定自如，以猛烈的炮火迎击向我阵地不断猛扑的敌人，打退了敌人的多次进攻。

受挫后的日军，黔驴技穷，在无可奈何下，竟向我阵地施放催泪性、喷嚏性毒瓦斯。由于我军没有防毒面具，战士们便用纱布包上锯末子，再用煤油浸湿蒙着口鼻，继续战斗。敌人施放毒气后，遂趁机在坦克的掩护下向我阵地猛攻。已经伤亡惨重的马腾蛟师 208 团官兵，看到敌人接近战壕时，遂在阵地前与敌人展开了一场拼刺刀的战斗。这场战斗结果，敌我双方均有重大伤亡。

与此同时，马部的 206 团官兵在四意堂战斗中，亦受重创。在此情况下，我军为了避免与敌人硬拼，在对敌人进行重大杀伤后，遂命撤出阵地。日军见我军撤离，亦不敢冒险深入追击。据后来清扫战场的人说，在拼刺刀战斗中，我牺牲的战士，有将敌人耳朵咬掉的，有与敌人紧抱而共同死亡的，其壮烈事迹，可歌可泣。

马部在四意堂附近战斗的 205 团第 1 营，在营长马维麟率领下，打到最后，全体官兵也冲出战壕，以手榴弹杀伤敌人，与敌人展开了肉搏战，使敌人尸横阵前，大大挫伤了敌人的锐气。另外，35 师马彦章率领的骑兵，因其不宜阵地战，与 31 师孙兰峰部在乌布浪口西三女店布防，准备接应乌镇与乌布浪口之守军。虽与敌有接触，但损失较小。

在乌镇战斗中，董其武之 101 师 301 师团（团长王建业）奉命支援。我随军到乌镇北垣，并在阵地上与 35 师 205 团的一位副团长交谈敌情。我亲眼看到敌人向北垣猛攻时，许多群众（其中还有小脚妇女）在炮火中，冒着生命危险，抢运伤员；有的老乡担着热饭向阵地送去，场面十分感人。

乌布浪口、四意堂等军事要点被敌人占领后，我们支援部队到乌镇北垣布防时，已是傍晚时候，前沿阵地这时无枪声。一场恶战后的沉寂，反使人有点不惯。

这次恶战后，狡猾的敌人，只以少数兵力在正面对我进行牵制，其主力汽车部队，却偷偷从乌镇西绕道我军后方，以汽车布成半环形阵地，妄图全歼我军。入夜 7 时许，正面敌人突以炮火猛轰，接着步骑亦蜂拥攻来。西垣 35 师之阵地，不支溃退。这时，王建业团长急以电话与董其武联系，遂奉命也将该团立即撤出北垣。马部 35 师在向西撤退中，与敌人边战边撤，并发生过激烈的近战，再次受到严重损失，马腾蛟师的 3 个团，共有 1000 余名官兵献出了宝贵的生命。

马腾蛟的 35 师，由于伤亡严重，经五原西北向狼山湾西撤。后奉傅命至磴口县境休整。

1940 年 5 月，乌镇光复，当马部 35 师重返旧地后，当地爱国群众以极其兴奋的情绪欢迎了他们，同时协助部队在乌布浪口两侧山坡下，用民族安葬仪式重新埋葬了牺牲的战士忠骸，并立了简略的名碑。

(载政协宁夏回族自治区委员会文史和学习委员会编：《宁夏文史资料》第 13 辑，宁夏人民出版社 1991 年版，第 14—20 页)

19. 马鸿逵部的绥西抗战

王焕然

马鸿逵部队开往河套

日军侵占包头后，由于傅作义的绥远游击军的阻击，才暂时停止西侵。此时，赖以抵抗日本侵略军的只有绥远游击军及国民党地方杂牌军队，指挥不统一，纪律废弛。除绥远游击军有抵抗力之外，其他杂牌军队已成惊弓之鸟，毫无战斗力可言。蒋介石故此才调马鸿宾的三十五师和马鸿逵的一个骑兵旅、两个步兵旅（以上归马鸿宾指挥）开往河套，并任命马鸿宾为绥西防守司令，统归第十二战区司令长官傅作义指挥。

马鸿逵是一个拥兵自重、保存实力的地方军阀。如今要调他的 3 个旅开赴前方，虽经蒋介石的几次电催，他仍是借故迟滞，既说交通不便，弹药缺乏，又说宁夏防务也为要紧等。最后在蒋介石的威逼利诱和傅作义的电催下，马鸿逵不得不拨出 1 个骑兵旅（骑兵第 2 旅）和 1 个步兵旅（警备 2 旅）开赴绥西。

马鸿逵部队的绥西抗战

在马鸿逵部队开赴河套之前，日本军占领了铁路沿线及包头。马鸿逵的骑兵旅原定开赴包头附近，步兵旅开赴五原附近，但这两个旅总是迟迟不前。在各方电催和舆论的督促下，骑兵旅才不得不开赴乌镇和西山嘴一带，步兵旅开赴三盛公、补隆淖、陕坝一带。骑兵第 2 旅旅长是马义忠，警备第 2 旅旅长是马得贵。该两旅开赴河套之前，马鸿逵曾对马义忠、马得贵作了秘密指示，要他们保存实力，必须向他请示，许可才准行动。马得贵、马义忠他们率领的部队所到之处，欺诈盗窃，投机倒卖，无所不为。所以，河套人民对这两旅畏之如虎、恨之入骨。如骑兵 2 旅团长马忠海以低价强买群众心爱的最好走马，引起了群众的极大反感。尤有甚者，他们草菅人命、随便杀人。如驻在陕坝的骑兵 2 旅营长马正仓，因群众骂了马鸿逵几句，就被他枪毙了。又如警备 2 旅旅长马得贵在渡口堂派船接马鸿宾，因风大浪高，当天下午没有接来（马鸿宾是由宁夏往河套去，坐汽车从石嘴山过河，沿河东到三盛公对岸，过了河再去五原一带）。第二天马鸿宾走后，船匠就被马得贵枪毙了！在枪毙之前，三盛公上千群众跪地哀求，结果仍没救出丝毫无罪的船匠。河套人民对马鸿逵部队有两句话，那就是："抗日不足，害民有余。"

保存实力　不战而返

1939 年底，驻在包头的日本侵略军准备就绪，遂于 1940 年 1 初西进，占领了五原。此时，傅作义率 35 军从山西省河曲移驻绥西陕坝。马鸿逵惟恐敌军占领了河套后继续进攻宁夏，危及到他本身的利益，便不顾 35 军处境的危险，命令骑兵 2 旅沿西山边向石嘴山撤退，警备 2 旅沿黄河向南撤退。当时，我任警备第 2 旅上尉参谋，被派到 3 团（驻陕坝）作联络工作，实际上是代表马鸿逵监视 3 团。谁知，我当天到了陕坝，与 3 团团长马元宝（绰号陕坝王）联系后，才知道 3 团已下了撤退命令。陕坝街上，军队抓车抓夫，商店封门闭户，群众扶老携幼逃难，机关人员迁移，哀鸿遍野，混乱异常。因线路已断，也不能向旅部汇报，我乃于夜间随 3 团向黄羊木头撤退。

次日晨到达黄羊木头后，我和马元宝随即一同向旅部打电话汇报并请示。马得贵指示 3 团继续向三盛公转进，指示我赶到补隆淖，同他一起参加紧急军事会议。参加会议的人员主要有 35 师师长马腾蛟、警备第 2 旅旅长马得贵、81 军副军长马惇靖等。会议内容是抵抗还是撤退？马腾蛟主张就地（补隆淖）构筑工事抵抗日军前进，马惇靖也同意。而马得贵不主张就地抵抗，说补隆淖地形平坦，不敢负此责任，到三盛公请示再说，会议就无结果而散了。我们到三盛公的时候，天色已黑。马惇靖向马鸿逵打电话，要求最好在三盛公抵抗，但没有得到肯定的答复。马得贵随后又向马鸿逵打电话，捏造些敌情，说敌人已通过黄羊木头，抵抗困难。他打完电话后，即令所部后撤。警备 3 团及 4 团驻在渡口堂、东堂，第 2、3 营已于当天下午开到三盛公，约在夜 11 时开始后撤。驻在三盛公的十二战区后勤部队及眷属看到警备 2 旅准备撤退，曾到旅部打问消息。初时，旅部还否认撤退，后又不得不美其名曰暂时转移阵地。所以，随警备 2 旅撤退的还有十二战区非战斗人员和家属等。因军民争相夺路，彼此生疏，夜色如墨，致使有互相缴枪的，有互抢马匹的，乱成一团。我部于第二天到达磴口，稍加休息后，即继续向南撤退，第三天下午到达石嘴山。

（载宁夏回族自治区政协文史资料研究委员会编：《宁夏三马》，中国文艺出版社 1988 年版，第 290—293 页）

20. 81军绥西抗日

王国柱

1940年冬季，日军由华北调来一个加强师团，配备飞机、机械化装备向绥西进犯。绥西防守第一线由81军35师在安北县乌布浪口防守，骑兵团在五原县东南，沿着黄河一线防守，军部和直属部队在驻在临河县，35师及其它游击部队在绥西陕坝八岔一带活动。骑7师在临河县北山坡附近布防。

日军由包头出发，向绥西进犯，首先到达了乌布浪口，我军前沿阵地与敌师团接触发生战斗。81军从来没有经过有飞机、装甲部队配属作战的战役，战斗一开始日军就将35师击溃，退守到宁夏惠农县，军队开始也跟随到宁夏。该军及其它直属部队准备退守宁夏，骑兵第七师渡过黄河退守伊克昭盟地区。

日军侵犯绥西一线后，又向包头、绥东撤退。待日军退回包绥之后，大部分绥西原有部队仍回前方防守阵地。唯有81军奉命向伊克昭盟进行扫荡。

1941年1月，81军进驻伊克昭盟，到达伊克昭盟与包头的边缘新城、新民堡、王爱召、营盘召、吕家油房、五福社等地区进行防御。81军的防御设备、防御器材都没有，也没有防御武器，如战车炮、对空射击武器等，一切防御工事，完全依靠自己土办法筑修堡垒、挑挖深沟深洞，固守阵地。105团在新城战役中，因防御阵地不坚固，防守的武器对空军、对装甲部队无法抵抗。因此，日军攻击时没有用上两个小时，就突破我军防线，死伤损失严重。在防御战役中，最危险的一次是日军攻击轰炸营盘召战斗，日军飞机6架、战车11辆、装甲车数十辆进犯营盘召。当时，马鸿宾在营盘召喇嘛庙院内指挥战斗，因奸细告知包头日军，天亮时日军以飞机、战车、装甲车协同向营盘召轰炸冲击，马鸿宾天没亮作礼拜，发现日军来轰炸，避于沙窝之中，才免于难。

1941年2月，81军协同35军的31师，在马鸿宾和35军参谋长张旭东的指挥下，将包头的昭君坟、三村、森哥营盘等日军给予严厉打击，残部退守包头。这是绥西抗日数次战役中取得的又一次胜利，收复了昭君坟等地。紧接着派一个步兵营偷袭包头附近日军防守的后勤库房，将日军的军用物品、战马、枪支弹药缴获不少，打死打伤日本士兵数十名。此是81军绥西抗日和伊克昭盟扫荡战后取得较大的胜利。

1942 年 2 月，上级命令骑 7 师到伊克昭盟换防，81 军到五原县地区休整。经一个月的休整，部队于 1942 年回宁夏中宁、中卫、同心县的王家团庄海原县的高崖子等地区进行整编训练。

（载吴忠市政协学习和文史资料委员会编：《吴忠文史资料》第 3 辑，1991 年版）

21. 81军绥西抗战的回忆

王五典

1937 年抗日战争爆发后，35 师奉命扩编为 81 军，并开赴当时绥远省西部抗战前线，几经激战。

一、举办抗日训练班

1938 年春，马鸿宾在宁夏永宁县望洪堡举办 81 军军官训练班，把全军营副、连长两级军官集中训练。在开学典礼上，军长马鸿宾特地穿着一身黄呢子军装（他平日常着便装），外套黄呢子大衣，佩戴着中将衔的领章，足蹬马靴，腰挎佩剑，登上讲台作了长时间的讲话。他在讲话中强调，抗日战争是民族战争，我们军人首先要有民族观念、国家观念，时时刻刻记着国家至上、民族至上，保土卫国，尽职守责。在战场上要能攻能守，要有与阵地共存亡的思想准备和抗战到底之决心。他还指出：日寇有飞机大炮，我们没有飞机。因此，我们必须做好坚固的工事，加强射击训练，做到弹不虚发，一颗子弹消灭一个敌人，发挥我们的优势。同时，要加强陆空联合、步炮联合训练，多多训练防空、防毒等。

马鸿宾的这次讲话，对将要开赴前线的官兵指明了方向，起了很好的作用。当时，我正是这个训练班的学员兼分队长。训练班根据马鸿宾的讲话精神，专门进行抗日军事训练。在军事训练中，因无防毒面具，就采用纱布口罩装锯末用煤油浸湿戴上，以代替防毒面具。这个训练班进行了两个月即行结业。与此同时，马鸿宾对整个部队进行了抗日战争的训练，充实了装备。

二、开赴绥西抗战

1938 年 5 月，蒋介石发表马鸿宾为绥西防守司令，除绥西现有各部队统归马鸿宾指挥外，并由马鸿逵部调拨步兵一个旅、骑兵一个旅也归马鸿宾指挥，开赴绥西，相机收复包头、绥远。是年 5 月底，马鸿宾坐汽车带领随从人员，赴绥西临河就职。他亲自察看了防区各友军设防情况，指定了 81 军的防区范围，即命令 81 军 35 军师师长马腾蛟率 103、104 两旅共 4 个步兵团，开赴绥西抗战。

在部队出发前，他召集军官反复强调指出：抗日战争是长期战争，我们要有抗战到底的决心，要有最后胜利一定属于我们的信心。同时，也要认识到抗日战争是艰苦的，要有吃苦耐劳的思想准备。因此，无论行军驻防都要讲究军风纪，爱护老百姓，时刻牢记"观民心之向背，知军纪之良否"，沿途决不能骚扰老百姓，任何人不准进入民房，一切辎重与炊具、用具都要带全，不能借用老百姓的任何东西。

后来，马鸿宾在临河军部和他的三子、军参谋长马惇靖经常召集军部幕僚人员，研究作战计划，把防区内外的山川地形，以及各部队设防位置、火力配备、假设敌的位置等都做在沙盘上，进行沙盘战术演习。马鸿宾父子都特别注意构筑防御工事和射击教育。马鸿宾经常亲自指导、检查各部队的射击教育，并不断组织各部队的军官进行射击比赛。他自己的射击技术就很好，弹不虚发。对各部队所做工事，他都要亲自反复检查，不断加固。马惇靖为了在作战中能有多种通讯方法，以保持通讯联络不致中断，除了电报、电话外，还有骑兵通讯、号音通讯、旗语通讯、火光通讯等。尤其注意夜间野外的实战训练，曾在乌镇、四意堂、乌布浪口地区进行过大型野外演习，并请苏联专家作指导讲评。

1938年农历4月中旬，马鸿宾命令81军35师205团团长马文清，率领该团首批由永宁仁存渡坐木船沿黄河顺流而下，赴绥西抗日前线作战。行船13天到达临河县境的汇德城下船。农历5月4日，步行经临河到达五原县城南关，已是上灯时间。当时，我任205团2营6连连长，由于天色已晚，为了不惊动老百姓，我们连驻在一个车马店的房顶上。次日黎明即撤出南关，全团都在南关外的树林子里，热热闹闹地欢度端阳节。6日即从五原出发，205团团部及第3营驻五原县城东北约40华里的乌镇，第2营驻乌镇东约10华里的万和堂，第1营驻守在乌镇东北约10华里的四意堂。

后续部队到达以后的设防部署是：马鸿宾的81军军部及其直属部队驻临河县城，马腾蛟的35师师部及其直属特务连驻五原县东北约30多华里的折桂乡，马玉麟的103旅旅部及其直属部队驻乌镇，张海禄的206团团部及其所属3个营驻守乌拉脑包（乌镇东约5华里），马锤的104旅208团团部及其所属3个营驻扎在乌布浪口（乌镇东北约10华里），104旅207团驻地不详。

三、乌拉脑包战役

1939年夏秋之交，日寇从包头用汽车、装甲车、坦克向绥西81军防地进犯，企图消灭81军主力部队，侵占绥西。

马惇靖在日寇进攻前几小时，从临河军部出发到达乌镇检查防地。这时我任205团第2营营副，被安排在阵地电话旁看守电话。日寇到达81军阵地前，首先用大炮轰击乌拉脑包206团和205团阵地，敌人的一颗炮弹落在我看守的电话前的一座田埂，我只觉得身子往起一跃，就失去了知觉。过了一会，耳朵闷响，睁开眼睛一看，电话机被震动到身后的大坑里，我赶快把电话机从水坑中取出来重新安上。马惇靖在电话里急切地询问电话为什么中断了？火线上的情况怎么样？我不断地向他汇报着火线上的情况和听着他给火线上的命令。他命立即转告205团、206团第一线的官兵弟兄们注意，现在既要利用我们的防御工事，沉着应战，充分发扬火力，杀伤敌人，又要捕捉战机主动出击，消灭敌人，夺取胜利，不能只守不攻。他还令206团派出小部队沿乌拉脑包东南，利用地形向敌人侧背迂回。他的这两道命令，在这次战役中都起了重要作用。

日寇向81军阵地开始炮轰，我军206团迫击炮连用八二迫击炮还击。由于我军用的是旧式迫击炮，一冒烟就暴露自己，敌人立即向我炮兵阵地集中倾泻炮弹200余发，我军迫击炮只打了3发炮弹，就被敌人打哑了。敌人在炮兵、机枪的火力掩护下，用坦克、装甲车、汽车等机动车辆，向我阵地冲来。我军遵照马惇靖参谋长的命令，利用工事沉着固守。当敌人进入我军阵地步枪有效射程以内，正在下车之际，206团一营官兵发起猛烈冲锋，一下冲到敌人的机动车辆跟前，与敌人进行肉搏战，并用大刀砍敌人的汽车轮胎，把敌人打了个昏头转向。有的敌人还没来得及下车，就被打死在车上。下了车的敌人，有的被打死，有的被打伤，剩下的抱头鼠窜，钻进汽车、装甲车逃跑了。我军缴获了两辆汽车、100多发炮弹、几十箱子弹，以及少数枪支、指挥刀、食品罐头等军用物资。这次在战场上发现，敌人把被我军打死的日寇尸体，用装甲车上的特别装置翻挑到车上去。

81军缴获日本鬼子的汽车开到五原县城，向群众展览宣传。老百姓写的欢庆标语，在汽车四周贴上一层又一层。乌镇街上有位老艺人，在81军打了胜仗后的几天内，就编出了不少歌曲，在街头自唱。唱词中有这样几句："咱们的老西军（指81军），打起仗来真能行。打跑了日本兵，缴获汽车拉进五原城，全城百姓庆祝欢迎。依靠咱们的老西军，打败日本兵，百姓得安宁。"

四、乌布浪口、四意堂战役

1940年2月1日，日寇3万余人，汽车、装甲车、坦克1500多辆，飞机多架，由黑田师团长指挥，分两路进犯绥西。一路向乌布浪口、四意堂、乌拉脑包、乌镇一带的81军防区进犯，一路在马七渡口与门炳岳的骑7师接触。

当时，马鸿宾正在重庆参加蒋介石召开的高级军事会议，部队由35师师长马腾蛟指挥。几个团长对马腾蛟的指挥不是十分尊重的，执行命令有点满不在乎。日寇到达81军阵地前是2月1日早晨约8时许。日寇在四意堂的正北、乌布浪口的正东枣树林口子大沙滩集结兵力。我任205团一营营副，驻守在四意堂阵地上。日寇车辆经四意堂正北向枣树林口子集结时，我自己和另外3个人专门数敌人的车辆，从早晨到中午，敌人共集结280多辆各种型号的车辆。

日寇先头部队到达81军阵地前，先用3架飞机开始在81军阵地上空盘旋侦查，并轮番轰炸，紧跟着就是大炮轰击。在飞机和炮兵火力的掩护下，敌人的坦克、装甲车、汽车向我军阵地接近。敌人首先用4辆装甲车向驻守在乌布浪口的208团阵地，作试探性进攻。接触仅10多分钟，敌人3辆装甲车调头往回跑，只留1辆装甲车停在原地不动。我208团驻守在战壕内的官兵，误认为这辆装甲车已被打坏，再开不走了，跃出战壕向敌人这辆装甲车冲去。谁知敌人的这辆装甲车又调头扫射，立即打死打伤我士兵10多人，这辆敌装甲车调头东去。

日寇在向208团作了侦查试探性进攻之后，集结在枣树林子大沙滩的军车已近300辆，便开始向乌布浪口和四意堂阵地接近。81军按照马鸿宾的命令，在阵地前挖有3米宽、3米深的一道防御壕沟，从乌布浪口的山脚下一直到黄河北岸，约有20华里长。防御壕前面还有50米宽的陷坑地带，这对防御敌人的机械化部队是起了良好作用的，但同时又可能被敌人利用作为掩体，对我军不利。

日寇到达我阵地前沿，离开车辆向我扑来，双方激战到天黑。夜间9时，我营1连连长丁良玉负伤，次日牺牲。排长、班长、士兵30多人阵亡。营部跟随我的文书薛万有被炮弹击中，血肉横飞。敌机又不断利用顺风，向我方阵地施放毒气，使得我军官兵不断咳嗽，流鼻涕、淌眼泪。中毒轻的人尚能坚持作战，但有些人胸闷、头痛、呕吐，根本不能作战，只得送下火线，大大削弱了部队作战能力。

夜间10时许，206团第2营营副马建功率两个连，从乌拉脑包出发，经四意堂向乌布浪口增援。由于夜黑，地形不熟，脚下发出响声，被敌人发觉，马建功在激战中被敌人的手榴弹炸死，但这两个连已与208团守军汇合在一起。敌人也发现了208团阵地增加了兵力，便加强对阵地的攻击。夜间约11时半左右，208团阵地被敌人突破，但敌人仍不敢贸然前进。在后半夜的战斗中，时而紧张，时而缓和。

次日黎明，战斗又紧张起来，我营伤亡较多，特别是机枪连战斗力大大减弱。马腾蛟命 206 团第一营向四意堂增援。这一营人从四意堂的正南乌拉脑包向四意堂增援，他们在敌人的炮弹、土雾浓烟中时而卧倒、时而向前猛冲几步又卧倒，尽管牺牲较大，然而终于越过七八里的开阔地增援上来。敌人的炮火没能阻止 206 团一营人向四意堂的增援，便加强了对四意堂阵地步炮联合进攻，激战越来越猛烈。我在掩体中站着观察战斗情况，刚往下一坐，一颗炮弹把我站的这个散兵坑掀掉了半个，推出了 2 尺多深的一道壕，我的下半身被沙土埋实了，我的枪杆被打折了。下午 1 时许，敌人就从我们的阵地东南突破，208 团的一个营被迫从乌布浪口子上山，向蒙古地区撤退。

四意堂阵地被敌人突破后，就从阵地右侧堵住了我军的退路。四意堂阵地全部是大沙漠，地面上被白雪覆盖着，利用自然地形地物很难得到适合作战的掩蔽物，敌人又是陆空联合、步炮联合向我阵地步步迫近。我军开始撤退就失去了掌握，有的部队利用阵地中间的第二道防御壕沟往下撤，敌人很快就占领了防御壕的东头，用机枪顺沟扫射正在壕内撤退的我军。在另一条南北走向的洪水冲开的深沟里，敌人占领了壕沟的北头，用机枪顺沟扫射，我军无路可退，不少人牺牲在这条沟里。这是四意堂部队伤亡最惨的两个地区，比在激战中的伤亡大得多。

我军在撤退途中，敌人除用地面部队追击外，敌机在空中扫荡，炮兵又延伸射程，封锁我军的退路。下午 4 时许，我从火线下来，到达乌镇，看见街上到处是敌机轰炸的弹坑，街上一个理发店变成了一个大水坑。马腾蛟师长、马玉麟旅长都在乌镇收容部队。日落时，我们又离开乌镇，向临河方向撤退。是夜 8 时许，马腾蛟师长挡住团长们，不准再往后撤，叫部队返回去，守住乌镇，配合傅作义的部队作战。但部队建制已乱，师长、团长谁也指挥不了在黑夜中乱哄哄的部队，旅长、师长只是商量了一番，继续向临河方向撤退。日寇沿山向西运动，远远看见敌人汽车的灯光，炮声响个不停。

我军从 1 日凌晨开始战斗，已两天两夜没吃一口饭，没喝一口水，有的战士身上背的干粮袋里有点炒米，有的连炒米也没有，气候又十分寒冷，有的人实在走不动了，就倒在路旁，有的人冻得实在受不住了，就拾柴烤火。官兵一律穿着自织的毛鞋、毛袜、毛手套，在战斗中由于出汗和沾上积雪，鞋、袜、手套都冻成了冰块，火一烤热，手脚更加疼痛了。有的人就想把鞋、袜、手套脱了烤一下，谁知一脱鞋袜，脚步的肉皮都被撕掉了；一脱手套，手上的皮肉也被撕掉了。战后，马鸿宾命我在平罗县燕子墩收容伤残人员，其中光冻伤的就有700多人。

2月3日上午，我和一些人到达临河县城81军军部所在地，可是军部已经撤离了临河。这时，我们的思想又紧张又失望，而敌人追击部队已在临河县城东门打起机枪，恰好我营的邹树林拉着我的两匹马也正在等我们，我们一行即出西门追赶部队。离开临河，部队分成几批向磴口方向撤退。马培清率2000多人，进入北沙漠，经3天3夜的艰苦行军，到磴口西北的哈巴尔滩，才第一次看见了村庄，稍事休息，再到渡口。沿公路撤退的其他部队也陆续到达磴口。日寇在占领了五原、临河以后，派出少数部队追至临河西的黄杨木头，才停止了前进。这次战役中，81军损失兵员1000余人，丢失不少轻重武器。

马鸿宾在重庆得知部队战败的消息，立即赶到磴口，收容部队，查询情况，追问责任。召集军官讲话时，讲了其他战区的抗日情况，讲了81军的简要历史和战史，责问208团马锤团长和该团第2营营长马希舜："为什么在2月1日夜间日本鬼子进攻乌布浪口阵地时，你们不在火线上？"他的态度相当严厉，看来心情很沉重，两个眼睛血红，嗓子沙哑，生气地又说："养兵千日，用兵一时，打起仗来怎么样能拖着尾巴呢？住哪里跑？能跑出中国去吗？当军人见打仗就跑，还不如回家给婆娘抱娃娃去。我们不能丢了地方和老百姓一跑不管，我们打回后套去，守住地方，保护老百姓。我相信我们的士兵和下级军官是好样的，只要指挥得当，是能够和日本鬼子周旋的。"他讲话以后，又和师长、旅长、团长们商议，立即将已收容的部队，重新组织了两个团，补充了装备。几日之后，即令旅长马培清率领，重返后套，协同傅作义部队继续与日寇作战。

马鸿宾对在乌布浪口战役中失职的208团团长马锤、该团第2营营长马希舜，带上脚镣押到黄渠桥撤职查办。将坚守四意堂阵地努力作战的205团第1营营长马维麟提升为205团团长，该营营副王五典提升为205团第3营营长。

（载政协宁夏回族自治区委员会文史和学习委员会编：《宁夏文史资料》第15辑，宁夏人民出版社1986版，第123—131页）

22. 忆81军伊盟抗战

许庆阳

1940 年 6 月，我于国民党中央战干团第三期受训毕业，分配到第八战区政治部，战区政治部又把我们 30 人分派到 81 军政治部。我们 30 人从兰州分乘 3 只羊皮筏子顺黄河向宁夏进发，7 月底到达宁夏宝丰——81 军军部所在地。遂开往伊盟参加抗战。

奉命开往伊克昭盟

1940 年 8 月，81 军接到军委会的命令，着我部进驻伊盟后，扫除敌伪在伊克昭盟黄河南岸的所有据点，固守伊盟，以打破日寇企图由伊盟进攻宁夏，打通大西北的迷梦。我部在 8 月中旬，由红崖子渡口渡过黄河，向伊盟的桃力民进发。这是一次艰苦的行军，官兵们全是步行，士兵要背 1 支步枪、200 多发子弹、8 颗手榴弹，还有军被、军毯等全副行装和干粮，共计有 100 来斤重。行走在荒漠里，真是步履维艰。伊盟人烟稀少，道路两旁没有村庄，部队要打尖吃饭，必须到有水的地方，在荒野里架起焖锅做一顿饭。所以有时一天吃不上一顿饭，只能吃些干粮来充饥。夜晚宿营也是在荒野里露天睡上一夜，起来再继续往前走。一周后，部队到达了抗敌前线——桃力民。军部就驻防在这里。部队按部署的防地驻扎后，开始修筑防地四周的防御工事，同时对士兵开展了实地作战训练。我们政工人员在士兵休息的时间，还开展了战地政训工作，教育士兵在战斗中除了积极作战外，还要向敌伪军进行反正投降的喊话，在战斗结束后要优待俘虏，增强敌伪军的反战厌战情绪。我们政工人员在驻地还积极开展民众支前的动员和组训工作，准备配合作战。

团结友军　一致抗日

81 军进驻伊克昭盟时，离军部所在地桃力民 10 余里的木胡梢村，驻扎着八路军的联络参谋杨一木和他带领的一个营。还有在杭锦旗一带驻防的新 3 师，师长白海风，政治部主任云泽（乌兰夫）。马鸿宾军长同他们精诚团结，每星期一举行纪念周活动时，这两个部队也都前来桃力民参加活动。马军长和白海风、云泽、杨一木还不断地在一起研究当前的抗战形势和绥包敌军的动态，拟定抗敌的策略，形成了巩固的抗日民族统一阵线，对保卫伊克昭盟起到了一定的作用。

扫荡黄河南岸敌伪据点

81 军刚进驻伊盟，当地农牧民十有八九逃往别处避难。马军长为了让伊盟的农牧民返回家园安居乐业，除了对未外逃的农牧民进行安抚，帮助他们解决生活生产上的困难外，还决定要巩固伊盟地方治安，使农牧民不再受敌伪的骚扰。

1941 年 10 月初的一天，马军长下达命令，向黄河南岸的大树湾、史家营子、柴磴等敌伪据点发起进攻，并要求部队一定要摧毁这些敌伪据点，使其以后再不能重来这里盘踞。我参加了进攻史家营子据点的战斗。

独立 35 旅 2 团团长马奠邦在接受命令后，于当天下午率部向史家营子进发，傍晚时进入阵地，我带领十几副担架在迫击炮阵地后面隐蔽。战斗开始后，我军先以迫击炮连的 4 门迫击炮连续不断地向史家营子的土圈子，进行了 3 个多小时的炮击后，步兵开始向土圈子进攻。炮击开始时，敌伪的机枪还向我们反击，当我方步兵进攻时，再未听到敌方枪声。我们冲入土圈子，只见里面有 20 余具敌伪尸体和遗弃的枪支弹药，残敌早已逃到黄河北岸去了。我们胜利地摧毁了史家营子敌据点，攻击大树湾、柴磴等据点的部队，也顺利地摧毁了敌伪据点，全部完成了扫荡伊盟境内黄河南岸敌伪据点的任务，巩固了伊盟的地方治安，安定了民心。就在这年冬天，大多数外逃的农牧民都返回了家园。

1942 年冬，81 军奉命返回宁夏休整。我也奉命调离了 81 军，离别了我敬慕的军长马鸿宾将军，离别了坚持抗日的队伍。

（载政协宁夏回族自治区委员会文史和学习委员会编：《宁夏文史资料》第 26 辑，宁夏人民出版社 2002 年版，第 58—60 页）

23. 骑2旅临河对日作战记

宋云卿

1937 年 10 月，宁夏省政府主席马鸿逵奉蒋介石之命，派他的部队骑 2 旅旅长马义忠、骑 1 旅旅长马光宗与 81 军军长马鸿宾率师赴绥远省临河县对日作战，并受绥远省主席傅作义指挥。这三支部队先后到绥。骑 2 旅旅部设在临河县城内，所属第 3 团驻防桑家圈子、乌家河一带军事据点，第四团驻防红柳疙疸、善单庙一带军事据点，骑 1 旅和 81 军驻防临河、五原一带。另有宁夏保安警备旅旅长马得贵也驻兵三圣公渡口堂，作为前方的预备队。骑 2 旅到达临河县时，受到该县白县长的热烈欢迎，并主动介绍该县重要军事据点。骑 2 旅在马家赴绥各军中纪律较好，对当地商民没有骚扰，民心安定，军民关系也比较融洽；和驻地友军也能互相尊重，团结较好，深受友军信赖。

临河县狼山口内有座察汗格尔庙，庙内盘踞一股以汉奸李守信、王英为首的日伪军。李、王都是土匪，投降日寇后，在日寇的庇护和驱使下，经常窜扰绥西，奸淫烧杀，无恶不作。老百姓恨之入骨，必欲除之而后快。狼山口地处我军抗日后方，若不拔掉这个钉子，则我军有腹背受敌之忧。傅作义将军有鉴于此，曾令其驻临河百川堡屯垦队的一个团去消灭盘踞在察汗格尔庙的日伪军，不幸战败，该团团长阵亡。

1938 年 7 月，傅作义命令骑 2 旅旅长马义忠率全旅官兵去消灭盘踞在察汗格尔庙的日伪军。全旅在晚 8 时左右到达该庙，在夜幕的掩护下，向日伪军发起了猛烈进攻。刹时枪声大作，喊杀连天，战斗十分激烈。在炮火纷飞中，第 4 团团长张光武表现得十分英勇，他身先士卒，亲冒矢石，不幸腹部受伤，但他沉着镇定，毫不慌张，忍着剧烈的伤痛，继续指挥战斗。战斗越来越激烈，2 营营副马珍元中弹负伤，5 连连长阵亡，士兵只有少数伤亡。双方激战约 3 个多小时，日伪军伤亡惨重，乘夜溃逃。天亮后，经我军搜索，附近已无敌踪。为了使敌人不再有盘踞的巢穴，旅长下令将察汗格尔庙焚毁，拆除了敌人修筑的防御工事。全旅得胜回师。骑 2 旅在察汗格尔庙之战胜利，不仅解除了前方抗日部队的后顾之忧，也使老百姓得到暂时的安定。绥西友军也因骑 2 旅的胜利，士气为之一振。傅作义主席为骑 2 旅首战告捷专电嘉奖，发给官兵一批毛毡、裹腿和牛肉若干斤，以示慰问，同年 8 月，马鸿逵也派他的总参谋长柴成霖来旅慰问。在慰问过程中，他以纯洁官兵政治思想为借口，令全旅官兵集体参加国民党，在旅部驻地蛮会广场举行了入党宣誓大会。

1938年12月，一架日寇飞机低空轰炸陕坝时，被我驻军击伤，飞逃距蛮会约10里处降落。两名驾驶员在飞机降落后，恐被俘，遂举枪自杀在机外。我们检查飞机内部时，发现日寇轰炸绥西地图一张，图中把绥西所有军政驻地以及较大村落，均用红蓝铅笔圈注，列为轰炸目标。1939年春（旧年除夕前两天），日寇大举入侵临河县城，并有两架轰炸机配合作战。敌机轰炸了骑二旅旅部驻地。当时城内一片混乱，电讯也中断了，骑2旅与傅作义失掉联系。作为预备队的骑1旅、81军行踪不明，骑2旅成了孤军，兼之武器陈旧，断难与装备精良、兵力雄厚的日寇周旋，于是被迫后撤。在后撤途中，行经内蒙安粮台卡子时，遭到蒙古人的袭击，打死我3团2营4连连长和一个班长。2营给以反击，击毙两个顽抗分子，并将卡子攻下，余众溃逃。

骑2旅回师宁夏后，始知骑1旅擅自放弃阵地，已先期逃回宁夏。

（载政协银川市委员会文史资料委员会编：《银川文史资料》第1辑，1983年版内部资料，第118—122页）

24. 乌不浪口阻击战

兰建中

乌不浪口，位于阴山西部，在峰峦重叠、峻峭险要的二狼山东端和查石太山西端之间，两山夹口，形成十分重要的战略位置，是后套平原的天然屏障，历来为兵家必争之地，古今征战之要隘。抗战时期，这里点燃抗日的熊熊烈火，绥西抗战中乌不浪口我守军对入侵之敌进行了英勇抗击，留下了可歌可泣的抗日史话。

乌不浪口，系蒙古语"乌布拉克"之音转，意为大水泉之口。在今乌拉特中旗境内南部，处于乌梁素太、德岭山乡和温更镇交界地带。清末民初，这里是北通外蒙古南接后套平原的交通枢纽和商贾往来之通衢。现今又是包（头）银（川）和五（原）海（流图）两条公路相交会合处，车来人往，一派升平景象。然而46年前，1940年初，这里却是炮火连天、弹石横飞，正是中国军队傅作义将军指挥的宁夏马鸿宾部马腾蛟35师守军，对侵华日军进行着一场殊死惨烈的阻击战斗，双方鏖战，烈士的鲜血染红了乌不浪沟的山河大地。今天乌不浪口西侧一排排石垒坟墓历历在目，就是当年为国捐躯的抗战阵亡烈士公墓。经受了血与火的洗礼，安详地长眠在乌不浪口山畔，一身浩然正气的乌不浪口抗白烈士，谱写了气壮山河的爱国篇章，烈士们的英名应载入史册，烈士的英灵将与巍巍阴山永存。

防守绥西抗御日寇

1937年"七·七"事变，日本帝国主义侵略者向中国发动大规模侵略战争，日寇迅速占领华北，归绥、包头相继失陷，绥西五原一带已成为抗战前线。

在中华民族处于危急关头，中国共产党领导全国人民奋起抗战，在绥西和河套地下共产党组织努力工作和不断扩大影响下，团结友党友军，坚持广泛的抗日民族统一战线，共同抗日，有力地配合全国抗战打击了入侵之敌，赢得了绥西和五原战役的胜利，粉碎了日寇打通大西北的战略计划。乌不浪口阻击战，就是其中的重要战斗之一。

抗战开始以来，宁夏马鸿宾的81军主力35师奉命驻防绥西，抗御日军。

1938年（民国27年）5月底，马鸿宾部35师移驻临河、五原东北沿山一带。35师师长马腾蛟，辖有205、206、207、208团，师部和205团（团长马文清，后为马维麟）团部驻乌镇；206 团（团长张海禄）驻乌兰脑包，防线东至桃儿湾，208 团（团长马钟），驻守乌不浪口一带；马彦骑兵旅在乌不浪口以西三女店、黑石虎一带。当时老百姓因其军队由西而来，故称 35 师为"西军"或"老西军"。西军多由青年及部分少年壮丁组成，其装备甚劣，弹药不足。1939年 2 月，傅作义由晋北返回绥西任第八战区副司令长官后，西军配属傅作义指挥，并将西军原灰色军装改换为傅部黄色军装，补充了一些武器装备。

西军自驻防以来，为抗御日军西进，抓紧构筑工事和掩体，在村外田野山地大量修筑纵横交错的堑壕和深沟，既是战壕，又可防日军坦克、汽车通行。土方工程较大，皆由士兵挖掘完成，而士兵每日食粮名为 14 两，实际最多只能吃到 13 两（老秤 16 两 1 斤），故亦称 13 两兵。由于挖掘工事艰辛，士兵土布军衣又不耐磨损，所以夏日为节省军装近乎赤身。到秋季则不得不穿军装，所以冬天跑步操练时，破棉衣的棉絮常常甩落在地上，不少乡民指使孩童捡拾用之。士兵夏穿草鞋，均系自己用草麻绳控制，寒冬加一层夹布里御寒。虽则如此，士气并无低落，仍积极操练演习防守备战，随时准备迎击入侵之敌，并且豪迈地自谓"西军枪不硬、人硬"，表现出坚决抗战到底，不甘当亡国奴的民族气概。

乌不浪口阻击战

1940 年 1 月 31 日（民国 29 年，农历己卯年 12 月 23 日），著名的绥西抗战序幕拉开。这一天，从平绥、同蒲两路沿线抽调的侵华日军，在日军关东军第26 师团黑田重德师团长（中将）的率领下，纠集日伪军 20000 多人，其中日军11、12、13 各联队 3000 多人，伪蒙疆李守信部和伪绥西自治联军王英部等 6 个师约 20000 多人，出动汽车 1000 余辆，配备 12 架飞机和大炮、坦克，以其机械化优势，兵分 3 路向河套进犯。其中进犯后套的 2 路是：一路沿包头至西山嘴向五原公路逼近，一路由后山固阳经大余太向我四义堂、乌镇、乌不浪口进犯。日寇气焰嚣张，来势凶猛，意在一举歼灭不久前攻打包头的傅作义 35 军主力，以确保归绥、包头两军事要地，占领整个后套，进而打通大西北通道。这样乌不浪口首当其冲，一场激战就在眼前。

根据原当地农民今乌拉特中旗退休干部张锁小回忆：腊月 23（1 月 21 日）下午，傅作义令马鸿宾的马腾蛟 35 师 205、208 团防守的乌不浪口阵地遭到日寇攻击，两军接火，四义堂、乌不浪口前哨阵地炮火连天，硝烟弥漫，弹石横飞。日机轰炸，大炮猛轰，战争的狼烟开始笼罩后套大地，给各族劳动人民投下了战争恐怖阴影，为准备过春节的人们带来灾难横祸，使雪后清冷的空气骤然变得昏暗沉闷。

马腾蛟守军凭借坚固的防守工事，迎击和阻击敌军，防坦克壕和前沿埋设的地雷区阻滞了敌军攻势。

至晚9时后，两军阵前对峙。日伪军200多辆汽车象一条长蛇僵卧在查石太山脚下，只见灯光、火堆映着魔鬼般的身影晃动。黑色夜空下附近村庄狗吠声此起彼伏。

2月1日拂晓，日伪军继续向乌不浪口发起多次进攻。敌我双方均施炮火，但敌方在猛烈的炮火和坦克协同掩护步兵攻击下，前沿阵地被敌突破，守军208团伤亡较重，日军还施放毒气，大大削弱了守军战斗力，205和206团一部及时增援助守，利用碉堡和高地据点工事继续顽强阻击敌人，击退了敌多次进攻。

据当年在乌镇一家稍美干货铺当伙计的梁五堂（今乌拉特中旗副食品加工厂退休工人）回忆："腊月23（1940年1月31日）傍晚，我参加由民工组成的担架队，接送和救护乌不浪口、四义堂的西军伤兵。第二天早上，民工又为守军运送干粮和物资，我参加的是送粮队，由师部通信排的2名士兵和20名民工组成。我们22个人，每人背一个干粮袋，往乌不浪口西军那里送去。"据他说，当时天寒地冻，守军没有皮衣，在零下30多度的低温下艰苦作战，士兵们在冰雪战壕里双手缩在胸前袖筒里，怀抱一支枪。送上干粮时，伸出冻僵的手，咬着冰冷的硬烙饼，余下的揣在怀里。就在送粮途中，天空突然出现3架敌机，低空盘旋扫射，将送粮队打散，一名送粮队员被打死，白茬皮袄上映淌着鲜红的血迹，其余的人躲在干芦苇林丛中，发现里面藏着不少老百姓。

2月1日这一天，日伪军与乌不浪口、四义堂守军继续激战，飞机大炮坦克协同步兵进攻，因正面攻打一时难以得手，遂令伪蒙军由侧翼迂回袭击乌不浪口守军。在日伪军的夹击下，双方战斗打得十分激烈，守军奋勇抵抗，但因多系旧式步枪其中还有老毛瑟（单打，无来复线），距敌稍远不起作用，所以被敌逼近阵地，守军英勇拼搏厮杀，白刃见红，双方伤亡均为惨重，但敌援军众多，终因寡不敌众，下午1时许，敌突破守军东南阵地，208团一个营被迫退向乌不浪口北中公旗境内，随后守军阵地被敌全部突破，其余守军被迫撤出，日军占领乌不浪口、四义堂后主力遂向乌镇逼近。其时傅作义增派101师向乌镇、新31师向乌不浪口增援时，乌不浪口已告失守，101师先头部队302团于乌镇以西与南进日军遭遇，双方进行激烈交战，掩护了西军撤退。

乌不浪口、四义堂守军根据傅作义的部署，虽未能达到预期目的，但也阻击了由后山进犯河套之敌，基本上延滞了其进击之势。

据原马腾蛟 35 师 206 团团部通信员，今乌拉特中旗德岭山乡农民徐吉玉（1986 年 8 月 5 日征访时 69 岁，系宁夏银川人，1932 起在 206 团当兵，曾任团部传令兵，抗战胜利后，留住当地）回忆：2 月 2 日近傍晚时，35 师各部集结乌兰脑包时，发现乌不浪口守军 208 团大部已阵亡，205 团亦伤亡有一半，206 团伤亡较小，除失踪者外，是役计阵亡官兵 500 余人（新注：撤退时在壕堑内被敌机枪射杀甚众，实际阵亡 1000 余人）。由于兵员损失较大，师部决定转移，当晚向乌加河渡口转移。腊月 26（2 月 3 日）早上抵五原，发现五原城已被日军占领，插有敌旗，马部绕城而过，双方均未开火，于是向西南方开拔，安然得以回到宁夏磴口休整。

隆重安葬　告慰英灵

1940 年 3 月 21 日，傅作义反攻五原，取得名震西北战场的"五原大捷"，此后日寇一直未敢继续西犯。

3 月 31 日，西军重返乌镇。时天气转暖，黄河解冻，大地回春，经过秋气肃杀的小草顽强地又泛出了嫩绿春色。

4 月初，傅部与西军寻获乌不浪口阵亡官兵遗骸，并选择乌不浪口西侧为公墓地。

当时西军撤退后，战事稍缓，当地老百姓即主动掩没阵亡烈士遗骸。掩没过程中发现：有的血肉模糊，弹伤暴累，仍保持着同敌人拼搏的姿势，甚至难以与敌尸分开；有的怒目而视，死不瞑目，嘴里咬着敌人带血迹的半片耳朵；有的是同敌人同归于尽的残缺肢体；有的肢体分离已无法辨认……其景甚是悲壮惨烈，不禁令人肃然起敬。正是这些血肉之躯，使入侵之敌付出了惨痛代价，战士们与敌血战到底的英雄气概，保持和捍卫了中华民族的尊严。

4 月 5 日清明时节，傅部与西军在乌不浪口为阵亡官兵选址的墓地之处，召开了有千余军民参加的悼念抗日阵亡将士大会，并隆重举行安葬仪式，以告慰烈士英灵。根据群众提供的原掩没地点，一一认真核查清理，确难以全数寻获，最后将凡能找到的官兵遗骸全部入殓装棺。大会上，军民们看到是一排排灵柩，整整齐齐地排列在会场，还陈列着 140 多位烈士灵牌。会场庄重肃穆，人们心情异常悲愤，然后将烈士灵柩安葬在乌不浪口西侧的向阳坡地。墓穴长 2 米，宽 1 米，呈南北走向，以北为上首，横排向南。坟墓上面堆砌石头，每座墓前立有一青砖碑刻（砖系乌镇砖窑烧制），碑为阴刻文字，苍劲有力，工笔刀痕较深，刻有烈士部队番号、职务、姓名，亦有注明籍贯者。墓地四周垒砌石墙,墙高1.5米,宽0.5米。整个公墓依山而筑,呈长方形,南北长约35米,东西宽约23米,占地面积约800平方米。公墓背依青山,面临公路,向阳坡下,环境幽雅明快,烈士英灵安息其间。

"古来征战几人还","青山到处埋忠骨"。为了中国革命,为了中华民族的利益,在抗日战争中牺牲的乌不浪口阻击战官兵,是值得我们永远怀念的。他们,生——守卫乌不浪口,死——与乌不浪口为伍。他们的事迹应载入革命史册,他们的民族气魄和爱国热情将永远激励着后人。

为国捐躯的乌不浪口抗日阵亡烈士永垂不朽!

附:1986年8月5日下午,笔者与任子秀等人查看了乌不浪口烈士公墓,现将情况记载如下。

自1940年迄今46年风雨,公墓石墙已成残垣,几与地平,但坟墓仍保持原貌。纵横十二行整齐的坟墓,自成一方阵,末一行为13座坟墓,其余每行均为12座,其中西侧一座坟墓置四人砖碑为4人同穴,这样计145座坟墓安葬148名阵亡官兵。

墓前所立砖碑多已残缺不全,砖刻可辨认者有35D(师)5、6、8R(团)字样,即代表国民军陆军第81军(军长马鸿宾)35师205、206、208团番号。砖刻有姓名职务,标有连长、特务长、中士、列兵等,但以士兵居多。标明籍贯的有宁夏中宁、中卫,甘肃靖远、平凉、临夏,陕西定边等县名。

兹将依稀可辨的83位烈士英名抄录如下:

王世勋、×明山、何元龙、王根银、张仲义、曹××、林蒋忠、杨文来、汪长和、韩华保、亢天保、贺(贾)天保、杨进文、孟根祥、吕定功、王长命、李应龙、龚中、李保山、赵××、马万彪、杨战和、杨战彪、毛生财、孔学道、孔学青、×林茂、×士林、马清、王××、吴长清、何学如、冯科、×之楚、孔玉光、万根树、杨长禄、马亨昌、×林福、吴得地(占魁)、乔生盛、白亮祺、高虎成、刘占荣、××昌、胡××、××美、×春延、××仁、袭炳系、杨春天、车佐明、李如虎、张三礼、吕学清、陈良栋、包子荣、王佐才、张百发、杨华廷、席正发、××辉、姬天华、马秉仁、王××、赵公勇、常永泰、岳××、×云江、常茂林、李生祥、李福兴、何发财、王和生、白定来、刘××、范居利、张玉珍、××侯、荣纪侯、李成玉、洪明玉、王元明。

以上因时间仓促,又无第一手原始资料,实难以周详和准确地反映乌不浪口阻击战始末,竭诚希望幸存者、知情者予以补充指正,详实史料和记载全部烈士之英名,以志永存。

1986年8月16日

附录一:

绥远抗战五原战役阵亡官兵

35 师上尉营长荆含润　甘肃平凉人

（摘自《平凉市志》1996 年 10 月第一版，第 797 页）

陆军第 81 军 35 师 206 团阵亡官兵

队号	二连	二连	二连	八连	八连	六连	八连	九连	九连	九连
级职	一等兵晋上等兵	中士晋上士	下士晋中士	下士晋中士	二等兵晋上等兵	中士晋上士	一等兵晋上等兵	下士晋上士	一等兵晋上等兵	一等兵晋上等兵
姓名	孔勉堂	曹吉林	屈颜山	李廷福	高岐士	谭学道	李颜明	陈彦儒	张正义	马占海
籍贯	宁夏磴口	甘肃临夏	甘肃武都	河南温县	宁夏磴口	宁夏中宁	甘肃天水	甘肃平凉	甘肃固原	甘肃固原
死亡地点	绥远五原	绥远五原	绥远五原	绥远临河	绥远临河	绥远五原	绥远五原	绥远五原	绥远五原	绥远五原
死亡类别	抗战阵亡	抗战阵亡	抗战阵亡	抗战阵亡	抗战阵亡	抗战阵亡	抗战阵亡	抗战阵亡	抗战阵亡	抗战阵亡
遗族姓名	父庆玉妻张民母王氏	父福贵母董氏	父屈三母王氏	父登成	父煌	父虎春母陆氏	妻刘氏	父永泰母吴氏妻石氏子孟虎	父万银妻李氏母马氏子有素	妻陈氏
一次恤金数目	100 元	150 元	130 元	130 元	100 元	150 元	100 元	130 元	100 元	100 元
年抚金数目	50 元	80 元	70 元	70 元	50 元	80 元	50 元	70 元	50 元	50 元
备考										

（中国第二历史档案馆资料）

附录二:

英 名 录

陆军第 81 军 35 师 205 团阵亡官兵

(1941 年 1 月 24 日,2 月 9 日、11 日,3 月 20 日、29 日于绥远包头)

团部:

　　上尉书记　　晋增禄　陕西韩城

步炮连:

二等兵	任　青	宁夏宁夏	一等兵	余得水	甘肃固原
一等兵	张升朝	宁夏平罗	一第兵	罗长柱	宁夏宁夏
上等兵	张宏彦	宁夏宁夏	一等兵	阎明林	宁夏宁朔
下士班长	李生福	甘肃皋兰	中士班长	马得福	甘肃固原
二等兵	尹　魁	宁夏宁夏	二等兵	马双柱	宁夏宁朔
上等兵	马恩来	宁夏宁朔	二等兵	傅长太	宁夏宁朔
一等兵	哈　芝	宁夏宁朔	上等兵	丁福山	宁夏宁朔
二等兵	黄青国	宁夏宁夏			

通信排:

一等兵	马义孝	宁夏豫旺	上等兵	刘占全	宁夏中宁
一等兵	王聚才	甘肃海原	下士班长	马永安	甘肃平凉

五　连:

一等兵	谢凤祥	青海民和	一等兵	李子敬	陕西大荔
一等兵	摆忠熊	甘肃会宁	一等兵	赵全有	甘肃会宁

二　连:

下士班长	王福成	宁夏金积	上等兵	王彦福	宁夏豫旺
一等兵	王　连	甘肃平凉	下士班长	唐世杰	陕西蒲城

机枪连:

一等兵	马俊武	甘肃海源	一等兵	王生禄	宁夏宁朔
上等兵	庞占贵	甘肃固原	一等兵	杨生玉	宁夏宁夏
中士班长	金长才	宁夏豫旺	一等兵	张成仁	宁夏宁朔
一等兵	孟长生	宁夏中卫	一等兵	田顺发	宁夏中宁
中士班长	袁才香	宁夏中卫	一等兵	王成德	宁夏宁朔

一 连：

中尉连附　李得瑞　宁夏平罗　上等兵　董积德　宁夏中宁

三 连：

一等兵　丁海兴　甘肃平凉　二等兵　王怀璧　宁夏平罗

一等兵　王玉忠　甘肃固原　上等兵　刘进才　甘肃固原

二等兵　赵万才　宁夏平罗　一等兵　李秉申　宁夏中卫

二等兵　王善德　甘肃平凉

六 连：

上尉连长　马辅信　宁夏平罗　一等兵　马胡赛　甘肃临夏

上等兵　　王守明　甘肃会宁　一等兵　黄生福　宁夏中宁

中士班长　赵生贵　宁夏灵武

四 连：

上等兵　　刘占祥　宁夏宁朔　一等兵　李登荣　宁夏宁朔

一等兵　　张兴先　甘肃临夏　上等兵　王克勤　甘肃固原

中士班长　张存仁　宁夏金积　二等兵　丁秋义　宁夏中宁

一等兵　　郭明祥　宁夏中卫

陆军第 81 军 35 师 206 团阵亡官兵

（1941 年 2 月 9 日、10 日于绥远包头）

一 连：

中尉连附　杨春元　宁夏宁夏　二等兵　唐大元　宁夏中宁

上等兵　　蔡福仓　甘肃静宁　一等兵　王占顺　宁夏灵武

上等兵　　丁国良　宁夏金积

陆军第 81 军 35 师 207 团阵亡官兵

（1941 年 3 月 17 日、18 日，20 日，28 日、31 日于绥远包头）

二 营：

少校营长　王 泉　宁夏中宁　上等兵　刘怀宗　甘肃靖远

机枪连：

上等兵　马魁麟　宁夏平罗

四　连：

一等兵　铁　斌　宁夏金积　一等兵　贺万得　宁夏平罗

二等兵　杨青山　宁夏平罗　一等兵　张文礼　宁夏宁夏

一等兵　敬全祥　甘肃环县　一等兵　吕占清　宁夏宁夏

一等兵　张永华　甘肃固原　二等兵　徐崇明　宁夏平罗

一等兵　郭玉珍　宁夏宁夏　一等兵　廉生禄　宁夏中卫

一等兵　张银青　宁夏中宁

五　连：

上等兵　戴子建　甘肃海原　少尉连附　张子敬　宁夏磴口

一等兵　门金年　宁夏中卫　一等兵　王　义　宁夏中宁

二等兵　曹国顺　宁夏宁朔　一等兵　何　才　宁夏中卫

六　连：

上等兵　张得清　甘肃固原　上等兵　张国维　甘肃静宁

上等兵　丁九锡　宁夏金积　一等兵　马占忠　宁夏金积

二等兵　吴　杰　宁夏宁夏　二等兵　李金山　宁夏宁夏

二等兵　钱云龙　宁夏中卫　上等兵　张聚宝　甘肃海原

一等兵　白天祥　宁夏中卫　上等兵　张崇德　宁夏中卫

下士班长　马武灵　甘肃固原　一等兵　王　明　宁夏宁朔

一等兵　俞占鳌　宁夏中卫　一等兵　任明元　宁夏宁朔

一　连：

一等兵　艾存善　宁夏中卫

二　连：

一等兵　张汉三　宁夏中卫　二等兵　王　民　宁夏中卫

上等兵　雍积福　宁夏中卫　中尉连附　王国栋　甘肃临夏

陆军第 81 军骑兵团阵亡官兵

（1941 年 2 月 9 日、12 日于绥远包头）

一等兵　张发科　甘肃庆阳　上等兵　何生花　甘肃海原

中尉连附　马有才　甘肃临夏　二等兵　马如意　甘肃秦安

资料来源：中国第二历史档案馆，孔庆泰先生义助

（载政协乌拉特中旗提案委员会编：《乌拉特中旗文史》第 1 辑，2005 年版，第 268—281 页）

25. 恩格贝的记忆

谢荣生　贾莉

消失的"死人塔"

一排排浅浅的坟坑，四处散落着白骨；血色黄昏中，姑娘吟唱起一首忧伤的河套酸曲……这就是10年前，电视片《恩格贝的见证》留给我们的那无法挥去的记忆。然而10年后，当我们再次来到恩格贝时，这片不毛之地已变成中国最大的人工绿洲，并成为当地小有名气的休闲旅游地。

在当地旅游开发公司一位姓王的副总经理的带领下，我们来到那片埋葬抗日忠骨的台地之上，浅浅的坟坑已被风沙剥蚀得面目全非。面对一簇簇沙蒿，连故重游的江兵也难以辨别出几个昔日的坟坑；我们四处寻觅，只是在地下的小沟中，找到两片很小的头骨。我们没有想到，仅仅10年，这些为国捐躯的抗日将士不但英名不在，竟连忠骨无存。

据王副总经理讲，这十来年里，处于景点设置的考虑，还因为经常有日本人来此植树，他们曾多次向当地政府打报告，向来访的领导反映情况，希望能在台地上建一座烈士陵园。但每一次努力都化为泡影，至今无人问津。按当地人的习惯，他们将台地称作"塔"，因此，那片埋葬抗日忠骨的台地便有了一个特别的名字叫"死人塔"，如今，不但抗日英烈们尸骨无存，就连"死人塔"这个记录了当年那场血腥杀戮的地名，在恩格贝的地图上也找不到了。

特别的纪念碑

实际上，在恩格贝这片抗日烈士长眠之地，已建起一座纪念碑。但说起这座纪念碑，就不得不提到一个名叫远山正瑛的日本老人。

20世纪90年代初，已80多岁高龄的远山正瑛来到恩格贝，带领日本沙漠协会的协力队员在沙漠中植树。10多年里，在他的感召下，有近万名日本协力队员和数千名中国志愿者，在恩格贝一带沙漠中，种下了300多万棵树，让沙漠变成了绿洲。恩格贝成为中日友好的象征，远已正瑛老人也多次受到江泽民等国家领导人的接见。

2004年，99岁高龄的远山正瑛老人去世，遵照他生前意愿，人们将他一半骨灰埋在了恩格贝。

如今，在恩格贝，国人给予远山正瑛老人极高的哀荣。远山正瑛的铜像、纪念馆、大理石雕像相继落成，他生前照片和遗物到处都在陈列和展出。看得出来，国人对死者的纪念是很有办法的。

但让我们对远山正瑛老人肃然起敬的却是另一座纪念碑，是那座立在恩格贝抗日烈士长眠之地上、不很高大的三角形水泥碑。这座纪念碑是远山正瑛老人为纪念当年战死在恩格贝的抗日英雄，于2000年设立的。碑的正面题写有"抗日将士纪念碑"几个大字，碑的背面记述了英烈们浴血奋战、壮烈牺牲的经过。这座纪念碑也是这片血染的土地上，唯一与当年那声场搏杀有关的纪念物。

难忘的顽石图

在离开恩格贝的那天早晨，在远山正瑛老人铜像不远处的墙壁上，我们看到了一组用顽石拼成的图画，讲的是"三个和尚没水吃的故事"。据那位姓王和副总经理讲，是他们老总为教育员工，让人制作的。

在回家的路上，突然间有了这样一种感觉：绥西采访这一路上遇到的许多人和事，似乎都和"三个和尚没水吃的故事"有关。

在恩格贝，来此植树的日本协力队员一般不与当地人来往，但他们有很多故事还是在当地传开来。

——有一次，植树的日本协力队员收工时刮起很大的风沙，遮天蔽日。老老少少的协力队员陆续回到住地，却不进门，站在风沙中，等待最后收工的队员一同进屋。

——一次，日本协力队员收工时发现少了一把铁锹，这时连烟灰都不能在沙漠里乱弹的协力队来说，是一件很严重的事。为此，远山正瑛竟坐在地上不去吃饭，直到将问题查清楚。

——在远山正瑛纪念馆不远处，还埋有一个名叫泉彦智的19岁日本青年的骨灰。实际上，这个日本青年并未到过中国。只是在突然得病离世前，他报名参加了来华植树的协力队。为了这个生前意愿，他死也要到恩格贝。

在恩格贝，有关"死人塔"那上千各抗日英烈的传说有很多版本，但有一个说法是一致的。就是这些中国军人在去攻打日伪据点的路上，被"蒙奸"出卖，遭日伪军围歼。而有关"蒙奸"，可以说在绥西战役的每个紧要关头，都会出现他们的阴影。

——在乌拉特旗"乌镇惨案"发生前，中国军队的一些枪炮运到五原去检修，就有"蒙奸"向日本人告密，带鬼子突然来袭，使我方军民伤亡惨重。

——达拉特旗的王爱召，是个有400多年历史的蒙古寺庙。1941年，日寇抢掠和焚烧了这座著名寺庙。这在央视8套电视剧《我的鄂尔多斯》中有突出展现。可历史的真相是，攻打这座蒙古著名寺庙的除了一小队日本人外，还有一个师的"蒙奸"部队。

事实上，在整个绥西战役中，中国国民党军队抵抗的日伪军队中，70%以上的伪军都是"蒙奸"部队。而在整个抗日战争中，除了在抗战期间被消灭的118万伪军外，抗战结束时还有146万伪军向抗战军民投降。

但愿，这"三个和尚没水吃的故事"别像那顽石一样千年不化。

（载宁夏日报报业集团《新消息报》2005年9月22日第31版）

26. 死人塔——历史的见证

江兵　梁鉴　李正宏

从包头起程，过黄河，再驱车南行15公里，就到了内蒙古自治区境内的库布其沙漠。沙海之中，有一块景色优美的绿洲，这就是恩格贝。

库布其沙漠浩瀚而荒凉。几年前，一个名叫远山正瑛的日本老人决心把自己的余生献给沙漠开发事业，他从遥远的樱花之国飞抵北京，然后背起行囊，一头扎进中国大西北的腹地。于是，库布其沙漠被划出了一片中日协作的沙漠综合开发区，开发区基地就设在恩格贝。

（一）

公元1995年8月的一天，时近立秋。

恩格贝的气温依然偏高。特别是白天，扛着四五十斤重的摄像器材奔走于灼热的沙丘之上，说不清是什么滋味。

我们此行的目的是协助中央电视台拍摄一部取名为《恩格贝之恋》的纪录片，表现远山先生开发库布其沙漠的活动。前期工作将结束时，当地开发区主任王明海对我们说："附近有一个死人塔，去看看吧。"

"死人塔？"我们一愣，这名字好怪！

王明海解释说，按当地人的习惯说法，所谓"塔"只是台地的意思。40年代这里发生过一场激战，有一支从宁夏来的部队，当地老乡称为"西军"，在不远处的一条沙梁下被日伪军团团围住，全体殉难了。当时的情景十分惨烈，据老人们回忆，真是死尸遍地、血流成河。后来这些死难的遗体被移至临近一片高高的台地草草掩埋，自此，这块台地叫作"死人塔"了。

我们的心猛地一缩。莫非真有其事？多年从事新闻工作，在宁夏，这样的事我们还从没有听说过。

我们顾不得炎热和疲劳，立即向"死人塔"进发。

（二）

趟过一段沙路，登上坡地，我们简直被眼前所见的情景惊呆了。

一眼望去，偌大一片坟场，到处是白花花的尸骨。人的骸骨，头颅、四肢、躯干……都看得清清楚楚。有的分明显示着相当完整的人体骨架，有的四散开去，东一根，西一块。

王明海说，6年前库布其沙漠开发尔道区初建时他第一次到这里，那时，遍地白骨就这样裸露着。因为岁月流失，尸骨风化得很厉害。那些掩埋得较深的墓穴，表面浮沙大多被吹开，可以看出一个个长方形墓穴轮廓；浅一点的，一不留神，轻轻一脚就能踢出来。

眼前这各种令人触目惊心的场面完成出乎我们的想象。如果不是事前得知，我们简直无法相信，这一堆堆裸露的白骨，竟都是当年抗日将士留下的遗骸！

几十年过去了，先驱者血洒异乡，谱写了一曲宁夏回汉人民共赴 国难的英雄壮歌，而我们却一无所知。我们有责任把这段史实录下来，否则，我们将于心何安？

我们仔细搜寻，希望能找到证明死者身份的东西。遗憾的是，整个坟地没有一座墓碑，甚至看不见一块棺材板。我们只是找到了不少陶罐的碎片；在紧挨着一具尸骸的大腿骨旁边，还发现一截折断了的刺刀，长约半尺，因为年深月久，已经完全锈蚀了。

（三）

我们去寻访知情人。

乌兰乡80多岁的老汉刘四一边往炉膛里添柴，一边向我们讲述了一个尘封已久的故事：那时日本人打到这里，一天，500多人的队伍（他们是西边来的，回族人）停在临近死人塔的一道沙圪坝下休息。天气已经热了起来，队伍上的人穿的还都是破烂棉衣，单军装背着，说要等上面来了命令一齐换。那边沙梁子下面有一眼泉，队伍正烧水做饭，两个农民报告说日本人往这边来了。他们用望远镜一看，果然日本人来了。可日本人的飞机已经飞到队伍的头顶上，用机关枪"嗒嗒嗒嗒"往下扫。跟着响了几炮，骑兵队又围过来，把后路断了。汽车拉着大炮，还有步兵，里三层外三层地把西军围起来打。最后打交手仗，西军的人全死了，骡马打死了二三十匹。

我们走访散居在这带的几户人家，人们所说的大体相近，但都只是听说，而非亲眼所见。不少人提到一位名叫徐平的老人曾目睹了事件的全部过程，但我们几经寻找，最后得知老人已经故去。

在西口湾村，我们找见了徐双虎。这位老人年过八旬，当年亲手掩埋过烈士的遗体。老人耳不聋，眼不花，提起往事记得清清楚楚。

"那是 1940 年，4 月 28 日死了人，5 月初 2、初 3 埋的。来了西军一个师长，站岗的士兵在东边沙梁上守一宿，叫老百姓帮着埋人。几十个人连来带走埋了 8 天，光这边就埋了 480 个，那边还埋了 500 多人。人都烂了斜身横卧的，气味大的很。我们用沙篙堵住鼻子，把死人驮到台子地，埋了这个，又把那个翻了出来。20 出头的多，30 岁上下的就是排长、连长了。起先埋掉一个，放一块砖头，插一枝树枝；以后三五个埋到一个坑里，砖头不放了，树枝子也顾不上插了。有的头天埋了，第二天身子一胀把沙土顶开，露出来了，再埋。有个营长装进刚钉上的木柜子里埋了，我抬着。师长跟这个营长关系近，要看，我说人鼓得那么大，没法看了。师长坐在边上一整天，给他鸡蛋，他不吃，光喝水。"

……

在我们所到之处，人们重复着一个同样的故事。显然，恩格贝一带几乎所有的人都知道 50 年前这里发生过一场惨烈的战斗。战斗是在中国军队和日本侵略者之间进行的，在中国的土地上，一群中国人为了保卫自己的国家殊死搏斗，被入侵都野蛮地杀害了。

还有一点可以确认：据知情人说，死人塔上这些殉难的中国将士属于马鸿宾将军统率下的绥西抗日部队，即老百姓所称的"西军"。

（四）

我们查阅史料，有记载说："七·七"卢沟桥事变之后，日本全面侵华战争开始。日军主力在大举南侵的同时，其另一部沿平绥线进入绥远（今内蒙古自治区），企图继续向西推进，控制东起察绥、西至新疆的中国西北边境，切断中苏通道，以配合东部战场。

次年春夏之际，宁夏国民党 35 师奉命扩编为 81 军，绥西防务由宁夏军队负责，马鸿宾将军被任命为绥西防守司令。

1939 年秋至 1940 年，一度退守山西的傅作义部回师绥西，在绥西防守部队的配合下，奇袭包头，随后又攻克五原。马鸿宾部 81 军主力 35 师，则进入达拉特旗一带，扫除伪军据点，收复了伊克昭盟黄河两岸之大片失地。

绥西战役是中国人民抗日战争时期著名的战役之一。经过大大小小的数十次战斗，蒙、汉、回各民族联合作战，给入侵者以迎头痛击。从此，日本帝国主义便再不敢贸然地渡过黄河、向西进犯了。

或许，"恩格贝之战"就发生在这一期间。

后来回到银川，我们翻遍所有关于当年国民党 81 军开赴绥西及其主力部队

35师移防伊克昭盟、抗击日寇的历史文献，都找不到抗战将士喋血恩格贝的任何记载。

现任宁夏政协副主席洪清国那时是81军的一名军需官。他说："当时我们在前面走，听说后边打起来了，死了一千多人。出事地点是在黄河南，包头对面。"

截至目前，这恐怕是仅有的一条线索了。

原35师营副王五典证实，当地老百姓所称西军就是81军。五原大捷后，一位盲人编了小曲在街头唱，其中就有："咱们的老西军，打起仗来真能行。打败日本兵，百姓得安宁"这样的句子。

（五）

前前后后，我们在恩格贝逗留了4天。

告别恩格贝的前一天，我们又一次拜谒了"死人塔"。我们的心情仍然沉重，总觉得有一个声音呼唤着、追逐着我们，压得我们透不过气来。也许，我们正是第一批来自宁夏的凭吊者，我们眼前唯一能做的事情，就是肃立在烈士的遗骨堆中，默默地献上一束从附近采来的白色的小花，以表示我们敬意和悼念。

恩格贝地属伊克昭盟达拉特旗乌兰乡，蒙语里是平安、吉祥的意思。死人塔可以作证，半个多世纪以前，日本帝国主义的铁蹄曾经把这块土地碾成了一片焦土，而今天盛开在墓地周围的这一丛丛圣洁的野花，在蓝天、白云的映衬下，却显得格外生机盎然。

在我们即将离去的时候，正巧碰上一伙从广岛来的日本人，他们是日本协力团的志愿人员，专门赶到死人塔祭奠死者亡灵的。这些日本人绝大多数是战后出生的，他们听完导游介绍，一言不发，只是小心翼翼地把一根根裸露着的白骨捡起来堆放一处，然后围拢过来，合掌默哀。一位五十开外的男子像是他们的领队，他身着法衣，口诵经文，举行完日本式的悼念仪式之后，又讲了一通话。随行的中国译员告诉我们，这个日本人说，战争夺去了许多人的生命，对于日本在战争期间带给中国人民的灾难和痛苦，他深感内疚。同样是日本人，他们这次有机会来到这里种树，帮助中国绿化和开发沙漠，心理上是一种补偿……

我们相信，面对战争的罪恶，日本人中的大多数是会有正确认识的。各国人民应该世代友好，争取人类的永久和平。

（载《宁夏画报》1995年第6期，第28—29页）

27. 喋血恩格贝

江兵 梁鉴 李正宏

许多人认为，宁夏在抗战时期，除了银川受到日本飞机轰炸之外，再没有别的什么了。今年7月份，我们去内蒙古伊克昭盟的库布其沙漠腹地——恩格贝，拍摄一部治理沙漠的记录片时，竟意外的获得了一些宁夏部队在此奋勇抗日的线索。

过黄河古渡昭君坟，沿专线公路南行15公里，上梁便会看到起伏的沙丘弧型排列。围出一片绿海，这就是恩格贝。

恩格贝，蒙语里是平安、吉祥的意思，然而半个多世纪之前，日本军国主义在这块土地上肆意践踏，用凶残猛烈的炮火，把平安吉祥炸得杳无踪迹，并把无法抹去的血痂，深深地烙在幸存者的心里。

"七·七"事变后，日军在沿京沪线南侵的同时，也加紧了沿京绥线西侵的步伐。1938年日军占领包头后，曾派特务到宁夏当局劝降，劝降失败后，曾三次对银川进行轰炸，使300多平民丧生。在这种情况下，马鸿宾将军率81军35师及隶属17集团军马鸿逵部的两个骑兵旅开赴绥西战场，同傅作义部队协同作战，著名的包头、五原之战便发生在这一时期。

五原大捷后，马鸿宾驻兵伊克昭盟，负责河防。1940年5月，马部的一支部队在恩格贝的龙泉旁休息，正埋锅造饭时，突然被大批的日、伪军团团包围。茫茫草原，交通不便，装备落后又仓促应战。但是恨透了侵略者的士兵们面对强大的敌人，宁折不弯，进行顽强血战。

敌人动用了飞机、大炮、机枪，战斗十分惨烈。据说只有一人骑马逃出，其余人全部战死，战场上尸体累累、血流成河。曾亲自掩埋过这些死难烈士遗体的徐双虎老汉说，当时他们把三五个人埋在一起，第一次埋好后，膨胀的尸体把沙土顶了起来，又得重来，先后埋了三次。他记得是1000余人。

自这场战斗后，这个地方便被恩格贝人叫作"死人塔"，一直沿续至今，我们先后走访了"死人塔"附近的住户李飞，达拉特旗乌兰乡居民王清泉、刘四等几位知情人，包括曾亲自埋过烈士遗体的徐双虎，都是只知道这是西军（后套人对宁夏部队的专称），其余的就说不清楚了。

我们在死人塔拍摄时，望着那一堆堆裸露的白骨，我们怎么也不敢想，这些就是当年宁夏父老执手相送的生龙活虎的将士。在恩格贝几乎所有的人都知道这场战斗，所有的人都记着为捍卫这块国土而捐躯的将士。烈士们啊，后套人民没有忘记你们，我们宁夏人民更不会忘记你们！

拍摄完这些镜头之后，我们带着沉重得不能再沉重的心情离去，可总觉得有一种呼喊在追随着我们："我们要回家！"而我们这些新闻工作者，作为第一批凭吊者所能做的，只是把一束鲜花和无限的景仰留在这里。

忘记历史是一种悲哀，尊重历史是一种坦荡。五十多年前的那场残酷的战争已成为高悬的历史宝鉴（剑，编者），如今的恩格贝早已恢复了往日的平安和吉祥，中日人民在这里共同绿化沙漠、改造沙漠，友谊的欢歌笑语时常回荡在恩格贝。

和平，是全世界善良的人民的共同的理想和追求，凡是为和平而牺牲的人们永远受到景仰。

（载《宁夏日报》1995 年 9 月 15 日第 6 版）

28. 在伊克昭盟的一次战斗

韩哲生

1940年夏，81军主力35师及两个骑兵连，从绥西移防伊克昭盟北部之达拉特旗属黄河南岸滩地及滩南部沙窝沼一带，35师205团团直属及2营两个步兵连驻沼地沿边新民堡，两个半营驻在滩上，离新民堡10余里。团长马维麟，我任副团长。206团驻新民堡10余华里的王乃召，团部及一个营驻在庙外，其余驻在滩上。35师师部在沙窝地中李玉山圪旦，是一个小村庄。东北距新民堡十五六里，北距王乃召约七八里。军长马鸿宾率领前方指挥所驻在王乃召西约十七八里的展旦召，其余部队驻在展旦召前面及迤西地区。

1940年2月底，当时黄河封冻，军车可以行走。傍晚得到情报：归绥（今呼和浩特）方面日寇军车六七十辆，满载大炮、军队，从托克托县附近渡过黄河，向西进犯。已在树林台一带，和民兵义勇军接触，若义勇军抵挡不住，即有沿滩西犯可能。军部电话通知各团就地注意警戒。第二天黎明，205团团直属进入预构台地边沿阵地，2营两个步兵连进入东面隔一干河床阵地。到太阳刚刚升起来时，兵车声隆隆不绝，不久，阵地东南面约距四五里一道高丘上出现了很多日军，并推上来了30多门大炮，一字摆开。我即用电话向军长马鸿宾作报告，马指示速将部队撤出阵地，退入西南沙窝地区。未及传达执行，敌人30多门大炮同时猛烈向我阵地轰击，而我军所有武器，仅是一些旧步枪，还有单打一的老毛瑟枪，与敌人相距稍远就不起一点作用。经过敌人炮火猛轰，团直属右翼阵地全部被毁，副连长1人、排长2人阵亡。此时，敌在炮火掩护下猛扑过来，冲破右翼，向我阵后包抄过来，我部即向东北撤退。东面两步兵连被敌兵插入干河床，不能西撤和团直会合，向北退去（这些人当晚绕回滩上本营）。前沿阵地一小部分人掩护团直属撤退后，陷入敌人包围。我和团长退入沙窝后，即用原有电线，搭上话机同马鸿宾取得联系，报告作战经过。他在电话中严厉批评团长和我行动缓慢，未在敌人开炮前撤离阵地，以致遭受重大损失。他命令我们在门坎梁（距新民堡约5华里）收集散兵，并派便衣乘夜下滩找三个营绕道撤回，归团建制，要警惕敌人行动，不能予敌可乘机。第二天黎明，敌人向王乃召206团阵地进攻，先用大炮轰击，将召内雄伟的大佛殿轰平，随之步兵进攻。守兵遵照马鸿宾指示，凭借工事，抵抗了一个多小时，向沙窝内撤退。此后，敌人以新民堡为根据，分兵到滩地进行所谓扫荡战。滩上我驻军均撤到南面沙窝沼地。从黄河以北包头一带，敌调来 6 个伪蒙骑兵师，每师二三百人不等，接替日军分点驻守。第三天半夜，205 团 3 个营也回到门坎梁附近，归团建制。当时，马鸿宾命令各团利用沙窝地军车不能畅行条件的进行游击战术，即敌进我退，敌退我进，与敌保持五六里之距离，如遇有利地形和机会，就进行反击。并选拔二三十人组成突击队，夜间到新民堡附近放枪骚扰，使敌人不得安宁。这样守了八九天。一天上午，发现敌军车二三十辆，满载敌兵，从新民堡出发，向门坎梁开进到沙窝地带。军车慢慢蠕动，不能快行。我军即向西南撤退，敌兵下车，趾高气扬地步行前进。进到距门坎梁五六华里之兰四拉坝，正面有一个甚高大而坡度较陡的山岭，我军和敌兵都抢先爬山，争制高点。当敌兵爬到半山腰时，我军已从东面抢先登上山顶。我驻李玉山圪堵一连骑兵也从西翼抢上山顶，一齐开枪猛击，将先头几十名敌人全部击毙，后续敌兵爬山仰攻，并抢运敌死者尸体。我军沉着射击，并以手榴弹毙伤敌人 200 多人。这时，双方近距离作战，敌人的大炮失去了作用，我方轻武器虽比不上敌人精锐，而凭借地形优势，把进犯敌人几乎全歼。这时，日方有坦克 4 辆，掩护大量敌人前来救援，沙窝山坡阻不住坦克行进，敌人攻上山来。我军第一次遭遇敌人的坦克车，知不能拼，即向山后及两侧迅速撤退。日寇坦克攻上山顶后，再未向我追击，掩护抬运尸体和伤兵，装入汽车，开回新民堡去了。

经过这次打击，日军连夜在新民堡外焚烧死尸。据附近老乡说，敌人将他们的重伤兵也浇上汽油，同死者一并烧了，哭叫之声，惨不忍睹。第二天一早，敌放火烧了新民堡民房及王乃召全部房屋，匆匆撤走，经过滩地到昭君坟（在包头附近黄河南岸）、简板营子附近，渡黄河北去，结束了所谓扫荡战。

日军撤后，我军经过几天准备，即向滩上伪蒙骑兵进攻。经过一个多月大小十几次战斗，伪蒙军没有力抵抗，全部逃过黄河去了。只剩下柴登召一个敌人据点，后被傅作义部攻克，伊克昭盟大片滩地才全部恢复了平静。

（载政协宁夏回族自治区委员会文史和学习委员会编：《宁夏文史资料》第 15 辑，宁夏人民出版社 1986 年版，第 132—134 页）

29. 乌镇地区抗战事略

王继孔

一、桂排长乌镇抗战喜结缘

1937 年至 1938 年后，日军侵占了归绥（呼市）、包头后，连边陲小镇大余太也侵占了还不死心，想继续西侵。当时，乌镇已是抗日前沿阵地，守军是归傅作义将军指挥的宁夏 81 军 35 师，其 206 团驻守乌兰脑包、208 团驻守乌不浪口、四义堂，205 团及师部驻守乌镇，惟因部队武器装备极差，为了战时少流血，所以平时就得多流汗。经过全师官兵一年多的烈日暴晒，风吹雨洒，构筑了两道防卫工事，即：挖有战壕、交通沟，隐形地堡、陷阱、梅花坑；这些工事相互连通，再加当时河套地广人稀，野草丛生，十分隐蔽。

乌镇开战的前几天，日军飞机曾多次盘旋侦察，像投石问路试探性的侵扰。

1939 年农历四月二十日，日军从大余太出动 20 来辆汽车，载 200 多日军，经枣树口攻打乌兰脑包，此时我守军 206 团的官兵早已布防于工事内严阵以待。日军临近阵地把汽车隐停在黑土圪卜（今德岭山良种场）的沙丘草林中，准备攻击，可是看不见一点动静，又为守军没有防备，同时，根本瞧不起我军，便重新乘车行进。我们的防御工事都有野草隐蔽，日军人地两生，根本无法发现。汽车行进中突然一辆陷入隐形陷阱内越陷越深，不能行动，我军便集中火力射击，日军只好仓促应战，处处挨打，经过约半个小时激战，20 多个鬼子被击毙，它们眼看的要吃大亏，便丢下了两具尸体和一辆汽车灰溜溜地逃跑了。而我军以很小的代价取得了胜利，可惜我军没有重炮轰击，否则鬼子将要全军覆没。

在战斗中我军前沿阵地的桂排长英勇善战，被打伤了右眼，但受伤不下火线，他们还缴获了日军汽车，立了大功。

通过这次战争大大的鼓舞了抗日军民的士气，打破了日寇不可战胜的神话，认识到构筑工事的重要性，就更加加紧了修筑工事的进程（现在乌镇附近的工事仍清晰可辨）。

十多天后的端午节，在师部驻地乌镇召开庆功会，把打坏的日军汽车用牛拉到会场，抗日英雄桂排长就坐在主席台上，台下前排就座的小学生，全体隶立向英雄三鞠躬，全场群众以尊敬的目光注视着抗日英雄——桂排长。

村里郑元隆之女郑兰兰爱慕英雄，在桂排长失去右眼，而她还不到成婚年龄，等待三年后嫁他为妻。据说郑兰兰几年前还有人在五原街上见过。

二、四义堂一对患难老夫妻

民国28腊月23日（1940年2月1日），由黑田重德师团长率领的日伪军，侵犯五原后套。乌不浪口、四义堂、乌镇是第一道防线，驻守乌镇地区的35师虽凭借坚固的防御工事及旺盛的抗日士气激战一昼夜，终因力量太悬殊，乌镇失守了。

日寇为了收买人心还没有开始大批杀人。当时百姓大部分逃到乌拉壕河西畔芦苇林中，郭秉智的母亲身患重病未能逃走，鬼子侵占乌镇后，漫村寻找较集中的房子以便驻扎，看准了郭家附近一片房屋，郭大娘不让日本鬼子住，便遭到毒打，并被赶出房外活活冻死。全家人痛苦万分，但也不敢痛哭，草草的埋葬了亲人，可留下了三个年幼的儿女（女10岁、儿8岁、小儿6岁），这是多么悲痛的事啊！可怜的其父又当父又当娘，含悲忍痛总算把孩子们拉扯大了，生活的艰苦可想而知，郭秉智10岁为了生计就当了小牛倌，真是苦命啊！

任二仁的父亲任和，叔父任二和、任三和，于1942年农历5月18日在日本鬼子第三次侵略乌镇时，在四义堂村南的火烧圪旦被鬼子杀害了，留下老小寡妇3个，孙儿4个，孙女3个，祖母哭的双眼几近失明，但仍再三教导全家要牢记日本鬼子犯下的滔天罪行，此仇必报。在白天不敢哭泣，带领儿媳劳动，晚上还得照看仅有的十多只羊喂草、喂料，就这样没明没夜的劳动也难养9口之家的生活，故将12岁的任二仁许配郭秉智当了童养媳，又让10岁的任丑仁当了小羊倌，孩子们没一个上过学。

1949年，绥远省和平解放，受苦人翻身，幸福步步来，不缺吃不缺穿，郭秉智、任二仁的儿女都按时上了学。他们夫妻和任丑仁经常教导孩子们要永远记住你们的奶奶和外祖父是被日本鬼子杀害的，我们童年受尽了人间的苦，根本上不起学，你们有这么好的条件，一定要努力学习及工作，为人民服好务，让我们的国家繁荣富强，复兴昌盛。经常的教导收到了可喜的成果，他们的大儿子郭建华光荣的入了党，成长为处级干部，二儿子郭建强、三儿子郭建光都是国家干部。

郭秉智是多年的共产党员了，现已年逾古稀，身体很健康，儿子们不让他们老俩口劳动了，从乡下接到海镇居住，可是勤俭劳动惯了的他们，坐下不习惯，又在街上开了一个电话亭，不为挣钱，只为舒心愉快。

他们的孙辈有三个上了大学，两个硕士研究生。正如他们所说：现在的幸福生活真是做梦也想不到啊！

三、任老大娘送孙子参军为报仇

日军于 1940 年五原战役遭到惨败后，他们恼羞成怒，这股恶臭气又倾注在乌镇地区抗日军民身上。1942 年农历五月十八日，从包头大余太纠集出动 1500 多日伪军从乌不浪口侵占了四义堂及乌镇。日本鬼子实行了杀光、烧光、抢光的"三光"政策，在四义堂村南火烧圪旦的任老大娘 3 个儿子——任和、任二和、任三和都被杀害了，家中只留下孤儿寡母的死去活来，其惨状真是目不忍睹，多亏村中亲戚朋友大力帮助，才能勉强苦度岁月。尤其是年逾花甲的任老大娘，操着一双小脚，带领儿媳租种 20 多亩地，十来岁的长孙任丑仁当了小羊倌，艰苦度日硬是拼拼死活地把 4 个孙儿、3 个孙女拉扯大，其艰苦可以想象。

解放后的 1954 年，乌镇乡四义堂村中读报宣传员经常宣传美国重新武装日本，这消息深深的刺痛了老人的心，被日军杀害 3 个儿子的血泪仇怎能忘记？任老大娘不顾自己家中劳力少、生活艰苦，她亲送大孙儿任丑仁参加解放军。

当时政府考虑到任老大娘已年逾古稀，家中仅此一个整劳力，不想让任丑仁参军，劝说任老大娘再过几年让她二孙子参军。可是看到任老大娘及任丑仁为保卫祖国和人民幸福生活及为亲人报仇的坚定决心，这种真情难却，便批准参军。在村集体关心下，他们家中的农活种到收不用老人操心。

当任丑仁转业回乡后，曾多年担任民兵连长，在党的教导下，进步较快，对工作负责，带动群众搞好农业生产，做了大量工作，多次受到了上级的表彰奖励和群众的好评，并且光荣的加入共产党。

四、抗日民族英雄王大老虎、王二老虎功绩记

1940 年 3 月五原战役在傅作义将军领导下，军民团结一致，军队英勇作战，百姓全力配合，拆毁桥梁引水淹路，抬担架送伤员，让日军侵略者退也不得好退，取得了名扬西北战区的辉煌胜利——五原大捷，打破了日军西侵的梦想。

在抗日战争中涌现出很多英雄人物，如乌镇乡长薄根长率领村民蔡月红、范七、戴义礼、李登云及义和原渡口的船主杨双红、刘五等人，把义和原渡口的摆渡大船摆到乌加河北岸大退水渠的芦苇林中，由五六人看守。有部分日军

从五原城中逃退到此想渡河逃命，在后有追兵前无渡船的情况下，只有冒死过河，可河冰已溃滥，所以试图过河的全部鬼子住了仰尘房而淹死，后面的日军见此情景便各自另行逃命，真可谓兵败如山倒，风声鹤唳草木皆兵。其中8个日军盲无头绪瞎逃乱奔，到了金先生圪旦已近二更天，由于20多个小时的逃窜肚子饿的实在走不动了，在这人地两生半夜三更真是寸步难行，只好拼死住到这里。王大老虎、王二老虎将日军诱到大院，这些日军首先要饭吃，大老虎便用酒肉喂饱了这群野兽。由于日军过分饥饿困乏，吃喝后，他们就要睡觉，起初还有二人警戒，过一阵见无动静就不由的都象猪一样睡着了。大老虎邀集了十多个村民，每人手拿着屠刀和看守日军的二老虎一齐同时动手，日军在睡梦中还没来的及反抗便全部被杀死了，真没想到疯狂不可一世的日本侵略军竟和杀猪一样的被解决。

此时五原城已被傅将军收复，王大老虎、王二老虎等把鬼子的头割下，装入麻袋，用驴驮上到王原城交给孙兰峰将军，还要了收条，后经来人验证了尸体及武器，傅作义将军授予王大老虎、王二老虎"特级抗日民族英雄"称号，并颁发光荣胸章及牌匾。

为了表彰大、二老虎英勇杀敌伟大精神，编成了歌曲让学校学生们歌唱，经歌颂抗日英雄的丰功伟绩。由于痛恨日军侵华罪恶和歌颂抗日英雄的胆略业绩，时隔65年之久，其中以一首河套小调歌词，我还记忆犹新：大二老虎真英勇，杀了八个日本兵，人头交给孙兰峰，后大套出了两个老英雄呀，乃是依哟嗨。

五、"抗日民族英雄"薄根长功绩记

薄根长，山西省定襄县芳兰镇人，少年时随父来到河套乌镇经养牧务农为生。

薄根长，曾任五原四区平原乡（即乌镇）乡长，平原乡辖乌镇、乌兰脑包、四义堂、宝圪图、石脑包、大树圪卜（壕北）等村，并协助乌镇公安局管理乌加河义和原渡口交通往来事务，因安北县部分乡村及乌加河北的人民去河南各村和去五原县城办事必经该渡口。

抗战以来，薄根长听到原籍乡亲们经常提到日本鬼子惨无人道的杀害咱们中国人，尤其是抗日动员委员会及乌镇驻军大力宣传日寇杀人放火、奸淫抢掠，残暴至极，人民对日本鬼子的罪恶刻骨铭心，在动员全民抗日之下，他积极参加抗日活动。

1940 年农历腊月 23 日，日军占领乌镇后，继续西侵仅留部分伪军和 30 来个日军驻守乌镇，日军龟缩在永义恒四合院内不敢出来。日军虽未杀人放火，是为了收买人心，但是镇内鬼子情况知之甚少，可说是两眼墨黑，所以傅作义将军派来的于纯斋参谋和数名密探住在薄根长家中和我军互通情报。

1940 年 3 月，傅作义将军反攻五原，部分日军逃窜到义和原渡口妄图逃命，可是河冰溃滥，摆渡大船早被薄根长率领的蔡月红、范七等人藏起，冒死渡河的日军都被淹死，侥幸留下的 8 个日军全部被王大、二老虎他们杀死了。

"五原大捷"的庆功大会上，表彰了有功人员，授予薄根长"抗日民族英雄"称号，颁发了抗日英雄锦旗一面，抗日英雄纪念章一枚。从此，薄根长的英名名扬整个河套大地，受到人民的尊敬。

（载乌拉特中旗政协提案文史委员会编：《乌拉特中旗文史》第 1 辑，2005 年版，第 226—233 页）

30. 日军入侵乌镇、乌兰脑包部分片断

王振贤

我，生于 1937 年，出生地：德岭山镇乌兰脑包村，日军入侵时我还很小，但老人和村里长辈们给我谈起日本鬼子侵略这里实行"三光"政策，给我留下了不可磨灭的印象。同时引起了我的记忆和回想。经乡亲王凤莲相助，促成本文。

现将真实的片断和情况大概记述如下：

1939 年（民国 28 年）冬天，驻军马鸿宾 35 师共 3 个团分别在乌镇、乌兰脑包和乌不浪口各一个团兵力防守。腊月的一天早上，日军从大余太方向一直向西沿山畔公路奔乌不浪口而来，坦克、汽车等载来的日军和我驻守在乌不浪口的马军展开战斗。我军战斗顽强，打的好，只因日军武器精良，火力强大，我军伤亡惨重，敌众我寡而失败。

日军部队 48 辆军车和坦克车载着日军和武器、炮弹，由东向西一路通明的灯光直达乌不浪口而来，快到乌不浪口大约一公里时，马部 8 团接火开战，只因敌众我寡而失败，人员伤亡惨重。日军趁势进攻乌镇，防守在乌镇的 6 团隐蔽在南北一条大渠，一夜冻的体不由己，恰遇日军从乌不浪口攻进之后，向南进乌镇也是由北向南，正好和六团渠沟走向对头，一渠沟里隐藏的一团军人被日军坦克、汽车压死打死，因为天冷，快冻僵的守军已没有多大抵抗力量就被打垮了，日军占领乌镇，后来的情况就不了解了。

以下有几个片断，情况真实，详情不全面，只做一些叙述。

一、1942 年日军二次来乌镇、乌兰脑包，据记载乌镇一座老爷庙没有逃走的百姓几百人全部关押在庙内，一一叫出来用刺刀扎死，只有一个张存官他急中生智藏在关老爷像背后，日本军人没有发现，幸免于难，其余全部被刺死在日本人刺刀之下。

二、在乌镇实行"三光"之后，日军又来到乌兰脑包，大部分人都外逃，杨二红和康吉二人被鬼子抓住用刺刀刺死，死后杨左手握着抽烟袋，右手握着旱烟管。

三、同年日军又派来 28 架轰炸机，一连几天轰炸乌兰脑包。从早上太阳半前响大约 8—9 点由东南方向来乌兰脑包上空盘旋寻找目标，因防空设施和军人

阵地无存，老百姓只好藏在山药窖和渠沟里躲避一时，飞机由千米以上空降至最低，人从地面上还可看见飞机上的日本人向下观看目标。一个不知姓名的百姓，因没来的急躲藏，看上飞机跑，飞机追他东，他往西跑，飞机追他西，他就往东跑，就在跑的中间被一颗炸弹炸下来，击中离他不远的地方，把他从地上震向空中几丈高，落下来跌死了，过后一看肠子震断而死亡。

四、1942年，日军晚上还是由大余太方向由东向西一溜山畔台路而来，乌兰脑包村居民看见来了四处逃避，因为汽车、坦克灯一路通明，我们一家人逃在大树圪卜乌拉壕畔，去到一房高的芦苇林里，人进去就看不见。我还很小，那年才6岁，刚记事，我父被抓走应差，我们母子四人，我妈跪下磕头拜老天爷保佑全家平安，现在还记忆很深。

五、就在这年日军的飞机常来乌兰脑包轰炸，一听见警报人们就躲藏一次。有一次，飞机又来了，我大爷把我领在一间破房里，他把我压在身低下，我问大爷，日本炸弹下来打死咱们打不死？大爷笑着说：打不死。从我记事起，日军的飞机在乌兰脑包村里扔下的炸弹，炸下的大坑痕迹大约有十几二十几个。大坑地方现在还记的很明白，这是侵略者的罪证。

六、日军在乌镇一带实行了"三光"政策后，在五原一仗以彻底失败告终。防守大五原一带的傅作义将军，对日军入侵早有防备，据知情人讲，傅长官的部队有意将日军放进五原，然后四面合围，发动人民共同抗日，形成群起而攻之，一下把日军打得四处逃窜，就连一名高级将领都来不急受到保护，这名将官叫水川伊夫，这家伙化装成本地老百姓骑着小毛驴，可他前后左右跟着不少保护人员，逃在二驴湾一带被我部张汉山连发现，我部因早隐藏在暗地，鬼子没发现，等他来在不远处一齐开枪，将这些鬼子全歼，真正叫他有来无回，后从他们身上收缴的除武器外，其中还有水川长官印鉴和指挥大刀，这些战利品后来都交在陕坝驻防的董其武部。

从此以后，日本的飞机每日都要来这一带侦察寻找这将官，一连多日不断，但总无结果。

日军举进犯我中华，无数百姓遇姓，战争带给我国人民的伤痛永不能忘记。生活在和平年代的中国人民缅怀过去，是为了更好地珍惜现在。

2005年8月1日

（载乌拉特中旗政协提案文史委员会编：《乌拉特中旗文史》第1辑，2005年版，第234—237页）

31. 绥西抗日乌镇阻击战亲历记

白 震

一、形势

1939 年秋、冬之际，日本侵略军趁德国侵略波兰、英法对德宣战，二次世界大战爆发的时候，集结兵力曾先后陷长沙，进湘北，攻占南宁，血洗昆仑关，并唆使汪精卫止向投敌叛咽，在南京袍笏登场，搞傀儡政权的把戏。这时国内呈现一派乌云滚滚之势。

二、请缨

重庆国民党当局，迫于中国共产党和全国人民坚持抗战、反对投降的强大舆论慷力，是年冬发动了所谓"冬季攻势"。为了牵制华北日军不能南调，以减轻对我南战场的压力，遂命绥远西部第八战副司令长官傅作义将军率部向包头市以西安北县和固阳县之问的高台梁出击。博作义将军以为攻占区区之高台粱据点无军事价值，遂主动请缨，要求反攻日军华北战略要地包头市，以吸引日军兵力，对配合湘北之战将起到大的作用。1939 年 12 月，博部以强袋之准备，作奇袭之行动，出敌不意，远程攻占包头城，将敌压缩于城西南一隅，取得了歼火其兵力 3000 余人，击毙联队长小林一男、小原一明，并俘伪团长于振瀛等人，取得吸引华北日军不能南下的重大胜利。

日本侵略者不甘心包头的这一惨败，妄网侵占绥西，粉碎傅部河套抗日根据地，于 1940 年 1 月 28 日，由日军驻伪蒙疆司令官冈部直三朗纠集 26 师团长黑田重德、骑兵集团长小岛吉藏所部及伪蒙军六个师约四五万人，汽车千辆，配合飞机、坦克等三路向绥西分进合击。一路沿包五公路西进；一路由马七渡口西渡黄河，迂回包剿。重点是由黑田师团长亲率汽车千辆、坦克百辆共约万余人，由包头经后山乌不浪口西犯五原，其汹汹之势，大有黑云压城城欲摧的气焰。

三、迎击

具有远见卓识的傅作义将军，包头之役后，对当时局势的发展早有清醒估计。一个全民动员的空室清野和秘密藏粮食，储备弹药的工作在乌拉山、黄河南的沙漠、芨芨林中展开，决心以避不利，找胜利，节节阻击，分区游击，叫敌人来不得好来，走不得好走，以消耗其兵力，最后一举而歼灭的战略部署，已早在其锦囊之中。

塞上"三九"，正是积雪没胫，征马踟蹰，缯纩无温，堕指裂肤的严寒季节，气温已下降到零下40度。乌不浪口、乌镇地区，处在阴山支脉的乌拉山下一片平滩之中，南腑芨芨滩，东襟德岭山下，为后山通向五原城的必经之道，自古就是兵家必争之地。是役，奉傅作义将军之命扼守北路的是宁夏省援绥之回族兄弟部队马鸿宾之81军中的劲旅，以马腾蛟为师长的35师第205、206、208三个团及其直属特务连、骑兵连、通讯连等小部队，大约不足3000人，武器装备陈旧，士兵穿着灰色粗布棉衣，主食是地产糜米、豌豆和少量的白面。每日定量为1斤2两（合600克），副食也仅是盐水煮黄萝卜、黑豆，可真是衣单被薄，食不饱腹，但大都是20多岁的年轻人，纪律较好，军民关系不错，抗日情绪极佳。他们是1938年自宁夏调来，归傅部战斗序列的，曾长期驻扎此地。在乌镇、乌兰脑包、乌不浪口、四义堂之线，修筑了坚固的蛇形交通沟、隐形地堡、梅花坑、掩蔽部、掩体陷升，纵横交织。其指挥部所在地乌镇周同，筑有宽2米、深5市尺之战壕及突出之瞭望塔，简直像一座古老的土城堡。望之，不禁令人赞叹。

四、恶战

依据傅将军绥州战役之部署，101师董其武部埋伏于乌镇以东地区，新31师孙兰峰部布防乌镇西之万和长，以马腾蛟之35师正面纵深布防丁乌不浪口、乌镇地区以诱敌深入，准备南北夹击，一举歼灭日军于乌镇地区。但事与愿违。当1940年2月1日（旧历腊月23日）凌晨4时许，日军之装甲车、坦克、大批步骑兵数千人集中兵力，并以重炮猛轰35师阵地。天微亮，又以飞机数驾俯冲扫利轰炸，35师阵地前开阔地带之大群牛、羊，敌以为是我散兵群活动，几乎全部炸毙。我阵地官兵虽以机怆交叉火力对空扫射，但均朱奏效。只见血肉模糊，尸体横陈的我部战士及部分在战地服务的群众尸体和伤员，被快如穿梭的担架队运出阵地。坚强的战士们仍镇静地注视前方，以猛烈的炮火迎击向我阵地继续猛扑的敌人。攻击顿挫的日军竟向我阵地施放毒瓦斯。由于我军没有任何防毒面具，只能用尿冲湿毛巾蒙着口鼻，继续战斗。这时，敌人趁机向我阵地以猛烈的炮火轰击，简直像战斗演习那样以散兵群在数辆坦克掩护下拼命向我阵地扑来。已经伤亡惨重的马腾蛟师 208 团官兵，遂展开一场肉搏战。敌我双方均有重大伤亡，仍牢牢扼守阵地。其增援乌镇的马师 206 团部分官兵亦受重伤。为避不利，找胜利，以备再战，我军立令全部撤出阵地。日军亦不敢贸然深入，没有立即追击。据后来清扫战场时，都亲睹我牺牲之战士，有口中咬着敌人耳朵的，有与敌人紧抱，以手掷弹拉火而死亡的；有怒目而视，死不瞑目的；我无抵抗能力的伤员被敌人刺中数刀而死亡的。真可谓是死亦为鬼雄的中华儿女！

我 35 师在乌不浪口之阻击部队 258 团马团长所部及增援部队均全部退入乌镇。在四义堂附近之 35 师 206 团张海禄部官兵坚守阵地，待敌进至 200 米有效射程内，枪弹猛发，有的冲出战壕，以手掷弹杀伤敌人，使敌人死尸狼藉，受阻者再。终以敌人炮火炽盛，我阵地被摧，爱国官兵们不约而同地冲出阵地与敌人展开肉搏战，和乌不浪口一样，我战士死事之惨，真是碧血横飞，浩气四塞，草木为之含悲，风云因而变色啊！35 师马彦率领之骑兵旅，因其性能不宜阵地战，主要起追击，包围，迂回之作用，因而与 31 师孙兰峰部在乌不浪口迤西三女店布防，准备接应乌镇与乌不浪口之守军，虽与敌接触，其损失较小。

当此乌镇危急时刻，董其武之 101 师 301 团王建业团长奉命增援。由于大部政工人员在政治主任，共产党员冉志恒率领下转入敌后战斗，笔者和杨承孝政治干事奉命随军增援乌镇北垣，并在阵地上与 35 师 205 团一位副团长交谈敌情。尽管四义堂失守，正面日军在炮火掩护下以散兵群向北垣猛攻，但乌镇群众，其中尚有小脚妇女者，以背、扶、抬诸方式在炮火下络绎不绝地抢运伤员。有的老乡还担着热饭向阵地运送。我眼含热泪紧握着那位副团长的双手说："看，多么旺盛的士气，中国不会亡，我们一定能胜利！"

在乌不浪口，四义堂等军事要点相继被敌占领后，待我们增援到乌镇北垣迅速布防时，已是暮色苍茫。前沿阵地一时出现恶战前的可怕沉寂。只有远村犬吠，战马长嘶，灯火明灭，天上星稀，一派悲壮的战地夜景。狡猾的敌人，这时只以少数兵力在正面对我军佯攻，妄图稳住我军，其主力汽车部队却从乌镇西绕道我军后方，偷袭我之阵地，妄图全歼我军。约夜 7 时许，正面敌人突以炮火猛轰，步骑兵亦蜂拥而至。西垣 35 师之阵地亦不支溃退，经王建业团长急以电话与董其武师长联系，奉命要 310 团立即全部撤出乌镇，经乌镇以南开阔之茇茇草滩向同义隆一线围歼被 31 师包围之敌，并通报了 35 师乌镇守军。据悉，他们在西撤中与敌遭遇，在激烈的近战中，再次受到严重损失，部分官兵没能突出，终于在巷战中血洒乌镇。经查，除增援乌镇的 101 师董其武部阵亡官兵不计外，仅马腾蛟师三个团就有千余官兵献出了自己宝贵的生命，用他们的鲜血谱写了一曲悲壮的抗日史诗。

五、突围

奉命向乌镇南部撤退的 101 师董其武部至乌镇南不远处发现了已布成半环形之日军汽车部队，已无法通过。在芨芨丛中，董其武师长下马与 301 团王建业团长、魏景林副团长商定，立即组织了手掷弹突击队。突击队在夜幕的掩护下，隐蔽接敌，突然袭击。在一片爆炸声和震耳欲聋的杀声中，敌人汽车队成了火海，我全部官兵突围成功。笔者当年仅 21 岁，无实战经验，在通讯员赵鹏（后为五原新公中中学教员）携引下，也安全突出。惟少校军医官岳嵩山所率之担架队员 50 来人及部分担架民工全部遇难，共产党员周洪峰率领之 101 师 200 余伤员撤至同义隆西北乌加河畔，被敌人发现，全部被射杀，无一生还。

在乌镇突围中，301 团炮兵连因杀声突起，驮骡被惊吓，待我们冲出敌之包围圈，驮骡仍查无下落。真是"吉人自有天相"，没有预料到，数十匹"无言战士"——骡子，驮着完整无缺的大炮，竟在无人引导下，也冲出敌人包围圈，自动成行地沿着步兵突围的路线归队了。包括董师长在内的官兵们，面对这一奇迹无不喜极泪流。

在伸手不见五指的一片芨芨草滩中，董其武师长等以手电光查看地图和前进方向，并派快骑联络到郭景云之 302 团、王赞臣之 303 团，命郭景云团为掩护，全师向通往狼山湾的折桂乡堡转移。马腾蛟之 35 师由于牺牲严重，经五原西北向狼山湾西撤，后奉傅命至磴口县境休整。但人们不以胜败论英雄，35 师全部官兵以低劣之装备，数量不多之官兵，又守此重要扼口，抵抗骄横一时之强大日军黑田部队，卒能以血肉之躯杀伤千余敌人，配合友军牵制敌人于乌镇地区，以鲜血写下抗战中之光荣一页，这是国人永远不能忘记的。

六、雪耻

2 月 2 日凌晨一时，在日军汽车部队的追击下，董其武师长率部以急行军向西转进，至天微明到达折桂乡，决心以空间换取时间，叫敌人来不得好来。就在折桂乡依堡与敌人作殊死周旋，以掩护大军转进，并消耗其兵力。即以 303 团王赞臣部依城作战；302 团郭景云部外线袭扰并伺机甩开他部，集中力量歼灭敌之一部；301 团王建业部以一营长王大治，连长武耀国、刘玉橹、郝宝瑞部埋伏北城外待命；团部及王遇民等两个营作预备队布防于堡北沙窝内，以成犄角之势。在敌人飞机大炮猛烈轰炸及连续施放喷嚏性、催泪性毒瓦斯，反复猛攻下，黑田部队始终未能越我雷池一步，反而我凭借沙丘、城壕、地碉以扇面形对敌近战反击，给敌以严重杀伤。至夜色浓重，风渐渐，云幂幂，天气一片墨黑，敌人不敢轻举妄动，只好两阵相持。我以已滞敌一天一夜，战略目的已达，除以小部队掩护外，立即转移伤员，整顿部队，马衔枚，人无声，按预定序列，撤向狼山湾之石板箱圪旦一带待命。是役比乌镇之战尤烈。团长王赞臣受伤，连长高炳让及排长、士兵等200多人牺牲。傅将军曾以北平发生过一个矮个子拳手与一个大力士拳王比武，最后聪明的矮个子却从大个子腿裆下把拳王顶倒而获得胜利的故事为例，来奖誉折桂乡战斗是以弱胜强，以少胜多的典范战例。这和同时发生在乌加河北岸黑石虎、三女店，我31师孙兰峰部在芨芨草滩中伏击黑田部一个联队，焚毁其汽车，歼灭其一部的胜利，都是乌镇之役后截击、伏击、侧击、狠狠打击侵略者的战史中的姐妹篇，给乌镇之战中热血献给祖国的战士们也雪了耻，报了仇。

七、结束语

1940年3月，傅作义部在中国共产党领导的第八路军强大的大青山抗日根据地，趁日军入侵绥西河套地区，后方空虚的时候，曾攻占毕克齐，拿下乌兰花，袭扰高台梁地区等战斗，大力牵制了敌人，八路军也支持了傅部。誓死不屈的河套军民在傅作义将军高瞻远瞩、运筹帷幄的指挥下，这自1939年11月首攻包头，中经1940年1月绥西之战，至1940年3月27日光复五原等三大战役，在塞上荒原连续115天，作战57次，尤其五原之战三失三得，卒能粉碎强敌，克竟全功，已光荣地载诸史册。无疑，这是和35师、101师官兵和乌镇人民群众的首战抗敌分不开的。

1940年5月，光复后的乌镇春光明媚。重返旧战场的35师官兵和当地爱国群众怀着沉痛的心情，以民族礼仪在乌不浪口西侧山坡下安葬了牺牲的战士忠骸，并立了简略的名碑。他们的坟头上，至今已51次生长过碧绿的青草，开放了血红的山花。文天祥《正气歌》上说："是气势磅礴，凛冽万古存，当气贯日月，生死安足论"。他们捍卫中华民族尊严的抗战功绩，将永远与青山并寿，活在世世代代子孙的心里。

1982年内蒙古政协委员参观团刁可成等同志曾亲往凭吊。1987年在西安举行的西北参事工作会议后，我们曾应邀到宁夏回族自治区参观访问时，笔者曾向宁夏自治区党委统战部长马同近老同志作过汇报，巴盟政协也一再关心搜集、整理乌镇的抗日史料。1939 年 5 月，我王赞臣 303 团曾苦战乌不浪口北，中校团政治主任李冰泉等官兵血洒高台梁地区。1942 年 5 月，我宋海潮 303 团等部队再次截击了日军汽车部队，经乌兰脑包沙漠直攻乌镇的战斗，我一名连长牺牲，指导员马凤彰代连长曾冒死迎击，官兵用命，同仇敌忾，使日军狼狈而逃，从而再没越我雷池一步。这不平凡的乌镇地区抗战史，受到乌镇人民和有关部门及各方面爱国人士的关注。长眠在乌不浪口山下生而为英、死而为灵的抗日忠魂，可以含笑九泉了。

无名氏曾作凭吊乌镇抗战牺牲的烈士诗两首，现录于后，以作本文的结束语。

（一）铁马萧萧辞银川，不歼倭寇哪肯还。记取阴山喋血史，化作今朝大同天。

（二）边城冰封战正酣，拼将热血补裂天。千余壮士正气在，赢得春色遍九原。[注]

注：河套黄河以北，东自安北，西到狼山及乌拉特中后旗一带，在秦汉时均属九原郡。

附记：

据查五原烈士墓烈士名录中，缺乌镇战役烈士名录。经各方查对，由于 1940 年 1 月乌镇之战至 1940 年 3 月 21 日五原大捷后的 4 月间，才开始搜寻，经乌镇爱国人民在天寒地冻中就地虚掩的烈士遗体，中经百余日，部分体已不好找寻，或有野兽吞食者，全部名单已无法搜集，只能在乌不浪口经 51 年风吹雨打的墓地残碣断碑中模糊辨认了。愿借呼和浩特公主府南，傅作义将军为长城抗战牺牲的烈士墓碑碑文中的一句名言，以志其不朽。

"他们把他们的热血，已献给了他们的祖围。

我们和我们的子孙，是来这里凭吊敬礼的。

要想想，我们应该怎样去报答烈士们的血。"

（原稿发表于政协宁夏回族自治区委员会文史和学习委员会编：《宁夏文史资料》第 13 辑，1991 年 5 月改发《内蒙古参事》第 4 期）

32. 侵华日军制造的"乌镇惨案"

王继孔　张进前　韦颖显

乌镇，曾是河套地区的一个大集镇，其兴盛时期与五原县的隆兴昌镇齐名。抗战时期，由于乌镇处于傅作义部队的抗日前线，在乌镇、乌不浪口一线，于日军进行过多次拉锯战。62 年前日军进行的"乌镇烧杀"，使乌镇受到了毁灭性打击，昔日繁华的集镇从此逐渐衰落以至不复存在。

日本投降后，国民党忙于打内战，加上乌镇又是周民党部队的防区，这段鲜为人知的历史没有人认真记载，只能从老百姓的传说中，描述了那场惨案的大概情况。随着一批知情老人的去世，发生在乌镇的这场惨案，渐渐地被岁月所湮没。

去年，自治区提出了建设文化大区的目标口号，乌镇的兴衰史，反映了建设文化大区的一个重要内容，中旗政协从抢救历史资料的目的出发，组织党史办、记者站的同志到乌镇进行实地考察，在乌兰村党支部的鼎力相助下，寻找了几位见证了乌镇惨案的老人，从他们各自的经历和断断续续的回忆中，整理了 62 年前那场惨案的大概过程。值得一提的是，海镇居民现已 78 岁高龄的王继孔老人，听说要重新挖掘乌镇的这段历史，老人兴奋不已，他多次前来主动联系，并把自己知道的细节写成回忆文章，他说，这是中旗进行的一项抢救历史资料，为后人留下宝贵遗产的功德事。本文就是根据王继孔老人的回忆和其它知情者的旁证材料整理而成，有不妥之处欢迎指正，同时希望更多的知情者提供素材，把遗漏的情节和细节进行补充完善，还历史真实面貌，为后人留下宝贵遗产。

乌镇，在今乌拉特中旗德岭山镇境内，北距乌不浪口 20 华里，南离乌拉壕 1 华里，东到乌兰敖包 3 华里。清末民初，这里是包头西部、河套地区东北部繁盛的贸易集镇和商品粮、皮毛集散地，是河套地区东北部繁盛的贸易集镇和商品粮、皮毛集散地，是河套地区和太原、天津等地区与中公旗、东公旗直至外蒙古贸易往来的主要渠道。上世纪四十年代初，虽与外蒙古的通商中断，规模不及从前，但仍然是一个较大的集镇，镇上居民逾 2500 人，建筑面积达 3 平方公里。

1940 年 3 月，傅作义将军组织"五原战役"，并在乌加河畔力阳日军增援部队，血战三昼夜，胜利完成阻击任务，恢复了五原和乌镇、乌不浪口地区，取得战役的胜利，粉碎了日军打通大西北的计划。特别是在此次战役中，乌镇与河套地区群众配合军队引水淹路，拆毁桥梁，击毙日军皇族水川伊天中将，日军恼羞成怒，一直伺机报复。

1942年7月1日（阴历5月18日），日军纠集了2千余人，汽车100多辆，还有飞机、坦克，从日军据点大余太、包头沿路进抵乌不浪口，入侵四义堂、乌镇。驻守乌镇的傅部101师303团以不足敌人一半的兵力用步枪等劣式装备抵御，守军依托乌镇周围的战壕等工事与敌人持续战斗半天多，终因寡不敌众，伤亡甚重，装备悬殊而被迫撤退。

乌镇的老百姓在守军和当地组织的安排下，及时隐藏在乌拉壕南部或西部的芦苇滩林内，由于情况紧急，仍有部分老弱病残和来不及隐藏和未隐藏好的居民遭到了日军残害。

这天后半晌，日军占领乌镇，开始挨家挨户搜索，见人就杀，见房就烧。在理门公所，日军抓到一老道，强迫其带路抓人，老道不从，在挨了好多枪托后被乱刀刺死。在镇北，日军抓到董三后生、王六旦，还有一个包头商人，又在关帝庙南抓住了李五十九，均被当场刺死。年逾古稀的薄银禄老伴因病行走不便，藏进了菜窖，被日本兵发现后拉到院内当成活靶被乱枪刺死。闫存治老汉患半身不遂，不能逃跑，被日军浇上汽油连房带人活活烧死。有一年轻妇女被十几名日兵轮奸，日军从南到北开始放火，镇南已成火海，来到师孔元家门时，师孔元手拿一把锋利的西锹守住大门，同进院烧房的鬼子拼命，直到被鬼子杀死，牺牲后，他手中仍紧握锹把，西锹头上沾满了拼命时鬼子的鲜血。师孔元的凛然正气震慑了鬼子，日兵在杀死师孔元之后也没有敢进屋烧他家的房子。

日军烧杀后，当天晚上就退了，大火烧了一夜，乡亲们从火中往出刨亲人的遗体。当时的那种心情是难以用语言形容的。第二天，日军又返回劫后的乌镇，他们还不满足，又开始抓人，进行集体屠杀。日军将20多位居民抓到关帝庙内，把他们的裤带和鞋都没收了，守住大门，一个一个的往外叫，叫出一个押到庙外井旁的大坑边，用刺刀刺死后踢到坑内，坑周围已被鲜血染红，其状惨不忍睹。蔡有善、高满车被拉到坑边因未刺到致命处，他们就势在坑内装死而幸存。两位幸存者几十年后每当谈及此事都心有余悸。

外面在大屠杀，关帝庙神殿内一老道和二道子、居民张存官被抓来给受重伤的日本军官驱赶蚊蝇，三人听到外面不断传来惨叫声，会意日军已开始杀人了，看着此时日本军官已经咽气，便想法逃命，可是关帝庙门有日兵把住无法逃脱，情急之下他们掀起关帝庙神像的黄缎袍，藏到缎袍里面，所幸神像高大，日军未仔细搜索，三人才幸免于难。日军在北边的四义堂也进行了烧杀。四义堂有6人躲在村南一个羊场房内，日兵发现后，也没收了他们的裤带和鞋，在门口设了二个把门兵，一个一个的往外叫，叫到门外30多米处刺死。当最后留下张二旦时，他寻思凶多吉少，便暗暗做起了准备，他把羊场房内地下的沙土填在袖筒里，等日兵叫他出门时，他把两袖筒沙子照两个把门日兵的脸上摔去，把两个日本兵的眼睛打迷，乘机逃到二三步远的林中，等日兵回过神来，他已经跑远了，身后传来日兵无目标的枪声。他靠自己的机智逃离了虎口，前面的五位：常三、杨万明、任和、任二和、任三和都惨遭毒手，羊场房也被放火烧了，至今这个地方仍被称做"火烧圪旦"。

7月3日，傅部303团截击了日军汽车部队，直攻乌镇，官兵用命，同仇敌忾，日军狼狈而逃，从此再未越雷池一步。

303团重返乌镇后，组织军民将战斗中牺牲的军人埋在镇西代州坟内（乌镇人多为山西代州、定襄、忻州人，故有各地名坟和杂姓坟等）。据公布，303团官兵在此战役中牺牲150多人，乡亲们被无辜残杀的有66人。可惜当初没有留下墓碑和正规的文字记载，150多名烈士的姓名也无人知晓。这66名老百姓经知情者回忆和现在补记，已确定了18人。还有一些外地民工和商人等姓名已无从考据。

日军此次恶行，共烧毁房屋500多间，除师孔元等2—3家住房未烧外，还有村东的关帝庙和村西的三官庙保下来，原因是鬼子迷信。三官庙后来自然损耗，关帝庙一直到1958年才拆除，现在还留有底盘，旁边能挖出遇难者的白骨。

303团在收复乌镇后，在广场召开了有3000多军民参加的大会。会上，对乌镇群众抗日行动给予肯定，对死难烈士表示哀悼，追认师孔元为"抗日烈士、民族英雄"。号召军民牢记日军屠杀放火的仇恨，保持高度警惕。会场内"打倒日本帝国主义"口号此起彼伏，人们被仇恨和爱国的热情所激励。

台上，有两个日军俘房示众，从日兵刺刀下侥幸活下来的蔡有善暗藏小刀，上台要捅日军俘虏，被我战士制止。据说被俘的日兵经过教育，后来组织了反战宣传团，起到了很好的作用。乌镇小学100多名师生也在被烧的校园内开了大会，声讨日本帝国主义的暴行，激发孩子们的爱国热情。

此后，乌镇居民在新建家园的时候，多数人放弃了这块伤心地，大部分迁到乌兰敖包、四义堂、前旗苏独龙等临近村庄，还有五原、临河、陕坝等地，乌镇已逐渐消亡，现在已变成了大片农田，但走到这片土地上，还可看到当年的城廓，随处可捡到日军留下的罪证，耳边仿佛还回响着62年前那场惨绝人寰的屠杀中国人的暴行。

（载内蒙古乌拉特中旗党史地方志办公室编：《内蒙古乌拉特中旗年鉴》，内蒙古文化出版社2007年版，第500—501页）

33. 抗战胜利时的宁夏

刘德元

1945 年 8 月 14 日，日本天皇宣布无条件投降，翌日广播日皇"停战论书"，盟国宣布接受日本投降。坐落在银川中山南街的国民党中央通讯社宁夏分社电台第一个收到这一特大喜讯，立即用毛笔蘸红写出"号外"喜报，张贴在大门口，观者络绎不绝。同时，《宁夏民国日报》印出"号外"快报，在大街小巷散发，宁夏省城顿时沸腾，锣鼓喧天，鞭炮齐鸣，万民欢呼。次日在东教场举行盛况空前的提灯大会，游行庆祝，爆竹声中夹杂着清脆的炮声，这一年，人称放"胜利炮"年。

地于"胜利炮"，不同立场，不同阶层的人，反响各异。它给广大人民带来了无比的欢乐；但给宁夏省主席马鸿逵带来了恐惧和失望。

日本天皇宣布投降当日，马鸿逵正在贺兰山小滚钟口"慈云别墅"避暑，闻而到日本投降，在山上召集军政僚属"训话"，哀叹："胜利得太早了，各事都没有准备好，中国不亡于日本，将亡于共产党！"就在马发出此感慨不久，飞张的物价猛然下跌。"宇宙"牌棉布每疋（小疋）由"金元券"（时法币改为金元券）25—26 元，一夜之间下降到 6 元左右，尤其百货和黄金都大幅度暴跌，给囤积居奇者、因屯而关门倒闭者有之，悬梁投河者有之。当时，任马鸿逵驻防西安办事处处长徐某，素来利用领取并递解军饷的机会，从中渔利，每月 5 日，徐从国民党中央指定的西安银行提取宁夏巨额军饷，转手存入西安德丰隆银号，25 日取出宁，在银行存期 20 天的利息，徐窃为己有。"胜利炮"一响，银号受损，无力支付徐的存款，徐焦急万状，延误军饷，定遭马鸿逵杀头，徐急奔兰州求援，绝望后极奔黄河自尽。

1945 年 8 月 28 日，毛泽东、周恩来、王若飞组成的中共代表团，由延安飞渝同国民党谈判。这就是历史上有名的"重庆谈判"。对此，广大民众和靠微薪糊口的中下奴官佐，莫不喜出望外，一喜干戈化玉帛，可以过太平日子了；二喜物价下跌，不愁吃穿了。和为贵，人们遥祝国共合谈成功。期间，《新华报》及《大公报》二报刊登载毛泽东的《沁园春·雪》。这首词，俯瞰神州，泽点千古，气势磅礴，健笔如椽，轰动陪都，也震动了宁夏。笔者时任十七集团军总司令参谋处参谋，闲来常与国僚汉满时仗。当国僚们从《大公报》上看到这首词后，付抄背诵，这偏纷夕。长期受国民党反共宣传视共产党为"洪山猛兽"的僚属俑，看来有所醒觉。说什么"想不到共产党里真有人才""毛泽东原来是个大学向家""文采、风骚，大雕、今朝，好大气派"……

但《沁园春·咏雪》仍象"胜利炮"一样，回旋震荡在宁夏有识之士的脑海中。

（载宁夏回族自治区文史研究馆编：《宁夏文史》第21辑，2005年版）

34. 抗战时期宁夏的募捐与劳军

胡迅雷

抗战时期，宁夏既是后方，而又地处绥蒙战场的前线，所以多次全民动员，曾先后开展了三次捐款购机、三次抗战献金、两次征募寒衣、五期慰劳绥西抗战将士等活动，以支援抗日战争。

一、购机捐款和献金

1937年，中国航空建设协会总会为建设中国航空事业，进行抗日战争，一方面加紧推动海外捐募，一方面向全国公务人员按其应得薪额征收1%的"飞机捐"。

宁夏省政府自接奉中国航空建设协会总会的命令后，立即通知全省党政军各级公务人员，按月照额缴纳"飞机捐"。自1937年7月开始征收，至1938年6月底，征收飞机捐额2448.37元，于1938年12月23日，交由中国农民银行宁夏省支行汇往重庆，解缴中国航空建设协会总会核收；1938年7月到12月，征收飞机捐额2829.35元，于1939年6月12日，交由中国农民银行宁夏省支行汇往重庆，解缴中国航空建设协会总会核收；1939年1月至3月，征收飞机捐额2432.44元，于1939年7月17日，交由中国农民银行宁夏省支行汇行重庆，解缴中国航空建设协会总会核收；1939年4月至6月，征收飞机捐额2611.61元，于1939年10月9日，交由中国农民银行宁夏省支行汇往重庆，解缴中国航空建设协会总会核收。

"飞机捐"在宁夏，自1937年7月奉命开征，至1939年6月底奉令停征，总计征收10321.77元，分四期，交由中国农民银行宁夏省支行陆续汇往重庆，解缴中国航空建设协会总会核收。

1940年10月10日，为响应全国"剧人号"飞机献金运动，由宁夏省保安处处长马敦静为主任委员的宁夏省"剧人号"飞机献金运动委员会，在省垣（今银川市）举行了盛大的游艺大会。省立省垣民众教育馆国剧社和话剧队联合省垣剧、票（剧团、票友）两界，演剧7日，共计门票收入15920元。除各项必要开支2580.41元外，其余造具收支对照表，连同单据等，一并呈报全国航空委员会；全数飞机献金13339.59元，由中国银行宁夏办事处转汇重庆全国航空委员会核收。

1942 年 8 月，宁夏在全省范围内开展"一元献机"活动，计得款 674820 元。此款由中央银行宁夏省分行汇解重庆中国航空建设协会总核收，以购买飞机，从事抗战之用。

二、"七·七"抗战献金

1938 年 7 月，抗战一周年之际，宁夏省抗日后援会发动全省民众举行"七·七"抗战献金运动，省垣（今银川市）及各县民众纷纷响应，总计献金 31708.125 元。除各项公费开支 1652.175 元外，余款 30055.95 元如数呈缴国民政府中央。

1939 年 7 月 7 日，抗战两周年之际，宁夏省抗日后援会在省垣（今银川市）南关外普济寺门前，隆重举行"抗战建国两周年纪念大会"，到场民众 1.2 万余人，情绪异常热烈。大会结束后，举行了献金活动。首先，宁夏省政府主席马鸿逵代表宁夏省政府当场宣布献金 100 万元。接着，社会各界人士纷纷自由献金，共计 6.1 万余元。

1944 年 7 月 7 日，抗战 7 周年之际，宁夏扩大举行"七·七抗战建国纪念会"。省教育厅为募集慰劳抗战将士捐款，令饬社会教育巡回工作团，在省垣宁夏省公务员业余联谊社剧场公演话剧 3 日，所得门票收入 13905 元，全部捐送驻宁第 17 集团军，以慰劳抗战将士之用。

三、征募寒衣

1939 年和 1940 年，国民政府中央明令发动全国各省市开展为前方抗战将士征募寒衣运动。宁夏省政府奉令后，认为前方抗战将士在冰天雪地中浴血杀敌，艰苦抗战，后方同胞自应积极筹募寒衣，赠送前方抗战将士，藉表慰劳之忱，而加强抗战力量。1939 年 9 月，宁夏省政府召集全省党政军绅商各界人士会议，公开议决成立了"宁夏省征募寒衣运动委员会"，各县成立分会，并分别拟定了组织大纲及有关条例，着手办理征募寒衣捐款事宜。

宁夏省征募寒衣运动委员会设委员 13 人，分别由省政府秘书处、审核处、以及省民政厅、省财政厅、省建设厅、省教育厅、省高等法院、省党部、省地政局、省参议会、市商会、省会警察局、驻宁第 17 集团军政治部等 13 个部门的主管长官担任。并推定省财政厅厅长赵文府、省党部书记长周百锽、驻宁第 17 集团军政治部主任张仲璋、市商会会长乔森荣、省参议会议长刘端甫等 5 人为常务委员，驻会办公。其余 8 位委员负有督催、劝募之责，并按县分配指定负责之。

委员会下设总务、经理、劝募三组。每组设组长 1 人，总务组组长由张仲璋兼任，经理组组长由赵文府兼任，劝募组组长由周百锽兼任。每组设干事、书记若干人，分别由各有关机关工作人员中调任。各县成立分会，分别由县政府、县党部、县商会以及当地士绅组成，直属省征募寒衣运动委员会。规定征募办法分募捐、演戏、自由献金三种。省财政厅及驻宁第 17 集团军军需处负责党政军机关公务人员募捐，各县政府第二科科长及会计负责民众募捐，各商会会长负责商界人士募捐。并规定，对于极贫之户及小本商人不得强行勒捐。

为使征募寒衣运动推行顺利而达目的起见，宁夏省政府主席、省党部主任委员、第 17 集团军总司令马鸿逵特印发了《为征募寒衣告全省民众书》，并令饬各县政府协同各级党部尽力宣传，广为劝导，普遍募捐，以达预期之数额。省立民众教育馆为激发民众踊跃捐募寒衣，特举办了一系列宣传活动，并在馆内举行募捐讲演和放映绘制的征募寒衣运动幻灯片，听众和观众达 1000 余人。

宁夏省征募寒衣运动委员会还印刷了三联收据和捐款清册，分别民众、商界人士，按县编号，分发各县分会转发使用。规定捐款清册须先由捐款人亲自写明捐款数额后，再由收捐人照数填写收据，并立即面交捐款人收执。还规定收据的捐款数额与骑缝中间数目字，必须用正楷大写，不得潦草，以免弊端。至经募之款按期限结束后，即将捐款清册及收据缴查联，连同捐款，一并悉数报解委员会经理组核收，汇齐转解。

1939 年度，宁夏全省共征募寒衣捐款 70529.1 元，老羊皮背心 350 件，布鞋 236 双，手套、袜子各 60 双。上述捐款及物品，奉命就近悉数拨交第 17 集团军抗战将士之用，并取具第 17 集团军领物单据，由宁夏省征募寒衣运动委员会和国民党宁夏省党部执行委员会会衔呈报国民党中央党部鉴核存档备案。

1940 年度，全国征募寒衣运动委员会总会分配宁夏承担征募寒衣捐款 10 万元，宁夏全省共征募寒衣捐款 109219.67 元。其中，全省党政军警各界捐募 44900 余元，全省商界捐募 16600 余元，全省各界民众捐募 30800 余元，其他殷商富户捐款 12000 余元。上述捐款除各项公用物品及邮电费等开支 886.37 元外，余款 108333.3 元，于 11 月 15 日，悉数交由中央银行宁夏省分行电汇重庆，解缴全国征募寒衣运动委员会总会收讫，转赠抗战前方，以资慰劳前线抗战将士，救济难胞。

四、慰劳绥西抗战将士

1939 年冬，日军大举进犯绥西五原、临河等地，宁夏赴绥西前线抗战将士与日军浴血奋战，"负伤来宁者匍匐道途"。中国回教协会宁夏分会平罗县支会提倡和发动回族民众募捐，开展慰劳伤兵活动，平罗县属各区会回族民众积极响应，踊跃捐款，数日内得款 340 余元，送交石嘴山临时伤兵医院。同时，吴忠回族上层人士李凤藻等人出资，在吴忠堡筹设慰劳伤兵处所多家。

1940 年 2 月 9 日，遵照国民政府中央通令，宁夏省召开各界人士代表大会，推选周百锽、乔熙、徐宗孺、乔森荣、强斌、张天吾、李作栋等党政军官员、商界人士和地方士绅 15 人为委员，成立了"宁夏省各界慰劳抗战将士委员会"。委员会设主任委员 1 人、秘书 1 人。下设宣传、征募、慰劳、会计四组。每组设组长 1 人，由委员兼任；干事 2 至 3 人，分别由各有关机关工作人员中调任。

宁夏各界慰劳抗战将士委员会成立后，积极发动各机关团体和社会各界人士征募钱款和物品，广事慰劳，以资振奋抗战精神。

首先，该会派员分赴全省各地，用口头和文字两种方式，宣传前方抗战将士英勇杀敌，艰苦奋战，迭著勋劳，后方安全实利赖之；凡属国民，应本"有钱出钱"的训示，积极捐助钱款和物品，藉资慰劳。

其次，该会在春节期间，分电各县政府，会同各机关代表，在当地举行游艺会，招待荣誉军人及抗战军人家属。并且，还举办了"春礼劳军及出征军人家属恳亲周"活动。

2 月 17 日，该会召开全省各界代表会议，以馈赠物品极感困难，决定改赠现金，藉资慰劳绥西抗战将士。

适逢绥西五原、临河一带战事吃紧，进入宁夏境内的负伤将士和患病官兵为数甚多。该会在沿途设兵站招待，并每人赠达现金 2 元。同时，该会还分别派遣委员强斌、徐宗孺等人携款前往绥西前线慰劳抗战将士。

此外，国民党宁夏省党部还发动并开展了"征求伤兵之友"活动。仅宁朔县就征得"伤兵之友社"社员 280 余人。

与此同时，宁夏省各界慰劳抗战将士委员会广泛开展了劝募活动。规定募捐办法分劝募和自由乐捐两种。省财政厅及驻宁第 17 集团军军需处负责党政军机关公务人员劝募，各县政府负责民众劝募，各商会负责商界人士劝募。并规定，除公务人员外，对于民众和商界人士以劝令自动乐捐为原则，对于赤贫小户不得勒捐。

宁夏省各界慰劳抗战将士委员会还印制了三联收据和捐款清册，分别民众、商界人士，按县编号，分发各县政府及各商会使用。规定捐款清册须先由捐款人亲自写明捐款数额后，再由收捐人照数填写收据，并立即面交捐款人收执。还规定收据的捐款数额与骑缝中间数目字，必须用正楷大写，不得潦草，以免弊端。至经募之款按期限结束后，即将捐款清册及收据缴查联，连同捐款，一并悉数报解委员会会计组核收。捐助之款物经该会核收后，即将捐款机关或个人姓名以及捐款数额详细登载《宁夏民国日报》，公布鸣谢，以资征信。

自宁夏省各界慰劳抗战将士委员会成立以来，先后共计征募慰劳款36137.63元、白羊毛袜子71双、白羊毛手套40双、青布棉鞋19双。

在广泛征募慰劳款的同时，宁夏省各界慰劳抗战将士委员会以一次慰劳款稍多，深恐伤病将士中难免有浪费及发生其它不良习惯事情，乃规定以分期慰劳为原则。1940年，该会先后分五期，派员轮流亲赴全省各地兵站医院，广事慰劳绥西抗战负伤将士及患病官兵，并发给慰劳金及慰劳物品。同时，分发宁夏省政府主席、省党部主任委员、第17集团军总司令马鸿逵《致各负伤将士之慰劳书》，以及该会撰订的慰劳书等，俾绥西抗战各负伤将士及患病官兵均能获得物质与精神上之各种安慰。

第一期：2月27日，宁夏省各界慰劳抗战将士委员会派委员周百锽、乔熙、徐宗孺、乔森荣等携带慰劳款及慰问信1000余封，分别前往吴忠堡、石嘴山、磴口县等处兵站医院，慰劳住疗的绥西抗战负伤将士及患病官兵共计1454人，发放慰劳金10116.08元。当时，住疗在吴忠堡、石嘴山两处兵站医院的绥西抗战负伤将士及患病官兵900余人，该会各赠负伤将士每人慰劳金6元、患病官兵每人慰劳金4元。该会还召集当地社会各界人士举行慰劳大会，分别一一恳挚慰问。同时，该会还指挥当地附近学校教职员、学生以及国民党员组织书信队，逐日前往兵站医院，开展为住疗的绥西抗战负伤及患病士兵代写家信活动。

第二期：宁夏省各界慰劳抗战将士委员会派委员张天吾、乔熙、强斌等携带慰劳款及慰问信，前往吴忠镇兵站医院，慰劳住疗的绥西抗战负伤将士及患病官兵共计198人，每人各赠慰劳金6元，共发慰劳金1188元。对于住疗在中卫县、磴口县等处兵站医院的绥西抗战负伤将士及患病官兵，该会另行汇寄慰劳款项，分别函托中卫、磴口两县政府，会同县党部和当地教育界及地方公证绅耆代为慰劳。本期共计慰劳吴忠镇、中卫县、磴口县、省垣（今银川市）等处兵站医院住疗的绥西抗战负伤将士及患病官兵381人，发放慰劳金

3837.89 元。

第三期：宁夏省各界慰劳抗战将士委员会派委员李作栋、乔熙等携带慰劳款及慰劳信，前往吴忠镇兵站医院，慰劳住疗的绥西抗战负伤将士及患病官兵。对于住疗在平罗县、中卫县等处兵站医院的绥西抗战负伤将士及患病官兵，该会另行汇寄慰劳款项，分别电请平罗、中卫两县政府，会同县党部、县警察局和当地教育界及地方士绅代表办理慰劳事宜。本期共计慰劳吴忠镇、平罗县、中卫县等处兵站医院住疗的绥西抗战负伤将士及患病官兵 261 人，发放慰劳金1748.3 元。

第四期：宁夏省各界慰劳抗战将士委员会派员携带慰劳款及慰问信，分别前往吴忠镇、中卫县等处兵站医院，慰劳住疗的绥西抗战负伤将士及患病官兵共计 255 人，发放慰劳金 2200.1 元。

第五期：宁夏省各界慰劳抗战将士委员会派员携带慰劳款及鞋袜等物品，前往磴口县，慰劳 81 军暨磴口县兵站医院住疗的绥西抗战负伤将士及患病官兵共计 210 人，发放慰劳金（鞋袜费）12520.9 元，并赠送白羊毛袜子 71 双、青布棉鞋 19 双。

上述五期，宁夏省各界慰劳抗战将士委员会派员，慰劳宁夏境内各兵站医院住疗的绥西抗战负伤将士及患病官兵共计 2561 人，发放慰劳金及鞋袜费折款30423.07 元、白羊毛袜子 71 双、青布棉鞋 19 双。同时，该会按部队番号，随时造具慰劳的负伤将士及患病官兵姓名清册，分别函送各有关部队，藉资联系。得到绥西抗战前线各部队的好感，多次致函宁夏省各界慰劳抗战将士委员会称谢。

（载宁夏回族自治区文史研究馆编：《宁夏文史》第 21 辑，2005 年版，第 180—190 页）

35. 抗日战争后期宁夏一次移民纪实

赵宝珍

1943 年抗日战争后期，河北、河南、江苏、安徽、山东等沦陷区的大批难民，很多流亡到陕西、甘肃。又加上 1940—1943 年连续发生黄灌区的水灾和蝗灾，潮水般的灾民在陇海路西段乞讨，使 96 万人口的西安市，拥进了几十万饥民，环城河两岸挖满了窑洞，城外墙角草棚相连，所有的庙台廊下、街头巷尾都住满了难民。挖野菜，抢煤渣、缝穷、帮工、卖艺比比皆是，更有卖身为奴、沿街乞讨的，冻饿而死的尸骨不计其数。

当时，日本侵略者急于吞并中国，对沦陷区扩大清剿，对后方则狂轰滥炸。这一年从春到夏几乎天天有警报，全城人心慌慌，商店萧条。

国民党政府为了减轻西安市的压力，于 1943 年 4 月，在西安市贴出了向宁夏移民的布告。并在城东郊韩新墩成立移民接待站，名义负责人是张伯英。条件是全家人都走，报名后就搬进接待站住，每天发口粮。报够 1000 人左右，就推选一名识字的人为联络员，领队出发。这一消息传出后，前来报名的人很多，只 8 天就够 1000 人。经过短暂准备之后，5 月初，第一批移民从西安出发了。路上，每天给大人发 1.5 斤粮、孩子 1 斤粮，每天步行 50 里路左右到站。由联络员按指定地点去交涉，送报表，并负责领取全队的口粮，分给每户。

每 10 天左右就有一批人出发。从 5 月初到 8 月底共有 8 批移民上了路，约 8300 人。第九批的移民被移往新疆，去新疆的移民，每人发给老羊皮衣一件，有卡车送，还有军队协助。来宁夏的移民，沿西安—平凉—银川公路步行。沿途接待站如下：西安—咸阳—礼泉—乾县—永寿—建军镇—太禹—亭口—长武—泾川—泉水—平凉—蒿店—瓦亭（开城）—固原—头营—三营—杨郎庄—李旺堡—八营—高崖子—同心—杨家塘—大洪沟—长山头—中宁—仁存—平罗—常石墩—崇岗堡—下庙。以上不过 30 站，规定每天 1 站，按说 1 个月即可到达，实际各批移民都是 3 个多月才到的。

我当时年仅 12 岁，是第六批随父母向宁夏迁移的。这些饱经灾难的饥民，个个面黄肌瘦，有的浮肿，有的正在病中。上路之后，还肩负行李锅灶，扶老携幼。每到一站马上就得去背口粮、拾柴草、提水、煮饭、打扫住地，直忙到星天黑夜，第二天黎明又要上路。沿途渴了喝沟里的脏水、拾地边的野菜，饿了吃昨夜烧的死面饼，吃光了，忍住饥渴再赶路。

一次途经长武，背粮直忙到晚上10点，突然泾水暴涨，山洪下泻，泾水桥被洪水冲断，正在桥上背粮回来走的贾两（10岁的小男孩），被洪水卷到桥下。家里人直找到后半夜，未果。母亲只此一个孩子，哭的死去活来。第二天，她执意不肯前进，其他人也因夜里搬迁几次住地，又没煮饭的柴，吃不上饭不能上路。直到第二天下午5时左右，贾两回来了，他说被洪水冲走了20多里地，他自幼会浮水，游到岸上又走了回来。

沿途住的都是破庙、废窑、畜圈、羊场、草地。经常是刚刚睡下，风雨交加又要乱挤乱移，甚至孩子的哭叫声，病号的呼唤声，腰腿脚痛的唉哟声，旁边牲畜的蹄打声，使人无法入睡。住在空旷露天地上，蝎子、虫子、蜈蚣、蚊子等害虫都来围攻，使饥饿疲劳的移民，心情积聚着紧张、恐慌、凄凉、悲愤、疼痛难熬的感觉。

第六批移民途经永寿县时，住在路旁几个破庙里，夜10点左右进来一只狼，抓破了几个人的脸，大家从睡梦中惊醒，立即喊叫了一阵子，狼跑了。大家刚要睡觉，又进来三只狼，在大家的身上乱跑了过去，大家又醒来，拿着棍子赶了一遍，狼跑了，人们也实在累的受不了啦。第三次睡觉已经后半夜了。一会儿，河南移民索玉瑞的爱人喊叫声震醒了大家，她6岁的女儿被一群狼拉走了。大家点起柴火，拿起棍子，四出打狼，直到天亮，连孩子的尸骨都没找到。第二天下着雨，大家准备启程，索玉瑞夫妇悲痛凄凉，决心回河南，宁愿饿死在家里，也比被狼吃了好一些。

沿途有些山道，坡陡路滑，脚上磨了浓泡，风雨饥劳，积成了病伤员。轻病号咬紧牙关前进，重病号则倒在地上。第六批河北移民霍起秀的媳妇，年30岁，只因路途劳累饥渴，一连病了3天，没治疗也没休息，第四天发高烧昏迷，眼巴巴倒在婆婆怀里死去。留下两个小女孩（6岁，4岁），抱住妈妈哭的变了声。霍起秀是西安市亨得利表店修表名师，生活本是能过得去的，而且婆媳和睦，夫妻恩爱，全家幸福。只因他给同乡做了借债的保人，同乡是难民，想借点钱做买卖，结果买卖亏损还不起债，他才倾家赔偿。表店也因生意萧条要减员，他只好当移民来宁夏开荒。路上出此大难，真是祸不单行。途中诸如此类的事何止这些？所以，出发时1000人左右的一批人，到宁夏的不过二三百人，多数被沿途的遭遇逼迫散失、死伤。

途经同心时，移民找不到住宿的地方。大家离开公路，向一个大寨子走去，到达之后，寨里走出一位头戴白帽子50多岁的老汉。他了解移民概况之后，立即回寨子叫出来几个戴白帽子的年轻人，抱给大家很多麦草，又站在井台上给大家提水，让大家住在门前场地上，用他的麦草铺地并煮饭。第二天大家启程时，他又找到几辆回中宁的大胶车，把大家的行李和老人孩子装上车。这位老人是当地回民，感动了全部移民。到中宁以后，马鸿逵政府派了四五个大木船，让移民乘船到仁存渡。

1943年11月中旬，最后一批移民到达了宁夏北部崇岗堡、常石墩、下庙等村，暂时住在这一带的农民家里。宁夏的冬季长又冷，无衣被的灾民一再向宁夏省政府地政局交涉。宁夏才发给移民每人2.8丈土布、一条小杂毛毯。接着，男壮劳力分别到汝箕沟煤矿下煤窑背煤，或到大武口碱湖去背碱，留下的妇女、儿童到附近山沟和沙滩拾柴。

1944年2月，移民转移到芦花垦区荒地。每户发给牲畜（牛、驴、马）一头、全年口粮、籽种、小农具、两小间土房的木料。多数移民对宁夏农活是不懂行的，也是不适应的，由于奋不顾身的苦干精神，第一年就开出了近4000亩荒地。

（载宁夏地方志编审委员会编：《宁夏史志研究》1985年第2期，第29—30页）

36. 抗日战士王逸尘

任培瑛

原国民党陆军第 81 军军部电台台长王逸尘烈士，名家驳，字逸尘，山西运城人。1937 年七七事变后，原国民党 35 师扩编为第 81 军，军长马鸿宾兼任绥西防守司令。全军除骑兵 35 旅守中宁外，其余全部开赴绥西五原、临河一带驻防。王逸尘带着电台从中宁到银川，住在马鸿宾公馆五亩宅。他常说："我们要到前方去，留守后方没出息。"

1938 年夏初，调王逸尘到临河 81 军军部电台负责。1939 年冬，日寇大举西犯，前方军事紧急。35 师师部驻折桂乡，师部电台台长董星枢（王的学生）因病屡次请假，军参谋长马惇靖恐怕董病误事，和王逸尘商量派谁去接替。王毅然说："别人去，不可靠，我自己去。"临行前，参谋长一再叮嘱，要边走边和部队联系，不可大意。于是王逸尘背了一部军用电话乘送弹药的汽车于当天（农历腊月 23 日）下午从临河出发。

汽车离折桂乡 20 里处，电话再也联系不上了。当地驻有一个排，司机向师傅劝王说："电话联系已断，可能情况有变化，你回去罢，不要冒险。"王断然拒绝说："我干啥来了？你回你的，我要看个究竟去。"他背起电话机徒步遍行 20 里，赶到折桂乡时，已快深夜。堡墙内灯火通明，里面有数十辆汽车。他疑惑起来：我师哪有这多汽车，莫非 35 军的援军到了，还是日寇的汽车。堡墙不高，他纵身跳过去，近前一看，车头插着日本旗，知师部已撤离。

他翻身跳出堡墙，从田间高一脚低一脚地走到天亮，才陆续会着师部人员董星枢、袁参谋和曹军，另外还有两名师部传事兵，连他一共 6 人避开大路走了一天一夜，第二天黎明到达离临河的 20 里的一个小召（蒙古小庙）时，已疲惫极了。他们向喇嘛买了些黄米，吃过了饭，就在一间草房休息。

正在熟睡之际，日寇大批汽车开来，车上日军看到院内窗台上有军帽、绑腿，便下车进院搜索。他们被俘，拉到临河（当时 81 军军部已撤至黄羊木头）审讯，又送回五原审问。王逸尘坚贞不屈，被押回临河。他备受酷刑折磨，只承认自己是一个通讯兵。然而他早已被叛徒出卖。袁、董 2 人仅月余逃回，曹被 35 军守哨卡查获叛国确据，就地正法。而王逸尘却杳无音信。

迨至 1940 年春，他们共 30 人被押进五原以西约 20 里处的一间土屋里。他们中除邮差 1 人和王逸尘外，其余 28 名均是 35 军的官兵。这些难友，也都是受尽日寇折磨而坚贞不屈的英雄志士。

日寇是惨无人道的，但又怕遭到国际舆论的谴责，所以在临放火前，把那位邮差放了。这时，王逸尘重托邮差说："我是 81 军电台台长王逸尘，请你回去务必亲自找见马军长，告诉他我在此遇难的情况。"邮差离开土屋，日寇就向屋内猛泼汽油，旋即起火，只听得屋内迸发出"打倒日本帝国主义！抗战必胜！"等雄壮的口号声。邮差远望着土屋坍塌后，才含泪离开。

一个多月后，邮差找到 81 军军部，向马惇靖参谋长报告了情况。马参谋长听到王逸尘殉难，沉痛地说："王台长是我派出去的，我要负责。他死得有价值，是个好汉子，不愧为一个抗日志士。"当即把王逸尘的殉难事迹呈报上级，不久得到批复：王逸尘临难不苟，以身殉国，应按烈士对待。

（载政协宁夏回族自治区委员会文史和学习委员会编：《宁夏文史资料》第 15 辑，宁夏人民出版社 1986 年版，第 143—145 页）

37. 抗战中的马鸿逵

张寄亚

1936年10月24日，马鸿逵向蒋介石呈递《剿共意见书》，要求先"剿"陕北，再"剿"其他。并建议蒋介石，要张学良（时为西北"剿总"代总司令）严督各路军队同时猛攻，令陈诚所部向三边进击。当时，胡宗南之第一师进驻同心县的韦州、惠安堡、11月间，在环县萌城、山城堡被红军歼灭三旅之众。不久，"双十二"事件发生，蒋、马围攻陕北红军的企图，才为之一挫。

马鸿逵对于"双十二"事件的态度，在初期，由于胜负谁属，尚未可知，一时惊恐慌乱，不知所措，迟迟不敢表明态度。到何应钦就任"讨逆军总司令"，出兵陕、洛，端纳、宋美龄、宋子文相继飞陕以后，马觉得蒋介石回京有望，便于12月16日倒填日期，通电"中央"，主张"讨伐"。继于16日致电张学良，"责令"护送蒋介石回京。

12月25日，蒋介石回到南京，马鸿逵立令省会军民开会游行庆祝。1937年2月，蒋介石因马拥护"中央"有功，遂以陆军168师的正式番号调换了新七师的番号，另给马增编一个独立旅。马即以马全良为独立第10旅旅长，卢忠良、马英才和他的二儿子马敦静，分任168师1、2、3旅旅长，以马光宗、马义忠为骑兵1、2旅旅长，另编两个警备旅，以马宝琳、马得贵分任旅长，并以他的儿子马敦厚为特务团团长。1936年底，他以步骑兵分成两线，南起海原之兴仁堡，北至鄂托克旗新召，对陕北解放区进行封锁。

卢沟桥事变爆发，日寇侵占绥包。马鸿逵这时已有步、骑兵八旅之众，但却借口防共，不肯出兵抗日。以后为形势所迫，才派骑兵第1旅旅长马光宗为中将骑兵指挥官，率骑兵第1、2两旅，集结临河城内，以警备2旅置于三盛公一带，名为抗日，实则看风使舵。这时，蒋介石以朱绍良为第八战区司令长官，以傅作义、马鸿逵为副司令长官。又将马鸿逵的15路军和马鸿宾的35师合编为第17集团军，以马鸿逵为总司令，马鸿宾为副总司令兼81军军长和绥西防守司令。

1940年1月，日寇为策应对华中方面的攻势，以26师团为主力，向绥西五原、临河进犯。马鸿逵部仅骑兵1旅与马鸿宾的81军在乌镇、五原梅令庙一带，进行抵抗，后撤至磴口、三盛公一带。马之警备2旅旅长马得贵、团长马元宝等，在绥西平日作威作福，杀人越货，及日寇西犯，即行后撤。马鸿逵远在宁夏，也惊慌万状，遣送家属至兰州，并准备将省府撤至甘肃靖远。将历年搜刮的大烟、皮毛等物资，日夜不停地向甘肃运送。民间车、马、驼、驴等运输工具，被征调一空。后因日寇至乌拉河、黄羊木头再未前进，马鸿逵才定下神来，只留骑兵第2旅在黄羊木头以西，担任边境警戒，其余部队全部撤回宁夏。自此以后，他便以全力封锁边区，再未出兵参加抗战。但在傅作义部收复五原后，马鸿逵却说是他的第17集团军协同傅作义部"光复五、临，造成绥西大捷，开抗战以来收复失地之先河。"1939年，蒋介石为了加紧反共，给马鸿逵增加了一个暂9师的编制。以后这个师长期驻守灵武，负责封锁边区。

1942年，蒋介石偕陈诚、朱绍良等来宁夏，召集八战区高级军官在宁夏省城（今银川市）开会。傅作义及绥西各军、师长均参加，马鸿逵部团长以上的军官也列席。蒋名为布置抗日军事，实际是为了布置反共。马力主反共重于抗战，并力表自己12年来封锁边区的功绩。在蒋介石住宁期间，马鸿逵常于夜间亲查岗哨，严密警卫，以示忠诚。有一夜蒋问："外边何人？"马答："鸿逵"。马的四夫人刘慕侠，在宋美龄面前，更恭谨备至，曲意奉承，并向蒋介石夫妇敬献龙凤黄绸睡衣，为马的二儿子马敦静谋求军长职衔。

蒋回重庆后，马又派苏连元以重礼送何应钦、宋子文、陈诚等。因而1943年秋，蒋介石政部又给马增一暂编31师的番号，并任命马敦静为11军军长。马又以其长子马敦厚为保安处处长。保安处原辖3个团，马敦厚扩充到7个步兵团、1个骑兵团，兵力仅次于11军。以后，又以马敦厚长子马家骅（仅17岁）为保安处1团团长，并暗中保为189师师长。

1945年，日本投降，抗战胜利，马鸿逵正拥妾携婢，避暑于贺兰山小口子。消息传来，广大人民，笑逐颜开，欢庆胜利。马鸿逵却终日忧郁，直到秋凉，还在那里"避暑"，不肯下山。以后他召集他的军政大员讲话时说："抗战胜利得太快了，共产党不但没有消灭，反而力量更大了。中国不亡于日本，要亡于共产党！"

（载宁夏回族自治区政协文史资料研究委员会编：《宁夏三马》，中国
文艺出版社1988年版，第287—289页）

（三）口述资料

1. 徐梦麟讲述抗日战争时期日本飞机轰炸银川情况

抗日战争八年中，日本飞机轰炸宁夏银川一共有 3 次。

1937 年我从北京师范大学毕业回来，先在女中当教员，以后在宁夏师范当校长。那时宁夏师范的位置在现在文化街的沙湖宾馆，从民族北街口到现在的宁夏宾馆（也就是过去的公园街口）这一长遛，原来是空地，后来公家建设了三个学校，西边是宁夏中学，中间是宁夏师范，东边是银川实验小学，三个学校并排着。

日本飞机第一次轰炸银川，来了一架飞机，扔了一颗炸弹，扔在公园东墙外面的湖里。公园外东墙根有一条马路，飞机来的时候，宁夏中学的一些学生从学校出来往北门的空地上跑，炸弹扔在公园东墙外面的湖边爆炸，一个学生让炸飞的弹片炸死，这个学生叫征克欧（平罗人），宁夏中学初二年级的学生，具体伤在哪儿我不清楚，学生当时就死了。

那时，我在宁夏师范任校长，警报一响，就指挥学生就地趴下，听说实验小学的学生年龄小也都没有出去，这两个学校的学生都没有伤亡。日本飞机对银川的第一次轰炸，引起了政府的注意，有些单位和学校都搬到城外或外县去了。

日本飞机第二次轰炸银川是最惨重的一次，1938 年 3 月 6 日，当时是阴历的正月十六日，我记得很清楚，过正月十五非常热闹，因为有灯会，外面来亲戚家住下看灯会的人很多，那时是白天，人们都在街上逛街，当局因为前一次的日本飞机轰炸，就设计了一个警报器，曾经也发过警报告诉老百姓怎么处理，警报器就在北门城门楼的顶上装置，那天，我正在北门保安处的篮球场和保安处长卢忠良打篮球，突然有传令兵报告，有日本飞机 12 架往宁夏方向飞来，我就在跟前听见他说这话，卢忠良下令赶快发警报，我们篮球也不打了，就跟卢忠良司令进入防空洞，这时就听见飞机已经过来了，12 架飞机排成人字形进入银川上空。我们从防空洞出来后，听人说发警报后，有些人并没有躲避，还望着天空数飞机。

据了解，第一颗炸弹扔在东门二道巷居民的家里，炸坏了三间多房子，没有伤到人。第二颗炸弹扔在羊肉街口张铁匠家，炸坏了五间房，伤了2个人。第三颗炸弹扔在砟子市一家民房里，没有伤着人。第四颗炸弹扔在民生街对面的王五子烧坊里，炸坏了烧酒作坊，伤了4个人。最惨的是第五颗炸弹扔在地政局挖的防空洞口。

地政局是三面房子一个大门，旁边都是空场，是马鸿逵的部下王总办的房子充公后，地政局搬进去办公的，地政局的位置在西门铁匠铺街，就是大庙附近，原来叫居士林，防空洞挖了不到一人深，上面用椽子支撑着盖上草和土，警报一响，人们都往防空洞里跑，结果一颗炸弹扔到防空洞的洞口爆炸，洞口被炸毁，洞里面的人都被捂死，洞口外面的一个人，刚跑到防空洞门口，炸弹爆炸也被炸死，这个人叫朱思义，中卫人，是地政局的秘书。

第六颗炸弹扔在西北城拐子里面的湖里爆炸，那是一块空地，没伤到人。第七颗扔在柳树巷东面砟子市过去一点的地方听说伤了人，究竟多少我不清楚。我说的这些都是我亲眼看见的。

人们谈起这件事的时候，分析说，日本飞机不是专门来轰炸银川的，是轰炸兰州后剩下的炸弹扔到了银川，要不然12架飞机，才扔了六七颗炸弹。这只是推测，这次轰炸没有精确的数字，官方没有发表，报纸上也没登过，我们也没问过司令部，人们估计死伤100多人，那时候繁华的地方还是旧银川的框框，因为好多老百姓死了以后也没人统计，倒塌的房屋也没统计过。

日本飞机第三次轰炸银川是：1938年9月15日，有30架日本飞机，是夜里来的，飞机飞的很高，拉警报以后，有些人跑到城外面去了，我当时跑到南门外我舅舅家的田庄里去了，那次只扔了一颗炸弹，扔到农田里面，据说是因为晚上农民点火，有亮光引起了飞机的注意，扔了一颗炸弹。炸弹扔完后飞机继续往前飞走了。

徐梦麟讲述　高天娥　卢学舜整理

2006年7月4日

（原件存中共宁夏回族自治区委党史研究室）

2. 霍纯锡讲述抗日战争时期日本飞机轰炸银川情况

1937年11月间，一架日本飞机飞到银川，没有扔炸弹，有人说扔了一个桶一样的东西和一些传单，这个东西落在北郊，谁也不敢动，抬着给马鸿逵送去了，别人猜想大概是劝降书在里边，劝马鸿逵不要抵抗日本，要与日本人密切合作，搞一个回民的自治政府，是诱降的意思。后来马鸿逵为了掩人耳目，他不敢承认这件事，有意识地向绅士们了解这件事，说："听说是日本飞机扔了个东西，你们听说了吗？"当时的人也聪明，怕马鸿逵事后翻脸不认人，就都说没听说，也不承认这件事。以后马鸿逵对待抗日的问题始终是模棱两可的态度。他不抗日，也害怕抗日，只想发展自己的实力，他对共产党恨得很，对日本人却抱着幻想。

1938年的春天日本飞机没有来过。1938年秋天的9月底，两架日本飞机，一架是上午来的，一架是下午来的。上午八九点来了一架飞机，从北门飞进来，就在文化街的东边一点，是民族北街和文化街的西边的那一部分，原来有一个第六团，在六团的操场上空扔了2颗炸弹，然后绕了个小圈从北门方向飞出去了，当时炸死一个马鸿逵的中校科长，叫张士恒，还有两个群众，北门城墙上有高射炮，日本飞机在头顶上他不敢打，等飞到北塔一带才打了两炮，根本不管用。

现在的保健院、政协，还有生资公司三个地方，过去是三个学校，即宁夏中学、宁夏师范、实验小学。我们学校就在保健院的位置，西面是政府。那天下午，我们正赶上月考，有些学生在学校的北墙根看书，这时从中山公园的西北拐角飞来一架飞机，地下党员音乐教师薛嵩山拿了个望远镜，看见是日本飞机，我们就往后跑，我刚跑到学校的后门，就趴在地下，日本飞机扔了三颗炸弹后就飞走了，爆炸声震的人心都要掉出来了。一阵消息传来，宁夏中学有个学生叫征克俄，飞机扔炸弹的时候他正在中山公园的湖边看书，炸弹扔在湖里爆炸，弹片击中他的腹部被炸死。还有一个被炸伤的同学叫张凤舞。另外教导团从宁中征去的学生王佐材也被炸死。这时学校陷入一片混乱，学生当天晚上就疏散逃回家去了，学校宣布暂时停课，一个月以后在永宁复学。1939年为了防空把宁夏中学、宁夏女中、宁夏师范、中卫师范几所学校在中卫组成联合中学。

1939年春节过后来了12架日本飞机，飞机从东城墙，东门以南，南门以北，沿着新华街，南门一道巷、二道巷、三道巷、新华街到西城墙为止，过了一遍，飞机飞的很低，沿着城墙飞下来，知道宁夏没什么防空设备，连扔炸弹带扫射，这时人们都在大街上逛，机枪扫射后满街都是死人，那次死了好几百人，最严重的是在西塔北边，西塔大门前边的拐角，市医院向北一点的那一带，有个地政局，在大门口挖了一个防空洞，挖防空洞没有一点防空意识，就挖了个四五间房大小的坑，坑的上面就用盖房子用的大梁支撑，大梁上面放上椽子，盖了些草和土，前面是个门，门前是个斜坡，日本飞机扔的炸弹刚好就在防空洞口爆炸，把30多个人都炸死在里面。集体死亡的人员就是那个地方，死亡的人都是地政局的工作人员。

日本飞机轰炸的时候，原来北国商场对面的玉清池澡堂，后面有一块空地被炸弹炸了一个坑，有两三人那么深，我家就住在澡堂子的后面，房子没有倒，家里的人也没有伤着。街上被机枪扫射死亡的人特别多，我的同学就有死亡的。那次炸弹扔得不多，主要是机枪扫射，当时飞机飞得很低，从房顶上飞过来，机枪一扫射，就死了一大片，从东城往西走，到处都有死人，这一带人口比较密集。

银川那时候也比较落后，人们很少看见飞机，日本飞机第一次轰炸时，有的人还站在房上看，警报再响也不紧张，只觉得稀奇不在乎，照样上班，自从炸死人以后才紧张起来。

霍纯锡讲述　高天娥　卢学舜整理

2006年7月5日

（原件存中共宁夏回族自治区委党史研究室）

3. 王伯祥讲述抗日战争时期日本飞机轰炸银川情况

日本飞机来宁夏轰炸银川一共是3次，当时我都在银川。

第一次是1937年11月5日，那一次是飞机一到银川就发出了警报，据以后统计，当时谁也看不清，有7架飞机轰炸银川，重点经过的路线是从东向西飞行，就是现在的文化街，从东门开始轰炸一直过西门，一条线到中山公园这一段，投了六七颗炸弹和机枪扫射。据当时过后了解统计，那一次来的飞机里面没有轰炸机，那时抗战刚开始，西北的重点是兰州，飞到银川的目的一个是侦察性的，一个是扰乱性的，另一个是了解宁夏的地形和虚实。当时那次扔了六七颗炸弹，飞机向地下扫射时的伤亡很小，那条街（现在的文化街），从公园以东开始，宁夏中学、宁夏师范是当时的最高学府，还有小学，学校再往东走就是军械处和军队住的地方，还有马鸿逵总指挥部住的地方，也就是现在的鼓楼北口。旁边还有一个团，再往东，靠东城墙边的是一个大空场叫操场，靠北城墙根是部队的营房，所以那一条街，靠南一点是马鸿逵弟兄两个的家。就是文化街以南，中山北街那个地方。那一次轰炸，驻地的机关单位，没有遭到严重的轰炸，在当时宁夏城的情况来说，除了中山公园，再往东一直到城墙都是湖，靠北边都是芦苇湖，所以飞机那次来，是单线来，面很小，没有摆开阵势，那次六七架飞机并不是并行的，它是分前后，前面二三架，后面二三架，三四架一下子就过来，一会儿就飞走了，并没有盘旋，一扫而过，投了五六颗炸弹，那几架飞机往前扫射，更是高距离，效果更小，那一次投弹的时候，没有人集中的地方，炸弹落的地方都是空场，所以伤亡很小，也就是死伤10—20人，再没有大的伤亡。这一次当时在飞机来以前宁夏也不重视防空，因为日本飞机老没来过，来了炸了以后也觉得无所谓，以后防空，虽然组织了防空司令部，但是这些都不受重视，群众也不在乎，就是炸过以后也无所谓，群众也照常不重视防空，公家也没有当回事，就是下个通知，都挖防空洞，在院子里挖个坑就算了，军队下命令，如果有警报，机关、学校、部队就往城外疏散。机关单位在空地上挖个洞，对做防空掩体都不太重视。

第二次是1939年，因为1938年一年平安无事，1939年的轰炸是宁夏最严重的一次，1939年3月6日，是农历的正月十六，这一次来的飞机是12架，这回编队是以重型轰炸机为主体编成的，这回日本飞机是要搞破坏，而不是侦察，这次飞机是从山西运城机场起飞。这12架飞机来的面就宽了，从现在的东西大街这一面到南城墙，轰炸的时候不是单线，而是摆开阵势，从东门开始落炸弹一直到西门，我以后也没记清楚投了几十颗炸弹，起码有20—30颗炸弹，炸的面很宽，从南城墙到东西大街，也包括现在的文化街这些地方，隔段距离都落了炸弹。这回来是有计划地轰炸银川城。这次轰炸后统计，伤亡近300多人，死亡也有100多人。被炸的最厉害的两个地方，一个是现在叫前进街，当时有个地政局的门口，挖了一个防空洞，能容纳30—40人，是地政局机关自己挖的防空洞，轰炸的时候正好有一颗炸弹落在防空洞的洞口，洞口被炸，30多人都被捂死在里面，里面的人大多数是地政局的干部，还有到地政局临时办事的人、附近住的老百姓听见警报响为了逃命跟着混进去的。地政局的两个局长没有被炸死，原因是当时上午9点开会，警报一拉，其余的干部都跑出来钻进防空洞，他们正在开会，一时没有警觉过来，等他们从后院跑到前院的时候飞机从头顶上过去了，炸弹已经炸了。当时贺兰县的县长去地政局办事遇到轰炸钻进防空洞也被炸死，情况就这些。

另一个伤亡最重的就是西塔院子里面的一个防空洞，在塔的后面靠后墙，这个防空洞被炸弹炸毁了，伤亡30—40人，西塔的防空洞是马鸿逵总部军需处挖的，西塔是军需处的库房，军需处的东西，物品都在里面放着，看库房的官兵是少数，东西在里面放着，人员并不多。日本飞机轰炸的时候，发了警报以后，军需处看库房的人是少数，东西多人少，当时挖的挺大，军需处要防空就是在那里防空。警报一响，看库房的人，庙里的和尚，他们有条件跑到里面，再有跟前住的老百姓，那时候平常不敢进，警报一响也不管那么多就往里跑，外面有的跳墙进去，因为是防空洞，感觉保险，西塔里的和尚很少，有几个人看庙，那时候马鸿逵不主张有和尚。轰炸以后，伤亡人员就复杂了，有军队的、有老百姓、和尚，也有政府的少数几个工作人员，伤亡30—40人。这是当时被炸的最重的两个地方，这两个地方死伤就有60—70人，那一次宁夏被炸后，统计伤亡就有300多人，死亡有100多人，落在空地上的炸弹没有伤到人，落在居民区有的伤，有的死。但是那一次机关、部队伤亡的很少，事情都是凑巧，那阵都是上班时间，学生在上课，人集中的地方没有落炸弹，落炸弹的地方，伤亡的人数都比较分散，那时候据我所知银川城里有3万多人，机关、学生、部队占绝大多数，但是那次在伤亡最重的情况下，军队、学校、机关伤亡很小，这些地方都没有落炸弹。这是第二次轰炸，比较严重。

1939年9月15日夜间，据以后统计，是一大群飞机，有30多架到银川来，没有进银川城，飞机飞过南门外，就是现在的保伏桥以南，那边都是湖，投的炸弹也不超过 10 颗，都投到湖里了，在保伏桥以南，唐徕渠的西边，五里台那个地方，那天晚上拉了警报，灯火都管制了，城里都是一片黑，只有五里台那边有火光，是打渔的人在湖边打鱼，点火取暖，飞机看见有火光就投了几颗炸弹。后来了解到，这次的 30 多架飞机是从山西运城出发，准备夜袭兰州，这天夜里从运城出来 30 多架大批的编队飞机还没有飞到兰州就被兰州发觉了，兰州的地空军队一齐出动，日本飞机没等到兰州轰炸，就被迎击出来，撤退路过银川，它不是有意轰炸银川，它是从兰州败退往运城返回，路过银川南门外，发现有火光，就投了几颗炸弹。那时候由于银川经历第二次轰炸后，有了经验教训，以后开始注意防空，警报、疏散、防空设施也都加强了，后来又问中央要了一个高射炮连，四个城门都有高射机关炮，机关枪，还建立了防空站，但日本飞机再没有轰炸银川。

日本飞机第二次轰炸银川没有撒过传单，机枪扫射比较少。第一次轰炸，飞机是侦察性的，飞得比较低，地面能看的清楚；第二次轰炸，飞机飞的高度起码超过一千米，这样的高度，辨不清机枪和炸弹，声音混淆在一起，另外地面也打枪，弄不清是谁打的，炸弹声掩盖住了枪声，房子倒塌的不少，那时候银川的房子都是土坯房，旧房子不是炸倒的，有的一震就倒了，所以，受伤的人中，有的是房子倒了压伤的，是间接受伤；那时候统计，间接受伤不少于直接受伤，过去银川用砖打地基的房子都是少数有钱人家，老百姓的房子都是用土坯砌起来的，有时候没有震动都倒，炸弹爆炸一震就倒了，房屋的墙倒了以后，砸伤的也不少，这些报纸也报道过。马鸿逵报灾要钱，上报的数比实际情况要大些，要钱、要物、要武器弹药、要装备。

王伯祥讲述　高天娥　卢学舜整理

2006 年 7 月 14 日

（原件存中共宁夏回族自治区委党史研究室）

4. 黄震华讲述抗日战争时期日本飞机轰炸银川情况

日本飞机来银川共有三次，轰炸有两次。当时我是宁夏中学的学生。最严重的一次是1936年的1月16日，日本飞机来了12架轰炸银川，当时我家就住在东街口（现在的羊肉街口）那里，在离我家有20米的地方就扔了一颗炸弹，当时就炸死12人，都是我家邻居还有他们的亲戚，有旁边卖菜的张家，对面开小铺的杨家，还有的我记不清姓什么。我家屋里挖有防空洞，飞机轰炸的时候我们都躲在里面，母亲有病不能下去，我们就让她躺在炕上用被子盖好，等轰炸过后一看我母亲让屋里震下来的土给埋了，人没伤着，房子也没倒，门外面的房屋被炸毁了，炸弹的威力不是很大，外面的房屋倒塌的不多，被炸裂、炸个洞的比较多。

还有一次轰炸我正好在街上，听到警报响，我就往玉皇阁北面的邮政局里跑，邮政局有个防空洞，我临时就跑到那个防空洞里面去了，那次没听说炸死人。

还有一次我在东门外，日本飞机从东面过来用机枪扫射，我就地趴在树下，子弹刷地就过去了，没有扔炸弹，当时没见有死人，只有一些受伤的人。这些都是我亲眼看到的。

日本飞机轰炸银川最严重的一次，地政局那个防空洞大概死了40多人，我的同学杨增新就在里边死了，现在他的妹妹杨春兰还健在，是自治区环保局的工程师。还有在公园那边被炸死的同学，一个叫王佐才，一个叫征克俄。还有一个叫任棠的同学在哪里被炸死的我记不清了，其他几个同学的名字我记不清了。

黄震华讲述　高天娥　卢学舜整理

2006年10月26日

（原件存中共宁夏回族自治区委党史研究室）

5. 王桂花老人忆抗战岁月

民国 25 年（1936 年），我 18 岁，全家在五原县东北方向的德岭山南麓平原乡四义堂村居住，距离乌镇 13 里，距乌兰脑包距乌镇 6 里。那一年 3 月，从乌不浪口方向的台路来了一辆汽车，地里劳动的村民跑去看，奇怪怎么来了一辆汽车，汽车上的人走时留下一包东西，有识字的人说是饼干，就给人们分食，每人三两片。孩子他爷爷（王存仁，俗名王米换、王换小）还拿回一片，让我和孩子他姑姑也尝一尝。

八月收割秋田，又来了三辆汽车，一溜台路走到黑石虎，沿汽路到乌不浪口，又到四义堂村时，当时人们在地里干活，人们稀罕，又去看汽车，听说汽车上的人是勘察地形的，走时又留下一袋冰糖，那时的买卖字号上有，人们也认得是冰糖，就你三块我两块分了后吃了。

第二年（1937 年），我怀上大儿那一年，孩子二爷爷给乌兰脑包杨柜上放马，有一天突然骑马跑回来，一进门就给："反了，反了，河南（指乌加河南）屯垦队、国民军乱了，到处刁抢人，杀羊、杀鸡。"当时，我们家穷得啥也没有，只有一床新皮盖底（羊皮缝制的被子），就赶快拿出藏在场面麦秸堆内。很快溃散了的国民党军队就来了村里，开始捉鸡、杀鸡。我赶快把家里的两母鸡藏在山药窖内，可放下就鸣叫不停，于是我只好赶快杀的自家吃。

20 岁那一年（1938 年）5 月，保甲长通知号房，就是让三家两家并为一家，腾出房子让军队住。这样，在河南、五原有亲戚的人家都走了，四义堂就剩下任和、高梅林、梁来有、张二旦、我们家及杜才等几户人家了。很快驻防队伍就住下了，就是后来人们说的西军（宁夏马鸿宾部队）。西军驻防后，立即做工事，在村周围大挖梅花型战坑，挖战壕、垛炮台，他们就是做战事工程，当时我们也不知道他们防什么。

有一天，突然听到来了飞机，人们稀罕的都去看，飞机先在乌兰脑包上空盘旋，接着又飞到乌镇上空，轰鸣声中扔下 3 颗炸弹，听说把做买卖的德丰号的牛炸死 50 来头，转到四义堂上空，驻军战士就喊骂村内老百姓："看啥飞机，这是日本人的飞机。"以后，部队一听到飞机轰鸣声，就吹紧急号，人们就赶紧躲藏起来，怕敌机扔炸弹。

21 岁那年（1939 年）3 月，听说日本人是大"扫荡"，突然从乌不浪口东侧又来了几辆日军汽车，溜山弯骚扰我军，由于沿山弯尽是我军战壕，日本人汽车过不来，就从四义堂东沙滩迂回进攻，与我守军接火了，听到交战声，我们就往山药窖内躲藏，从半前晌开始到半后晌停火了，听不见枪声就出来了。听西军战士说这次日军开上汽车来打仗，日军的轻机枪和飞机扫射，把傅作义军队头上戴的脸盆（钢盔）打成蜂窝孔，不过我们也打下敌军 3 辆汽车，因为西军住的和老百姓也惯熟了，就说你们快出去看吧，我丈夫就出去看，还捡回被打坏的洗脸盆（钢盔），叫人们看。并说打下了 3 辆敌军汽车，一辆坏了，两辆还能开动，开走了，坏的那辆用牛拉上到乌镇，后都送到五原傅作义长官部了，后来听说有傅作义部队桂排长打汽车立了功。被打死的日军头上苦的白布，被日军拉回大余太了。傅作义的部队也就走了，以后，西军说你们一听见敌机来，我们一吹防空号，你们就赶紧藏，往梅花坑内藏。

这年腊月 21 日（公历 1940 年 1 月 29 日）那天，西军马营长对我丈夫说"王留拴呀，你赶紧把你妹子送回去吧，这天下不太平了。"第二天，就赶紧把孩子她姑姑、她五姨就送回家了。22 日这天晚上下了一场大雪。23 日（农历过小年祭灶），孩子他大（爸爸）说咱们炖的吃猪骨头吧，烧上火刚炖上，一阵儿飞机又来了，往村西三连驻地上扔了一颗炸，把伙夫（厨师）给炸死了，把饭锅也都炸烂了，炮台也炸塌了，还把我家炉台也震塌了，把做饭的火也压灭了。人们害怕的往外看，孩子他爸说你瞭，你看那明圪旦（明火球），我一看，挺小的明圪旦，再一看，又是轰的一声，又一颗炸弹扔在村东头机枪连了。孩子他大说："快跑"。在巨大的爆炸声中，孩子他大从炕上拉了一条毡子，把大儿抱上一奔子跑了。我一看，他跑了，我也得跑呀，飞机扰的又不敢快跑，待飞机一离开，我就跑，飞机盘旋过来，就躲下，就这样跑到部队营部门前，飞机又飞过来了，我一下跌倒了，浑身是雪，肚皮上沾着雪，也不知道冷，皮帽子也掉了。飞机飞过去后，又赶紧往出跑，一跑跑到战壕里，听人们说：战壕里往东西不能跑，只能南北跑，南北才有出路呢。我正一股劲地跑着，忽然觉得手上好像"丝"的一声，挂彩了，是中了流弹了，也顾不上看，继续跑。跑着跑着碰见个赵怀北，就说："赵怀北哥，你快把我拉上吧，我跑不动了"。他说："桂香子（赵妻）也不知道跑到哪里了，找不见了，咱们赶紧跑吧。跑在渠壕里我给你包扎吧。"到渠壕后包扎了一下，商量说往羊场上跑吧。此时听见村子里枪声大作。跑到羊场房子，看见孩子他大和大儿都在炕上坐着呢，我就说："你管你跑，不管我?!"他说："这个时候了，尽各奔逃生，我能管了你?叫你快跑，你不省得跑?"我说："我找不到跑的地方吧！我还没穿扮好，帽子也丢了，毛鞋（毡制鞋）也没穿，你快回去给我找吧。"他说："这枪打得这么厉害……"我说："你猫着腰往回走，绕着走嘞哇。"临后，他回去了，他给我找上了毛鞋、帽子。这时仗还打着，看的阳婆（太阳）不高了，我说怎么办呀？继续逃上走哇。一阵儿阳婆快落时，停火了，这时老西军实际上打的尽退下去了，但日军（汽车）也进不了村，因为有战壕堵的呢，就溜山弯徘徊。连上来了，此时已停火，傅作义军队就追上去了，乘此机会我们就赶快逃上走，就往西走，那阵儿冬天河冻了，能过河了。由于天黑了下来，村里的人们相跟上看不清楚直往雪坑里走，慌乱中，王有贵女人抱着女子（小孩）头朝下也不知道，把小孩两个脚冻成黑青锤子。人们跑来跑去，结果跑在碌轴补隆了，那里有一家人家有油坊，人们在油坊人家炕上、地上坐得满满的，整整一家人。一黑夜外边下雪，冻得人们待不住，将就了一黑夜到天明，就赶紧又逃生，日军溜山弯就走就打枪，我们还以为人家还在打仗，最后我们逃在海生（地名）上住下了。去了海生这地方有个老婆婆在家，我们说做的吃上一顿饭哇，人家说连柴火也没有，然后孩子他大说快出去割上些柴火吧。孩子他大刚走不久，傅作义炮兵团上来了，日军汽车也走到万和昌了，一瞭那汽车统的黑压压一长溜，傅作义部队并没有开枪，说一开枪老百姓就受不了啦，连躲藏的地方也没有，并叫谁也不许行动，炮兵连把那些骡子驮的那些炮弹尽放在房前，站下动也不动。最后，我们怕队伍开了火把我们夹在当中还不是个死？我说我们快走哇，但是队伍上的人说什么也不让我们走，房东老婆婆也乞讨地说可怜的娃娃老婆们逃了一黑夜了，快叫他们走吧。队伍上的人说要走就爬着走，爬下走就爬下走吧。这样我们一群人就把娃娃包在盖底（被子）里，挎在身上爬上走，把我家盖底磨出一个大窟窿，把我两个圪膝盖磨的棉花也露了出来。终于爬出二里来路时，爬到芦草林了（芦苇丛中），这时都能站起来走了，站起来一看，孩子他大步往回跑，说看见日本人汽车在万和昌可多呢，还捡啥柴火，老婆娃娃还在家里，就往回跑，跑回去队伍的人贵贱不叫走了，临后说你们不叫走，老婆娃娃们在外头冻死呀，不叫走怎么办呀，临后说只能爬上走，就又爬着走出来，这样我们只好又从芦草林里往回返，又返回碌轴补隆，到人家油坊里待着。

到了阴历腊月24、25时节，孩子他大说我好头前回哇，反正日本人汽车不走战壕进不了村，村里也打完了仗了。可是，返回来说村里什么也没有了。兵也没了，尽死人，回哇。回就回哇，26日那天眼看过年呀就是个往回走，担惊受怕地回了家。孩子他爷爷（王换小）、梁来有、武二娃他们说："不管怎么样，咱们把村里的死人抬出去安葬吧。"老西军队伍里阵亡的都有徽子（帽徽，另佩带国军标识有名字），孩子他爷爷给劈那板板棍棍，梁来有用毛笔写，谁谁谁，尽给写上名字，27 至 29，三天才埋完，把老西军埋在梅花坑后，把板板插上。我们也就开始过年。

过了年，正月初二、初三，伪蒙军的大马队溜山弯过来了，还有其他日伪军，天天过军队，到正月尽才过完。2 月里，我们这一段时间每天跑，这里的往那儿跑，那里的往这儿跑，不能种地，被子里包上干粮有时到滩里吃住，反正到处躲藏。人们说日本人把老西军打到黄羊木头才不打了，傅作义部队尽换成便衣，装扮成买卖人和老百姓，城里城外尽是，日本人也弄不清傅作义部队哪里去了。实际上是傅作义各部队派出政工人员、医护人员穿便衣收容伤员，宣传发动人民抗战。

2 月 12 日（1940 年 3 月 20 日）听到大炮响声，傅作义部队开始反攻五原，把日军首先打退。

2 月 13 日那天，孩子他大上北四义堂种地去了，突然日伪大马队从五原溃退下来了，向四义堂方向奔来，他看见后就往回跑，我们在南四义堂住着呢。他跑回来说快跑，我和孩子二姨抱着娃娃前头跑，从战壕里跑了出去。孩子他大打点东西，背上包袱在后面往出跑，敌人打过枪来，他一下跌在战壕里，叫追上来的敌人抬出去抓走了，我们只顾跑，跑着跑着，我被什么东西绊倒了。我又胆小，疑是尸体，说："二姐，这是什么？"孩子二姨说："啥也不是，这是沙圪旦，快跑哇。"就这样连跑带走整整奔走一黑夜，到天明，跑在大树圪卜，住在孩子她五姨家那里。

再说孩子他大被敌人抓回去，大马队就在村子里抓羊杀羊，见抓回来一个老百姓，还有包袱，就打开包袱见里面有一双女人鞋，问是谁的？孩子他大说是我老婆的，跑了，人家说把你老婆找回来，又说你不能走，怕你跑了不回来，你给杀羊煮肉。等羊肉煮熟，人家先不吃，说你先吃，他怕的敢吃。人家说："你吃，他妈那个巴子，你不吃，就把你打死。"吓得他哆哆嗦嗦地开始吃起来，人家才敢吃，原来是怕他给下毒药呢。

第二天早上，日军来了一架飞机，降落伞降下的麻袋里装着饼干等吃的东西，大马队就退上走了，退到佘太了。临后，孩子他大把我们找回去了。

2 月 17 日，人们说又打起仗来，军队上来了，人们怕的再跑，跑到东沙楞，这时我正在做饭，赶快就是跑，过了一会听人们说是中国军队回来了。跑出去的人们将信将疑，高梅林老婆说："我一个老婆子，我好先回去，就说不放心自家的羊，看一看。"回去一看，真是中国军队，就是个吼："咱们中国队伍回来了！"人们听见后高兴地就是往回跑。我回到家，一位自称排长的说："大嫂，我们住在你家了。把你们的饭也吃了。"我说："吃圪哇，好样咱们中国军队回来了，你们没吃好，我再给你们做。"人家说："我们吃好了，你们自己做的吃吧。"这样我们和梁来有、张二旦并房住了几天，才知道日本人还把老西军的军械、米面都拉走了。到部队回来掩埋西军阵亡官兵时，来到我们村里，我们把埋的那些人的情况告诉了他们，咱们的人还相跟上和他们一直从四义堂到乌不浪口，把死去的人帮着异的异、抬的抬，抬上车，最后埋在乌不浪口山口西边，在那儿寝的西军坟。

参加埋的人有孩子他爷爷（王米换）、孩子他大（王留拴）、梁来有、张二旦、武二娃等大约有十来个人，埋了好几天。

中国军队从乌不浪口埋完阵亡官兵后，回来把他们的一部分吃的粮食也给老百姓分了，说你们也辛苦了，把我们阵亡的官兵给掩埋了，还写上谁谁的名字，太感谢你们了。我们说：我们都是中国人，你们是抗日的，这些都是我们应该做的，应该照顾他们哇！

傅作义部队到五原打日本人时，正是 2 月河开时，后套老百姓正浇地，军民齐心抗战，部队炸桥，掩护老百姓掘河，到处是河滩，道路泥泞，日军坦克、汽车走不成，逃命的日本鬼子分不清方向，从河南（乌加河南）到乌拉壕，只要零星日本兵出现，就没命了。老百姓恨他们恨的要命，尤其是被日本兵欺负过的女人，三个两个老婆用菜刀就把日本兵乱刀砍死，装麻袋扔进黄河里，最后，日本兵临回去时也没多回去。

我 22 岁（公元 1940 年）那年，村里队伍拉引不断，西军走了，这来那走，队伍拉锯战，还去大佘太打了一仗，又退回来。隔上两天，日伪军又打过来了，打上一仗又退回去。

我 24 岁（公元 1942 年）农历 5 月 18 日，那是我永远也忘不了的日子，我生二儿子（王德茂）不久，这一个月一点也不安宁，一阵飞机来了，一阵又打起仗来了。咳，十七日孩子刚满月，18 日早上咱们的队伍又来了，来了不少，孩子他大说队伍又要和我们伙伙住呀，咱们拉点土坯盖房哇。这一天他一大早赶上牛借个车，刚走在沙楞畔上瞭见日本人汽车来到乌不浪口子上，统的黑压压的一片，还放起山炮来。他于是赶快返回来叫我快起哇，我起来骑上毛驴，任老婆婆（任和母亲）拿了个被子，我们拿小被子包起孩子，和孩子二姑，还有梁来有女人（郭香女）和两个孩子赶快逃生，当时她大女儿梁梅女 3 岁，儿子梁武1岁，梁来有走后山不在家，村子里只留下孩子他爷爷（王米换）、任和、杨万明。

孩子他大在麋毛驴时，在芦草林里发现不知哪家队伍挖下房大一个坑，里面还有炕洞壕壕，准备下的马巷，能搭顶子，看来是个好藏身地方。当我们到那里准备躲藏时，发现村里大部分人已藏在这里面，过一阵打起仗来了，开火了，日本人从乌不浪口打在四义堂了。我们听见对面就像簸箕戳东西的声音，乒乒乓乓地，枪打的也近了，人们说这是坦克车声音，汽车过不来，坦克才能过来呢。这时我渴的不行，真是往死里渴呀！稍后日本人来了，围了一圈儿，放着3挺轻机枪，上面苫着白市布，一会儿取下白布，看样子准备扫射我们。过来一个满嘴镶着金牙的翻译，摆着手说："他们都是好老百姓。"最后说："男人们都出来，女人们坐下。"第一个是孩子他大出去，没穿鞋，他是瞪窑窑（墙壁孔）上去的，一上去草扎的脚走不成路，翻译说回去穿鞋去。穿上再上来，他返回来穿鞋，我拿起被子就把他按在被子底下，我和梁来有女人抱着娃娃坐在上面，一伙人慌乱中也没注意，其余男人都出去了，被日军用轻机枪押走了。

过了一阵儿，孩子他大说他们几个把我压得快捂死了，我说你快爬着往回走弄点水吧，我快渴死了。临后他爬着回去，日军已走，走时把村子放火烧了，残垣断壁，一片狼藉，原来井上的吊水桶也被扔进井内，吊水的也没了，囱灶上只有一个浆米罐，放着一把籴壶，他把裤带解下来，串着吊起一籴壶水，然后，就爬着送回来一壶水，我喝了半壶，剩下的众人们和娃娃们分得喝了些。我从那时带下了胃病直到现在也不能吃冷的喝冷的东西。他说村里烧的啥也没有了，快往回走吧，于是一个接一个地爬着往回走，我抱着二儿子王德茂就是个往回走。我走在头前，爬上走，一个跟着一个往回走，在路上爬行时经过好几个死人，都是被日本人打死的，我当时不知道是什么东西挡住了，后来一看是死人，我怎么也站不起来，强爬到村口。孩子他爷爷来接我们回去，大伙回去就都哭了，当时的情景无法形容，一看仅留下的那个浆米罐内只剩下一点米啦，熬了一点稀饭，众人说甚不甚大伙都回来了（在大坑里的人）。众人喝了点稀饭后说"黑夜去哪里睡呀？就去南边窑内睡吧，铺上些麦秸。"人们就藏在窑内避难。

同一天（农历1942年5月18日）上午，村内发生了惨案，凡是出门不在的都活下来了，凡是在家的大多数都死了，村子里只剩下躲在山药窑孩子他爷爷一个人。当时他爷爷看见日军来了，赶紧躲在做了茅坑的废弃山药窑内一角落，正好一发炮弹打来，浮土流下来把他埋住，他小心翼翼地从前头刨开一点浮土，能出上气来，也能听到外边声音了，日军从上面走过去，还把浮土踩的流在坑内。他听到日军问未能跑出去的任和老汉："有大烟吗？烫的大烟土。"任和说："这地方大烟是犯禁的，哪有呢？"，随后听见叭的一声枪响，一声惨叫。过了一阵听到任和老汉不住吼叫说："给我喝上些（水）。"可是没有任何回应声。他爷爷听不见动静后，拨开浮土伸头一看，日军从西走了，村里一片火海。再看任和老汉已无气息。他就自言自语地说："得赶快看看老万明老汉。"杨万明老汉正病着呢，他因为有腰腿痛病，走不了，就想着快救他吧。他爷爷冒着呛人的烟火爬进杨万明家，提上万明老汉脚拐子把他拉出来，一看，日军早就把他从肚上用刺刀刺死了，肠肚子拉下一摊。

他爷爷说："我早知你死了，也就不救你了。"因为救人时把他的眼睫毛、胡子都烧了，熏得他出不上气来，他就哭就说："我们那些娃娃都迎西走了，也不知道死活。"晚上，老万明的两个儿子光着身子（没穿衣服）跑回来了，一个叫杨丑女，10岁，一个叫杨交保，8岁，抱住孩子他爷爷就是哭，我们当时也都哭了，因当时他们没有亲人了，日本人把房子也烧了，孩子他爷爷就把他们收留下了，过了一段时间，他们的姐夫贺成志来了，把他们接走了。

任和老汉不幸遇害的同一天，他的两个弟弟，一个叫任满满，一个叫任三毛，也在我们躲藏的大坑里被日本人押走到山水壕打死了，任和的妻子、儿子任丑仁和任金金及羊倌另外一起逃出幸免于难。当时任三毛在山水壕勇敢地反抗日军，与日军搏斗起来时，被好几个日军刺死。三毛女人后来在包头被日本人轮奸后得了神经病也死了。当时未被刺死的二锁全回来后说："张二旦把日本人打了后，他跑了，留下的人在壕里死的很惨。有的和日本人打起来被日本人刺三五刀，当时任三毛最重，被刺七八刀，我被日本人刺了一刀。"后来，张二旦领上孩子他爷爷（王米换）、他大（王留拴）、梁来有等人去把山水壕被日本人刺死的乡亲们都给埋了，当时孩子他大数了一下任三毛身上被日本人刺有七处刀伤。

就在我们躲藏在窖内的这天晚上，听到枪声大作，乌镇烧成个红卜，我们就坐在地上嘹，灰雾雾地烧着，仗整打了一黑夜。到天明，乌兰脑包人们走的逃的也差不多了，日本人的炮火从乌兰脑包打到大树圪卜，然后从佘太方向退走了。

第二天，孩子他爷爷看见南边好像有个人，说下去看看，一看有3个国军伤兵，都在梅花坑内。伤兵说："大爷，渴死我们了，快给我们喝上一口水吧。"他回来说："那儿有 3 个伤兵，快滚上水，放在桶内凉着，我给送去，伤兵不能喝冷水。"然后他又给送去，伤兵说："我们饿得也没吃的。"他又回来打闹吃的。当时日军把我家的麦子都烧了，存放的半瓮麦子被烧的连瓮也烧烂了，我就把上头烧焦的麦子揽过，寻下面未烧透的，把袄脱下包起来，放上小磨子，围下那烟薰火燎的麦子茬子，然后把房后的苦菜（苦菜可多呢）一块煮上，我们吃的就是这饭，孩子他爷爷也就给伤兵送这饭，天天送两顿，前晌连饭带水送一次，后晌连饭带水送一次，后来伤兵说："大爷，要不省下你送啦，我们去你。"他爷爷说：你们可不敢，日本人打将来，我们能跑，你们挂彩受伤了，跑不了呀，这样共送了三天饭。后来部队来人把伤病员接走了。队伍也知道伤兵情况，就到处收容伤兵，就在孩子他爷爷给伤兵送饭时，正好碰上了村民张二旦，老二旦一看见他，抱住就哭着说："换叔，日本人押走我们后，我强跑出来，跑进芦草林里才跑脱。"还说：我们被日本人押到山水壕时，日本人说我们打乌镇，拿你们领牲（祭天）。第一批刺杀死的是被俘我军军人，张锁全被押到山水壕上用刺刀刺死，第二批是我（张二旦）和二锁全，我和二锁全一上山水壕上面，我就用袄袖儿打日本人，打眼睛，一打，日本人哇地一声叫，山水壕里的人就乱了，日本人也乱了，就用枪打、刺刀刺壕里的人，全部被打（刺）死了，因老百姓全是赤手空拳。我跑了，当时我渴的没办法就把自己的尿，尿在手里喝了，后来跑到咱们部队上才喝上水。我向部队上的要枪，说我和你们打日本鬼子，我给你们带路，部队上的人说："不用了，你指一下方向就行了，我们自己去吧！你去西羊场找村里人，回去吧！"当时，部队想让他抬担架，那 3 个国军伤员问他爷爷："这是你的什么人啦?"他爷爷说："是我的侄儿子呢"。伤兵说："要是大爷的侄儿子，抬我们，我们也不走，我们死在这儿也不走。要不是大爷给我们送水送饭，我们这几天就死在这儿了，哪能再让你侄儿子抬担架。"后来，队伍上的说要上这样，那就老二旦不用抬了。最后，伤兵被昇走时都哭着给他爷爷跪下磕头，他爷爷扶起他们说："你们是咱们中国队伍，你们也是抗日的战士啊，咱们都是中国人，尽是自己人，我们应该帮自己的人哇！"

任和老汉遇害的第二天，突然村子里的二锁全爬回来了，他在山水壕被日军刺了一刀没刺死，硬爬回来了，人们看见他怪可怜的，大伙抱着他痛哭一场。他是用土按在伤口上止住流血的，他回来，反正就这么大家挖捉（凑乎）着吃。当时是我伺候他的。我给用开水潲洗，用野草、哈莫尔叶子煮上潲洗吸毒，后来伤口起了蛆了，我给用筷子夹出蛆。我给他做饭、喂饭、喂水，就这样直到十五六天他也死了。

就在二锁全回来的第三天头上，突然从后山转出来一支军队，我们以为是大马队，着怕了，就赶快爬上逃生。慌忙中，爬的我湖里糊涂的，我头前爬，大儿子在后边爬，转房圐囵爬，忽然听到有人说话："大嫂，不用爬了，我们是中国队伍。"哎哟，我起来一看，怎么在院子里呢？这时，傅作义部队上的人说："你是转房圐囵爬呢，我们早就瞭见了。"哎，还不知道。我再看黄沙土上，尽是我头前，孩子那小手手跟住后头爬的印踪。部队上的人问询，烧了多少房子，死了多少人、牲畜等，大姐长大姐短问询了一顿就走了。

当时被日本人打死的有：张锁全、二张锁、任和、任三毛、任满满、王存柱、李白白、杨万明，还有当兵的（傅作义部），二锁全后来死的，梁梅女（梁来有的大女儿）因打仗惊吓生病也死了。当时活下来的有孩子他爷爷（王米换）、他大（王留拴）、梁来有、张二旦、我（王桂花）、赵郭香（梁来有女人）、王二兰、我的大儿子（王德元）、二儿子（王德茂），梁武（梁来有儿子）、任和母亲、任三毛的儿子（任明明）、杨万明的两个儿子（杨丑女、杨交保）、三个当兵的伤员（傅作义部队的）。外出和另外逃生的有梁来有，任和女人和两个儿子（任丑仁、任金金）、羊倌、魏常喜、老双燕儿、北四义堂胡德荣、杜才、武二娃、温和、王留虎、李二润、张生小等人，有的也叫不来名字。

伤兵走后，我们虽说是回了家，但是到了黑夜没有住处，就在梁来有家的地圪洞房子里住，女人和孩子们住在坑上，男人们住在被烧后的窗台上、门口上、院子里。张二锁全受伤回来后他住家里，我们就都住在院子里，没有铺的也没有盖的，枕的是土坯。这样住了一段时间女人和孩子们怕的不能，我们就去了北四义堂（现灯塔村）武二娃家住下，住了一段时间又去了五原金先生圪旦金先生家住了一段时间，最后又去了北四义堂村，我们原来住的南四义堂因被日军焚烧被叫成火烧圪旦，没有一个人去住了。

就这样在艰苦战乱的岁月中熬到了抗战胜利。

王桂花口述　兰建中　王凤莲 整理

2005 年 8 月

（载内蒙古自治区乌拉特中旗政协文史委员会编：《乌拉特中旗文史》第 1 辑，2005 年版，第 238—253 页）

6. 防空洞里百十号人被"捂了麻雀"

　　大概是 1939 年农历正月十六，我看见 12 架日本飞机对银川进行了大规模的空袭，那年我 9 岁。

　　那年的正月十五，银川的百姓还在六团门前（城隍庙前）看了马鸿逵部队士兵的社火表演。到了正月十六，人们依然沉浸在节日的气氛中。那天中午，天空中传来阵阵轰鸣声，日本的轰炸机飞临银川上空。看到这么多飞机，有些从没见过飞机的人还指着天空数着数，但还没数到 12，飞机上的机枪就开始疯狂地向地面扫射，呼啸的子弹也像雨点般落下。一时间，飞机的轰鸣声，机枪的扫射声，炸弹的爆炸声，人们撕心裂肺地喊叫声，混成一片，人员死伤无数。当时，由于空袭来得突然，人们未听到警报声，四大厅八大处还未下班的职员就近钻进了防空洞。有一枚炸弹把地震局的防空洞炸塌，百十号人被"捂了麻雀"，只有几个人活了下来。当时有人说："地震局防空洞有日本特务或汉奸做了暗号，所以炸弹才会投得那么准确。"日军的炸弹还把"益升酱园"炸毁，甜面酱、黄面酱被炸得满天飞。几天之后，成群结队的人到"益升酱园"的墙上刮大烟，说是被炸的酱缸里还有掌柜的大烟缸。

　　我家当时租住南门三道巷口董寡妇院子里的房子。轰炸使我家对面吴老爷家堂屋门前的大条石越街过墙，砸到我们的院子里，幸亏没伤到人。据说有个吹糖人的老汉，为了躲避敌人的轰炸，由京津逃到包绥，又从河套逃到了宁夏，但还是没有逃过这一劫，在柳树巷口一个叫"一清池"的澡堂门前，他和他的糖人挑子被炸得粉碎。当时，日本飞机只是沿着西塔到新华街一条线进行轰炸，若是向南一偏，当时的菜市场也就是现在的商城人流聚集，拉洋片的、耍把戏的、说书的都在那里，不知要死多少人。日机轰炸时，我正在菜市场里听书。

白育中口述　刘柏序整理

2005 年 9 月

（载宁夏日报报业集团《新消息报》2005 年 9 月 1 日第 31 版）

三、大事记

1937 年

11 月 5 日　侵华日军飞机 7 架，在人们毫无防备的情况下，突然从东方飞临银川上空，然后由城东向西，沿东西大街一线投弹、扫射。全市男女老幼惊恐万分，夺门逃出家院，在大街小巷中无目的无方向地呼喊奔跑。日本飞机则低空飞行、投弹和向人群扫射，猖狂如入无人之境。这次日机轰炸因为猝不及防，虽然给银川人民的生命和财产造成了一定损失，但更多的是在人们的心理上造成了极大恐慌。

1938 年

2 月 20 日　日军飞机 18 架，由北向南飞，对兰州进行轰炸。驻兰州中国空军第 17 航空队立即升空与敌机展开激烈空战，日机数架被击落。由于日机没有达到对兰州进行空中打击的预期作战任务，又造成机毁人亡的重大损失，所以在日机返航途中，当飞临中卫县上空时，为了对中方进行报复，便将剩下的炸弹全部倾泻到中卫县城。但是因为县城目标太小，县城一带农村居住又很分散，此次日机的空袭没有给中卫县造成大的损失。

5 月　宁夏回族将领、时任绥西防守司令的中将军长马鸿宾，奉命率第 81 军和马鸿逵部骑兵 1 旅开赴绥远省西部的五原、临河抗日前线，统归绥西前线傅作义将军指挥。

7 月　马义忠率骑 2 旅经 3 小时激战，摧毁了李首信、王英伪军一部驻守在临河县察汗格尔庙的据点，受到傅作义的通令嘉奖。

1939 年

2 月 6 日　侵华日军航空兵团第 1 飞行团，集结于山西运城机场，准备对西北战略要地兰州再次实施重点空中打击，为了掩盖这一军事机密，并破坏兰州周边的中国空军基地和机场设施，日本飞机从 3 月 6 日至 9 日，先用少数飞机从不同机场起飞，分别对洛阳、延安、银川和固原等城市进行轰炸。

2月9日　日军飞机9架，于夜间在固原县城投弹50枚，炸死3人、家畜26只，炸毁房屋38间。

3月6日　日军飞机12架从山西运城机场起飞，突然再次从城东方飞临银川上空。经过上一年的教训之后，当时宁夏已经有了防空警报系统，还在宁夏边境的北部和东部都布设了对空监视哨站，并用电话与省城防空指挥部保持联系。日机还是从东向西从西向东轮番轰炸，市民也从东向西逃跑，当日机调转头从西向东攻击时，人们也纷纷从西向东奔跑。这次日本飞机的炸弹又在省城偏南一线落点，不幸的是，在城西南方位的承天寺塔（西塔）院内所修筑的大型防空洞被炸弹击中。而日机的两颗炸弹一颗正中防空洞的入口处，另一颗正中洞的尾部。洞口立即被封死，所以防空洞的人很难逃出，大约死亡40余人，重伤20余人。

8月中旬　日军千余人从包头乘坦克、装甲车、汽车向中国守军第81军35师205团、206团的五原县乌拉脑包阵地进攻。在第81军参谋长马惇靖、第35师师长马腾蛟的指挥下，与敌刺刀见红。敌不支，惊慌失措地钻进装甲车和部分汽车逃回包头。第35师初战告捷。

9月15日　日军飞机33架改从宁夏北部入侵，由北街向南街进行轰炸、扫射，由于宁夏防空水平已大大提高，并未给银川造成严重损失。

12月28日　日军飞机71架途经固原时对固原县城进行轰炸，投弹一枚，炸死2人。

1940 年

1月30日　驻伪蒙的日军司令官冈部直三郎纠集机械化第26师（中将师团长黑田重德）、骑兵集团军以及德王、李首信、王英的伪蒙军6个师，共4万多人，配有飞机、坦克、装甲车、重炮、各种毒气弹、千余辆汽车，兵分三路向绥西进攻，企图将绥西的国民党抗战部队围歼于五原县地区，气焰十分嚣张。

2月1日　敌机轮番轰炸中国守军乌镇阵地后，日军主力第3路第26机械化师团万余人，分乘780余辆汽车、装甲车、坦克疯狂向中国守军第35师第205团的四义堂阵地、第208团的乌布浪口阵地扑来。敌我双方激战数回合，至夜9时，中国军队虽伤亡惨重，但仍固守阵地。至夜10时，马腾蛟师长令第206团2营增援，但寡不敌众，第208团于夜11时失守乌布浪口阵地。

2月2日　坚守四义堂阵地的中国军队第205团与日军展开刺刀战，第35师终因武器低劣和寡不敌众而全线败退。8时，敌机械化部队进至临河，与傅部第 35 军和宁夏马光宗的骑一旅等部激战 6 小时后，相继占领临河、五原。当时远在重庆开会的马鸿宾得到第 81 军绥西败退的消息后，立即飞返当时的宁夏磴口县，组织抢救伤员，重整部队两个团，令第 35 师 104 旅旅长马培清重返绥西前线，继续在傅作义将军指挥下，收复失地。

3 月 20 日　傅作义将军率中国军队第 35 军及宁夏第 35 师等部向日军反攻。双方激战两天，中国守军终于收复临河、五原，击毙日军中将师团长水川及其日、伪军数千人，从此日军再未敢进犯绥西。

8 月 28 日　日军出动飞机 87 架，分别对陕甘宁三省广大地区进行大规模空袭。日机十数架，在执行轰炸兰州任务之后，于返航时飞经灵武上空。当时天色已晚，日机飞行员发现地面有火光便投下数枚炸弹，弹着地点均在黄河岸边的湖滩地上，未造成人员伤亡和财产损失，给灵武县城乡人民群众带来一场虚惊。

（马晓东整理）

后 记

      《宁夏抗日战争时期人口伤亡和财产损失》，历经九年编纂，终于与广大读者见面了！

      开展抗日战争时期人口伤亡和财产损失调查研究，是每个有良知有正义感的党史工作者义不容辞的责任和应尽的义务。调查、研究抗日战争时期宁夏人口伤亡和财产损失既是全国大课题的一个重要组成部分，同时，也是一项十分严肃而重要的政治任务。其难度之大，超乎想象。由于历史上宁夏行政区划曾发生过几次大的变动，加之年代久远，档案、文献资料严重缺失，健在的当事人和知情人又少，致使调研工作举步维艰、困难重重。就是在这样的情况下，参与调研的同志，仍以极大的耐心与毅力，以高度的历史责任感和使命感，竭尽全力，攻坚克难，取得了有价值的成果。

      本书凝结了宁夏党史工作部门和相关单位课题调研人员多年的心血，他们的辛勤劳动为本书的最终出版奠定了坚实的基础。

      宁夏抗日战争时期人口伤亡和财产损失调研工作，是在中共中央党史研究室的具体指导下，由宁夏回族自治区委党史研究室牵头组织协调，在自治区档案局、宁夏社会科学院、自治区统计局、自治区政协文史委员会及银川市委党史研究室等多家单位的大力支持和配合下共同完成的。

      本书编委会主任、宁夏回族自治区委党史研究室原主任左兵精心组织、指导本书的编纂工作；宁夏回族自治区委党史研究室先后几任主要领导同志李耀松、布青沪、宋建刚主任，分管领导余剑雄副主任都非常关心和重视这项工作的开展，给予全力支持。全书由宁夏回族自治区委党史研究室研究一处处长胡伟东负责协调组织和统稿，并承担课题调研报告的撰写；宁夏回族自治区委党史研究室文献编辑处副处长马晓东负责大事记的编写整理与文献资料的录入及校对。

      本书还得到了中央党史研究室原副主任陈威、中央党史研究室第一研究部刘益涛、霍海丹、李蓉，中国社会科学院姜涛、河北省社会科学院谢忠厚等领导同志和专家的认真审读，并提出了许多宝贵意见。在此，我们向他们，并向所有为本书编纂提供支持和帮助的同志表示衷心的感谢！

应当强调说明的是，本书反映的调研成果仅仅是阶段性成果，因受客观条件所限，我们所做的工作也仅仅是开了一个头。今后我们还要继续深化对抗日战争时期宁夏人口伤亡和财产损失的课题研究，通过不断挖掘新的史料和线索，进一步丰富和完善课题调研成果。相信随着各级党委、政府对此问题的高度重视和支持力度的不断加大，随着海峡两岸政治、经济、文化及社会各领域接触交往的日益频繁和密切，特别是随着广大史学工作者的不断深入探寻研究，一定会有更多的不为人所知的史料浮出水面，也一定会有更多的事实真相将大白于天下。

本书编者

2015 年 3 月

总 后 记

　　历时多年的《抗日战争时期中国人口伤亡和财产损失调研丛书》终于问世了。参加这套丛书编纂工作的，主要是承担《抗日战争时期中国人口伤亡和财产损失》课题调研任务的各省、自治区、直辖市及其下属市、县的领导同志和课题组成员，以及部分著名专家。他们以高度的责任心和使命感，竭尽全力，攻坚克难，终于完成了各自承担的任务，并按统一要求，形成了调研成果的 A 系列书稿。同时，有关省、自治区、直辖市还从实际情况出发，编纂了主要反映市、县调研成果的 B 系列书稿。由于各地情况不尽相同及其他原因，呈现在读者面前的丛书，将分批陆续完成和出版。

　　为了保证质量，我们对本丛书中由各省、自治区、直辖市完成的 A 系列书稿（即省级调研成果）实行了四级验收制，即：所有的省级调研成果，先由有关省（自治区、直辖市）课题领导小组及其聘请的省级专家验收组分别审读通过、写出书面意见；然后提交到中共中央党史研究室课题组。中共中央党史研究室课题组审读后，再聘请国内知名专家审读书稿，提出书面意见。对每次审读提出的意见，各省、自治区、直辖市课题组都认真研究落实，对书稿进行反复修改，或是说明相关情况，直到符合要求。由一批专家完成的 A 系列书稿（即带全局性的专门课题调研成果），也通过类似的办法验收。主要反映市、县调研成果的 B 系列书稿，则由有关省、自治区、直辖市党史研究室组织验收。各种调研成果验收修改的过程，同时也是调研的深化过程、提高过程。经过反复修改补充的成果，在质量上都有明显提高。

中共中央党史研究室课题组在中共中央党史研究室室委会和分管室副主任的具体领导下开展工作。中共中央党史研究室几任主要领导同志即曲青山和孙英、李景田、欧阳淞主任，非常关心和重视本课题调研工作的开展。分管这项工作的室副主任李忠杰同志始终严格把握政治方向，精心部署和安排，明确提出创建"精品工程、基础工程、警世工程、传世工程"的要求，给工作指明方向，还及时领导解决调研过程中遇到的种种困难和问题。各地同志和有关专家同中共中央党史研究室课题组保持密切联系，对中共中央党史研究室课题组的工作给予了积极配合和支持。

中共中央党史研究室课题组由李忠杰、霍海丹、李蓉、姚金果、李颖、王志刚、王树林、杨凯等同志组成。先后担任中共中央党史研究室第一研究部领导职务的黄修荣、刘益涛、蒋建农同志参与了课题调研和审改的部分工作。中共中央党史研究室科研管理部、办公厅的部分同志也参与了有关工作。特别是在北京市和山东省召开的两次全国性会议，中共中央党史研究室科研管理部、办公厅的有关同志自始至终参与了繁忙的会务工作，付出了大量心血和辛勤劳动。

在李忠杰同志直接领导下，中共中央党史研究室课题组承担了组织指导与协调推进各地课题调研和联系有关专家完成全局性专题调研的繁重任务。在人手十分有限的条件下，课题组同志们近10年如一日，以对民族负责、对历史负责的自觉精神，克服困难，埋头苦干，为圆满完成任务做了大量工作。计先后编发213期达60多万字的《工作简报》，同各省、自治区、直辖市的同志和有关专家进行了数以千次、万次的电话联系及当面沟通，先后到10多个省、自治区、直辖市实地调查、参加会议，了解情况，当面指导，协助各地完成调研工作，或邀请有关地方的同志到北京进行座谈；还组织22个省、自治区、直辖市课题组编纂《抗日战争时期全国重大惨案》，同中央档案馆联合编辑《抗日战争时期解放区人口伤亡和财产损失档案选编》，同中国第二历史档案馆、中国人民解放军档案馆联合编辑其馆藏的相关档案资料，撰写有关专题报告，等等。将近 10 年来，课题组成员虽有变动，但工作始终如一，没有延误和懈怠。

需要说明的是，《抗日战争时期中国人口伤亡和财产损失》课题，有时也简称为抗战损失课题或抗损课题。虽然有学者认为"抗战损失"或"抗损"通常只能反映抗日战争中财产方面的损失，人口伤亡不能称作损失，但考虑到当年国民政府习惯采用"抗战损失汇报"或"抗战中人口与财产所受损失统计"等表述，所以本课题参照前例，以"抗战损失"或"抗损"作为课题简称。

2014 年初，根据中央领导同志的指示精神和中共中央党史研究室室委会关于做好出版和对外宣传全国抗战损失课题调研成果准备工作的要求，我们组织部分省、自治区、直辖市的分管领导和课题组成员对已经印出样本的 A 系列书稿再次进行复审和互审，并邀请部分承担了抗战损失专题调研任务的专家参加审稿工作。这次集中复审和互审的主要任务是：审核已经印出样本的 A 系列书稿，对相关数据、史实严格把关，保证课题调研结论的真实性，保证书稿没有重大差错。中共中央党史研究室主要领导同志和分管领导同志也提出要求：把工作做得再深入、再扎实一些，统一规范，责任到人，把问题消灭在书稿正式出版之前。

在复审和互审过程中，地方同志和邀请的专家以多种形式及时沟通，围绕审稿发现的问题研究讨论，和中共中央党史研究室分管领导进行交流，对一些重要的共性问题达成一致。经过复审和互审，对有关的 A 系列书稿做出进一步修改。在此基础上，中共中央党史研究室课题组同志又对拟第一批出版的每一部 A 系列书稿进行多环节的审读、检查、修改、校对，严格审核把关，尽可能如实、客观地反映调研情况和成果。

中共中央党史研究室的其他同志及一些外聘同志、从地方党史部门借调的同志，如徐玉凤、谢忠厚、杨延力、郭明泉、戴思厚、王俊云、梁亿新、宋河星、毛立红、王莹莹、茅永怀、庾新顺、李蕙芬同志等，满腔热情地参加了本课题调研的部分工作。不论是调研选题的讨论、同有关各方的联络，还是资料的整理、归类、建档等，他们都付出了辛勤的劳动。

这里，还要特别感谢国家社会科学基金规划办公室、国家新闻出版广电总局有关领导和同志对本课题调研工作的支持和帮助，感谢有关部门对丛书出版经费的支持和保证。中共党史出版社的领导汪晓军以及陈海平、姚建萍等同志，也为这套丛书的出版花费了很多心血。

我们相信，本丛书 A 系列和 B 系列各卷的陆续公开出版，必将大大有助于抗战损失课题调研成果的推广利用，有利于固化历史，更好地发挥以史为鉴、资政育人的作用。但是，我们也深知，本课题调研迄今所取得的成果，还只是阶段性的、部分的、不完全的成果。在已经取得的来之不易的成果的基础上，今后，这一课题的调研工作还要深入不懈地继续进行下去。

中共中央党史研究室课题组

2014 年 4 月 30 日